上图 仓夷在采访中（左起第二）

下图 1940 年 3 月，中国青年新闻记者学会晋察冀边区分会成立大会于阜平举行（前排左起第四为仓夷）

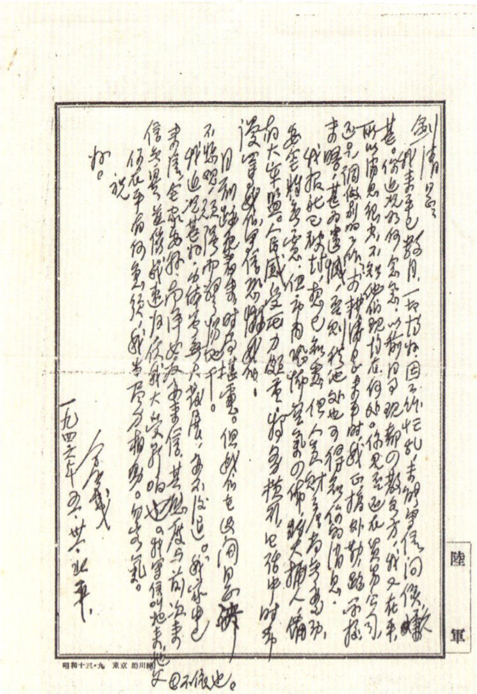

上图 仓夷给王剑清的信

下图 中央人民政府颁发的“革命牺牲工作人员家属光荣纪念证”

绚烂韶华

——仓夷评传

郑卫建 著

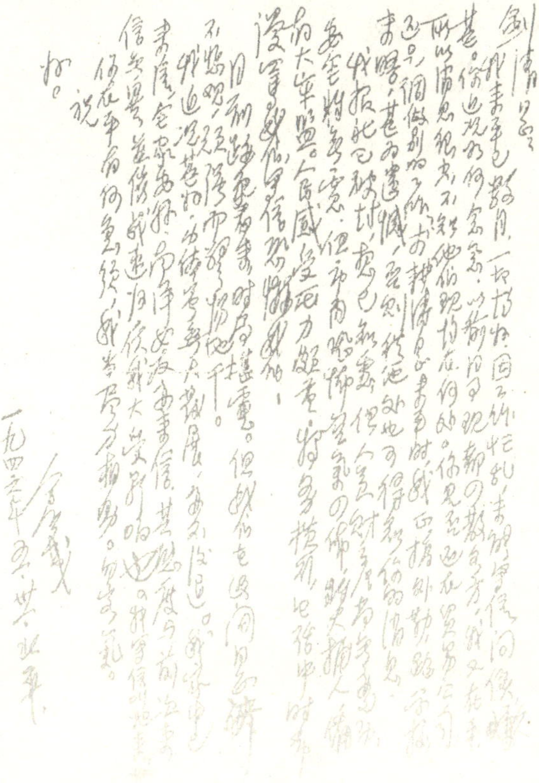

河北大学出版社

·保定·

出 版 人：朱文富
封面摄影：石少华
选题策划：杨显硕
责任编辑：韩立霞
装帧设计：赵　谦
责任校对：穆光烜
责任印制：靳云飞

图书在版编目（CIP）数据

绚烂韶华 ：仓夷评传 / 郑卫建著 . -- 保定 ：河北大学出版社，2020.5
ISBN 978-7-5666-1552-7

Ⅰ . ①绚… Ⅱ . ①郑… Ⅲ . ①仓夷－评传 Ⅳ . ① K825.42

中国版本图书馆 CIP 数据核字 (2019) 第 250684 号

出版发行：河北大学出版社
地址：河北省保定市七一东路2666号　邮编：071000
电话：0312-5073557　0312-5073029
网址：www.hbdxcbs.com
邮箱：hbdxcbs818@163.com
印　　刷：保定市文昌印刷有限公司
幅面尺寸：148 mm × 210 mm
字　　数：200千字
印　　张：10.75
版　　次：2020年5月第1版
印　　次：2020年5月第1次印刷
书　　号：ISBN 978-7-5666-1552-7
定　　价：38.00 元

这个华侨青年，以天下为己任，十六岁时，不远万里，只身奔赴抗日前线，为国牺牲，精神永曜，是为传。

韶华绚烂照后人

——为《绚烂韶华——仓夷评传》序

正当我们组织编辑出版近百年来中国红色记者传记丛书的时候，收到了郑卫建同志新作《绚烂韶华——仓夷评传》书稿。由于职业的敏感，一口气读完之后，一位华侨青年记者形象跃然纸上，我为传主的爱国情怀、革命精神所打动。联系近日在给青年学生讲述的五四青年运动的革命传统，更感有责任把革命年代中华民族优秀青年光荣历史一代一代传下去。由是，欣然作序。

在五四运动以来的百年奋斗历史中，作为社会“良心”的中国优秀新闻记者，总是把民族的复兴、国家的富强、人民的幸福放在自己的“小我”之上，他们在时代潮头，发思想先声，为人民呐喊，在国家和民族危亡的关头，拼上生命奔走呼号，英勇战斗，记下来珍贵的民族解放、国家独立的奋斗史，留下了新闻工作者可歌可泣的英雄事迹。这是中华民族宝贵的精神财富，也是激励后人开拓奋进的精神力量。

仓夷同志就是他们中的一位，他以年仅二十五岁的生命，谱写了革命记者壮丽的地青春之歌，永远活在人民的心中。

仓夷同志，原名郑贻进，生前是优秀记者，是新闻界的榜样，是海外赤子的表率，是有志青年的楷模。

一九三七年春，年仅十六岁的仓夷，凭着一腔爱国热血，告别亲人，从新加坡回到祖国。他只身一人，历尽艰辛，投身抗战洪流，辗转来到中国共产党领导的敌后抗日根据地，任《晋察冀日报》和新华社战地记者。面对满目疮痍的中华大地，他以手中之笔为武器，记录了蒙难中的中华民族那段沉痛的历史，揭露了日本法西斯的残忍行径，讴歌了中国军民奋勇杀敌的英雄事迹，鼓舞了军民抗战斗志。

抗战胜利后，当我们国家和民族面临选择走什么道路的时候，中国共产党代表全中国人民利益，努力争取和平建国，展开了与国民党的艰苦的谈判工作。仓夷同志没有选择回到新加坡与心爱的人结婚，而是推延婚期，毅然留在祖国，继续用手中的笔，为和平鼓与呼。他热爱和平，渴望幸福，抗战胜利后，他将自己的作品合集题名《幸福》准备出版，尚未付梓，即受命执行紧急任务，于一九四六年八月八日作为新华社特派记者，从张家口飞赴北平参加国共和谈北平军调处执行部成立的第二十五特别执行小组工作，飞经大同时，被国民党特务杀害，年仅二十五岁。他短暂的一生，似流星划过长空，绚丽而悲壮，让后人无尽追思，深切缅怀。

《仓夷评传》详尽地记述了仓夷同志，从一个具有朴素爱国情怀的热血青年成长为共产主义战士，为了人民的幸福生活而献出年轻生命的绚丽的一生。这里面，介绍了仓夷早年的生活环境，介绍了在抗日战争的大背景下仓夷成长的历程；更是详尽地介绍了在中国人民抗日战争相持阶段，作为中国共产党北方分局机关报的《晋察冀日报》所处的恶劣的办报环境、整个华北局势，以及抗战胜利后，中国选择走什么样道路所面临的局面。

仓夷的作品，向我们展开了那个时期一幅幅宏伟的历史画卷：

《华北的敌寇在挣扎》通过翔实的材料推演出日本帝国主义的侵华战争，在中国人民的持久战战略面前必然走向失败的结局；《晋察冀边区区村政权的建立》提供了详细的历史记录，让我们看到，中国共产党领导的晋察冀边区基层政权是如何从无到有地建设起来，以及被唤醒的中国人民所凝聚的无坚不摧的强大力量；《赵象铭事件真相》让我们看到共产党在领导人民坚持敌后抗战的同时，还要承受来自不同方向的阻力，经受各方面的考验；《马老太太》叙说了在日寇的威胁利诱面前，视死如归的这位慈祥而又伟大的母亲的故事；《记阜平县平阳大惨案》揭露了日寇法西斯反人类的罪行，那一个个血腥屠杀的场景无不激起人们满腔怒火，那一群群善良人们生命的消失无不让人扼腕痛惜；《李雨》再现了日寇分裂我中华民族，推动“华北五省自治”后，八路军武工队所处的恶劣环境，他们不但要与日寇汉奸做殊死的斗争，还要承受着被蒙蔽的老百姓从背后给他们造成的威胁；《纪念连》描述了一支八路军队伍在极其残酷的“五一大扫荡”中，不怕牺牲、英勇杀敌的事迹，极大地鼓舞了抗日军民的士气，为之，仓夷获得冀中军区通令嘉奖，作品还获得晋察冀边区鲁迅文学奖；《无住地带》叙述了共产党领导下的队伍，在日寇制造的“无人区”里坚持抗日的事迹，作品在当年被日寇和汉奸统治下的北平流传，给予日寇占领下的北平人民以极大的精神鼓舞，作品同样获得晋绥边区“七七七”文艺奖；《反“扫荡”中的李勇》，宣传了晋察冀边区民兵李勇配合主力部队，在保卫边区、保护人民、对敌爆破中取得辉煌战果的事迹，使人们对李勇的杀敌精神、爆破经验有了充分的了解，在晋察冀边区掀起了“学李勇、向李勇看齐”的热潮，推动了整个边区开展的对敌爆破运动，这篇文章作为范文为后来者所学习，更是《新华社 70 年新闻作品选集》收入的抗战时期唯一的新闻作品；《北平在烈日蒸腾下》再现了国共谈判时期，城市人民所受到的煎熬的真实历史画面。

这些，都是仓夷短暂的一生所取得的辉煌成就。

本书通过对仓夷的新闻通讯作品的引用，不仅使我们了解到他在晋察冀边区和敌后华北大地上留下的足迹，更能够把我们的目光，投送到那个战火纷飞的年代，对我们国家和民族曾经蒙受的苦难，对中国共产党领导军民进行艰苦卓绝的抗战，有更多一分的了解。这一切，都是爱国主义教育极好的教材，是我们民族宝贵的精神财富。

书中，我们还看到了仓夷写的两封信。通过烈士的信件，我们对他的情怀会有进一步的透视。给邓拓的信中，我们看到的是时刻以党的使命为己任的仓夷；给王剑清的信中，我们看到的是为了祖国的前途命运，毅然留在白色恐怖下的北平，为和平民主奔走呼喊的仓夷。

仓夷，这个让我们与他笔下的人们共欢笑、同哭泣的年轻记者，这个充满朝气、带给人们笑声与欢乐的青年，这个十六岁唱着“再会吧，南洋，我要去争取一线光明希望”回到祖国的华侨，为了祖国和平，为了人民幸福，永别了他心爱的姑娘、至爱的亲人，永远留在了祖国的土地上，永远留在了人民的记忆中。

义无反顾，献身祖国，在为民族解放、国家独立而牺牲的千千万万中华儿女中，仓夷是个典型；危难时刻，远渡重洋，在融入抗日洪流，投身抗战的广大爱国华侨中，仓夷是个典型；不怕牺牲，战斗在被日寇势力包围中的晋察冀边区，以新闻报道揭露日寇的暴行，讴歌抗日军民浴血奋战的牺牲精神，鼓舞了人民的斗志，在新闻队伍的战士中，仓夷是个典型。他以实际行动，获得了解放区人民的拥戴。解放区选举人民代表时，仓夷被推选为“冀西国大”代表，足见其新闻战斗力之强。

仓夷同志，是我们新闻人的骄傲，是广大爱国华侨的骄傲，更是我们中华儿女的骄傲。他的英雄事迹，值得我们缅怀；他的爱国情怀，值得我们敬佩；他的献身精神，必将永放光彩。我希望生活在中国特色社会主义新时代的年轻新闻工作者，继承和发扬革命新闻的光荣传统，学习先辈的奋斗精神，更好地担当起新时代党的新闻舆论工作的责任和使命，续写新闻事业的新篇章。

柳斌杰

2019.5.4

（本文作者系原中华人民共和国新闻出版总署署长（国家版权局局长）、党组书记，中共第十七届中央委员，第十二届全国人民代表大会教育科学文化卫生委员会主任委员，现任清华大学新闻与传播学院院长。）

目　　录

第一章　福清人，福清哥

在我们福清方言中有这么一句话，其大概意思是说这个世界上凡是有人居住的地方，就会有福清人在那里繁衍、生存。言下之意，只要别人能够在那里生存，不论环境多么恶劣，对福清人来说都是宜居的。

同样，在历史进程中，只要是正义的事业，福清人都会挺身而出，作为时代的弄潮儿，站在时代大潮的风口浪尖，留下一抹重彩的历史。本书的主人公仓夷，就是这样的福清哥。

一、独特的福清哥

在台湾海峡西岸，有个半岛伸向大海。这个半岛，就是福清的龙高半岛。

一方水土养一方人。

福清，依山面海，龙高半岛向台湾海峡伸出约三十公里。在古代生产力水平低下的状态下，农业生产完全靠天吃饭：台风带来大雨滂沱，又很快流入大海，或是长时间不下雨，其结果便都是十年九旱，谷类粮食极度短缺，只有生病或女人生产的时候才有可能吃上大米。所以，“汝食米（你吃米）”这句话在过去是对他人最恶毒的诅咒。

龙高半岛生产的农作物主要是花生和地瓜，因此福清被称为“地瓜县”。虽然土地贫瘠，可特殊的地理环境也得到了老天另一方面的眷顾：盛产海盐。除了近海捕捞讨小海之外，沿海那些不能耕作的滩涂，有的经过人工开发盛产蛏和花蛤，有的经过盐民改造成了曝盐的盐田。真是天无绝人之路。

龙高半岛的北侧是福清湾，南侧是兴化湾，从福清湾的石溪到兴化湾的上迳，陆路距离仅十公里。海禁时期，在福清湾和兴龙湾划了条界，界以东被称为“下底分（底下部分）”，界以西被称为“悬顶分（上面部分）”。在官道边上的渔溪，人们对“下底分”另有一个称呼：“界外”。这个称呼隐含着另一层意义，即环境恶劣。“下底分”约占福清陆地面积的三分之一。

宋时，福清的经济就已经非常发达了，坐落在海口的龙江桥（福建四大古桥之一）足以佐证；而同时期建成的上迳蹑云桥，隔着龙高半岛与龙江桥遥相呼应，构成水陆交通体系的有机组成部分。

独特的自然环境成就了海盐产业，它支撑着福清沿海及龙高半岛的经济；作为建窑系列的东张窑烧制的大量瓷器产品，为海上对外贸易提供了货源，也促进了福清航海业和造船业的发展。所以，到明代，福清“福船”是相当有名的。经商人口占据了福清人相当大部分，经济头脑，成为他们的基因，代代相承。出海贸易的效益虽一本百利，其中的风险更是不必言说，这些，造就了福清人敢于冒险、肝胆义气、合作共赢的性格特征。

大海开放的地理环境，也引来强盗的觊觎。海盗，福清人称之为“海贼”，时常对沿海人民进行袭扰，所以这里的民居大都规模相对较大，具备防匪功能：对外的窗户兼具防御功能，干打垒的墙体，外层用上三合土，耐雨水侵蚀，日久弥坚，大门一关，老弱妇孺便有了安定的居所。

明初，沿海海氛不靖。为了防御倭寇入侵，洪武二十年(1387)，明太祖朱元璋委派江夏侯周德兴巡视东南沿海。周德兴是个军事工程专家，他根据福建沿海地区海岸线曲折、地形险要的特点，按照朱元璋建立明朝所创设、实行的卫所兵制，在福建沿海设福宁卫、镇东卫、平海卫、永宁卫、镇海卫。镇东卫即福清海口，镇东卫下辖的万安所则处于龙高半岛的最东端。

卫、所的设立，兵户的落地，使原来为了抵御“海贼”而形成的尚武精神更是得到推崇，并逐渐演变成了“肯生肯死”的彪悍民风。

连接贯通“福（州）、兴（化）、泉（州）、漳（州）”各府的官道，几乎与海岸线平行，在福清境内绵连达四十公里。人员交通带来了大量的外部信息，为官道沿线的居民带来了商机。

就是这独特的自然环境，造就了福清人开放融合、拼搏争先的性格特征。福清人称福州人、兴化（莆田）人为“福州兄”“兴化兄”，而他们回应福清人的，是显得更加亲切的称呼——“福清哥”。

二、故乡石竹村

这里是兴化湾北缘福清渔溪的一个滨海小乡村。村民的祖先是由福建南安石井迁居来的，而村边的溪流名叫竹溪，所以他们就用迁出地的“石”与落脚地的“竹”来命名：石竹村。

在八山一水一分田的福建丘陵地带，渔溪是难得的一片广阔而平坦的土地，当地人称之为“洋”。由北向南贯通“福、兴、泉、漳”各府的官道，在竹溪和它的支流上连跨两座石桥，当地人称之为“北桥”和“南桥”，石竹村就紧挨在官道的“南桥”旁。

石竹村南边半公里处狮子山脚下的那个邻村叫“石路头”，缘于路面用石头铺就的官道到这里“到头”了，再向南去，便是崎岖的山路了。

在“洋”上延伸的官道上，两旁的榕树、龙眼树和荔枝树连绵不断，贩夫走卒商贾旅客络绎不绝。夏日炎炎的时候，大榕树、龙眼树和荔枝树为行人提供了休憩的便利。龙眼也叫“桂圆”，俗称“宝丸”，“渔溪宝丸”便是远近闻名的地方特产。

跨过了官道，石竹村的人就能到柳厝村的海边滩涂讨小海。抬头东望，隔海的，就是古称“玉屿”的江阴岛了。相对于龙高半岛，渔溪被称为“鱼米之乡”就不为过了。

靠山吃山靠水吃水，靠官道自然就吃官道了。官道上的旅人，在走完崎岖山路后，或准备踏上山路前，都会在石竹村打尖歇脚。江阴岛上的居民外出经商，赶不及渡海的，也常常在这里住宿。石竹村人还有一种职业，就是赶着骡马跑运输。

落脚石竹村的先人，是三兄弟，待家族繁衍到一定规模的时候，自西往东在石竹村建了三个建筑群落，分别叫作“悬顶厝（上面房子）”“中厝（中间房子）”“下底厝（底下房子）”。仓夷的老家，就在这石竹村的“下底厝”。

在石竹村的东北方向五公里处，有个码头，叫郎官渡。郎官渡据传为宋时开辟，港宽水深，外面有江阴岛屏障，风平浪静，适合船只停泊，是天然的避风良港，是福清往兴化湾方向的出海口。郎官渡码头由巨石砌筑，直伸入海，岸上有凉亭、商号、客栈等。乡民的频繁远渡，造就了郎官渡的繁荣，鼎盛时期，有轮船直达厦门。据记载，福清古代下南洋的乡民，十有六七是从这里启程的。

一般来说，中国历代封建王朝的末年，大多伴随着农民起义或外族入侵，不堪战乱的普通百姓和权力失落的前朝贵族往往会远离是非之地。移居海外是他们的选择之一。由于地缘上的毗邻关系，以及历史上的商贸渊源，东南亚成为他们主要的迁徙地和避难所。十七世纪后叶，福建沿海成为反清复明的基地，乡民为避天灾人祸，也都纷纷背井离乡；或有南明遗老遗少和他们的追随者，为躲避追杀，也都远走南洋。

当时，英国、荷兰殖民统治下的南洋，对劳动力的需求量非常大。为了吸引华工，其先后推出一系列优惠政策，如马来西亚联邦最大的一个州——沙捞越州，在白色拉者（即国王）二世执政时期，就颁布过一个特别通告：给移民足够的免费土地种植，提供临时住屋，免费供给大米和食盐一年，提供交通运输工具，建立警察局保护华人安全，华人可永久居住在沙捞越等。

这样的政策对于本来就向往外面世界的福清人来说是具有强大吸引力的。福清沿海一带自古缺淡水，遇有干旱之年，颗粒无收，民不聊生，诸多沿海乡民便会毅然背井离乡，远渡南洋谋生。特殊地理环境造就了特有性格的他们，或携妻带子，或孤身一人，漂洋过海来到南洋谋生。

三、马来亚的侨居生活

居住在石竹村的人自然也会受到下南洋风潮的影响，加入到拓荒者的队伍中去。他们遵循“离祖莫离腔”的祖训，讲的是带有福清方言影响的闽南话，称下南洋为“去南洋”或“去番”，而去南洋谋生的人则被称为“番客”。从这个“番客”的称呼中，可以听出他们的故乡情结：出去谋生，终究还是要回家的。仓夷的祖父吓炁，就是在这样的背景下加入“去番”队伍的。

仓夷的祖父，来到马来亚柔佛新山波来港（亦称玻璃市，现属马来西亚），靠拓荒种田、拉洋车、打零工养家，开始了自己财富的原始积累。仓夷的祖母，操持家务，养育三个孩子，还秉承了家乡的尚武精神，练得一身武功，一双鞋的后跟竟达三斤六两重，是铁打的防身武器。仓夷的祖父还追求时尚，穿起了西裤，只是他的穿法与众不同，将开裆朝后，反着穿。孩子们问他为什么这样穿裤子，他的回答是“拉屎方便”。

一九二一年二月初三，仓夷出生在马来亚波来港，父亲是橡胶园工人，母亲操持家务。

仓夷五岁时，母亲喂养的母猪产了一窝小猪。小猪的叫声引来了山上的老虎，仓夷的祖父看见老虎在河边洗脸，惊吓得说不出话，被老虎活活吓死了。一家人认为，老虎无法渡海，迁到新加坡去应该会更安全，于是举家迁往新加坡，在一个叫碗窑的村庄附近的山顶落脚。

有的文章说，仓夷出生在马来亚，却是新加坡归国华侨，有些不妥。其实，那时的新加坡还是马来亚的一部分，后来才成为马来西亚和新加坡两个国家，这里是没有矛盾的。

仓夷小时候取名吓礼，后来他的叔叔按照辈分行第，给他取名郑贻进。母亲郭好宋，是石竹村往南五公里的新厝绵亭西埔头人家的女孩，她的父亲也是到南洋卖苦力的，拉黄包车。福清方言里，“宋”“送”同音，那个时代，很多女孩子的名字都带“宋”，希望她们成年后能顺利地嫁出去，嫁个好人家。仓夷父亲亚埔是仨兄弟中的老二，与两个兄弟合伙开了个米粉加工厂，取名“隆和兴”。仨兄弟分工，亚埔负责生产，大哥因为残废负责管理财务，弟弟负责销售。他们还雇了十几个“兴化兄”帮工，日子过得红红火火。

这个家族世代文盲，从仓夷祖父取名“吓炁”、父亲取名“亚埔”、仓夷取名“吓礼”可以看出，他们的名字纯粹就是符号功能，没有文化意涵。虽然如此，他们还是非常注重孩子的教育。教育的方法是传统的，通过讲故事口口相传的方式，让孩子了解中国传统文化。他们通过讲述“岳母刺字”的故事，传承“精忠报国”的思想，让孩子知道，自己只是“客”，家在“唐山”。在“番客”的语言词汇里，遥远的故土叫“唐山”，回家叫作“倒转”或“转厝”，他们最终都是要“倒唐山”，回归故里的。

仓夷的启蒙教育是在私塾完成的。在新加坡，乡下人被称为“山巴虎”，意思为“鲁莽”“没文化”。早期福清人到南洋谋生，基本上都是从拉洋车卖苦力开始的。为了改变“山巴虎”的群体形象，他们将各家孩子集中起来，请了私塾先生来教孩子们断文识字明理。认真勤奋，是这个时期仓夷给人最深的印象。春节到了，“番客”们在自己家门口贴春联。仓夷的字工整有力，研墨时用的水溶了点肥皂，写的字闪闪发亮，挑货郎看了啧啧称奇、连连夸耀。母亲见儿子被四乡游走的挑货郎夸奖，很是得意。

仓夷十岁左右还随父母家人回过老家石竹村，但是很快他们又重返新加坡。

不久，私塾先生对仓夷的父母说，自己学识有限，没有能力再教孩子了，让他们把孩子送到学校去，接受更加规范的教育。先生为有仓夷这样优秀的学生感到骄傲，把自己日常用的字典送给他，作为鼓励。就这样，仓夷进了离家大约五公里的“光洋小学”读四年级。

四、华人的悲哀

离开家，到光洋学校读书，虽然路途远了，但视野随之也开阔了。

殖民者对其他种族的歧视是臭名昭著的，在新加坡也不例外。华人称这些英国、荷兰殖民者为“红毛人”，延伸到涉及“洋”的物品，他们也就会冠上“红毛”，“洋葱”他们就叫作“红毛蒜”。

往返学校的路上，孩子们都得经过“红毛人”住宅区的附近，他们常常被“红毛人”放出来的狗追逐、驱赶。在“红毛人”眼中，华人就是低他们一等，华人的孩子也不例外，不配接近他们的住宅区。这样的事情经常发生，深深地刺痛了孩子们的心灵，他们在蒙受耻辱的同时，也升腾起自强自尊之心。

殖民者为了更好地控制华人，在华人族群间制造矛盾，利用华人的矛盾，诱导他们之间产生冲突，进而引发流血事件。

假期，仓夷与同学们一起骑自行车环游新加坡，还渡过海峡到马来半岛旅行。后来，华侨领袖人物陈嘉庚辛辛苦苦搭建的经济大厦被日本帝国主义财团摧毁的事件，对仓夷心灵产生极大的冲击：勤勤恳恳的华人，付出了辛勤的汗水，反过来却要蒙受这么多的苦难。这一切，都是与祖国的衰微、民族的羸弱分不开的。

他萌生了读书救国、读书报国的信念。

受母亲勤俭持家的影响，仓夷自幼养成了吃苦耐劳的习惯。他经常帮助父亲做工、记账。在家劳动，或者上学路上、出外旅行，他总是打着赤脚，既是为了磨炼自己，也是为了节省开支。打赤脚的习惯，后来一直被他带到晋察冀边区的生活和工作中。

在学校，仓夷的学习成绩始终名列前茅，他与同样成绩优秀的女同学朱秀金被同学们戏称为“头名兄，二名嫂”。朱秀金是潮汕华侨朱福瑞的掌上明珠。经过双方父母同意，他们订下了亲事。

一九三六年春，仓夷从光洋小学毕业，参加会考，以优异成绩被新加坡武吉抵玛华侨中学录取。

随着年龄和阅历的增长，仓夷接触的世界变得越来越广阔，他也经常向“阿爹”“阿母”（“阿爹”“阿母”是他对父母的称呼）介绍所见所闻的新生事物，传播朴素的无神论思想。

“阿母，侬唐人还是嘢本事的（阿妈，咱们中国人还是很有本事的）。”这个时候仓夷说的是家乡的闽南话。他向母亲讲述了潘德明环游世界的故事。

潘德明秉持“雪东亚病夫耻”“以谋世界上之容光”的信念，于一九三〇年夏走出国境，于一九三七年七月返回上海。他或骑自行车，或徒步，历尽艰辛，耗时八年，先后到达四十多个国家，积累了大量珍贵资料，会见了二十多个国家的元首、名人。潘德明的壮举轰动了全球，他以自己的行为举动，让世界认识了中国人。他的壮举，极大地鼓舞了海外华人，让他们能昂起头来，挺直腰杆走路。

“做事情得会晓伪用巧力，怀通学张飞，看见一只黄蚁，用拳头母去槌，黄蚁没槌死，石板条给槌折（做事情要晓得用巧劲，不要学张飞，看见一只蚂蚁，用拳头砸，蚂蚁没被砸死，反而把条石给砸断了）。”仓夷用一个虚拟的故事，把用巧劲不要用蛮力的道理一下子给说明白了。

“这个世界没鬼，鬼都是人家自想出来的（这个世界上没有鬼，鬼都是人们自己想出来的）。”“世界若有鬼，侬人就没块住骹了（世界上要是有鬼，咱们人就没地方落脚了）。”仓夷将自己接受的无神论思想，用最朴素的方式向母亲传播。

仓夷成长的时候，也正是祖国饱受磨难的时期。当东北三省沦陷的消息传到新加坡的时候，华人的热血被点燃了。抗日救亡的火种，在华侨间传播着。南侨总会组织了各种募捐活动：特别捐、常月捐、节日献金捐、货物助赈捐、纪念日劝捐、卖花卖物捐、游艺演剧球赛捐、舟车小贩助赈捐、迎神拜香演戏捐等。

艺术的感染力是不容忽视的。当《回春之曲》这样有着鲜明思想性的话剧作品在南洋传播的时候，《梅娘曲》《告别南洋》这些插曲在仓夷这个热情奔放、激情满怀的青年身上，很快引起了共鸣。他很快就学会了这些动人心弦的歌曲，经常吟唱，在后来的晋察冀时期也常常唱着，给周边的战友、同事留下了深刻的印象。

《回春之曲》是描写一些南洋的爱国青年华侨，为了反对日本帝国主义的侵略回国参加抗战的动人故事。

歌中主人公梅娘的恋人、剧中主要人物高维汉从南洋归国投身于抗日战争，不幸因负伤而失去了记忆。梅娘不顾父母的反对，只身从南洋赶回祖国。她看到自己的心上人因受伤而昏迷不醒，后又失去记忆，抑制不住内心的痛苦。为唤起他的回忆，她在病床前唱起了这首凄婉动人的歌。创作中，聂耳根据剧情的需要，用较为简朴的手法渲染剧中人物细腻复杂的心理，取得了很好的艺术效果。话剧《回春之曲》公演后，《梅娘曲》在国内和海外侨胞中广为传唱。

田汉词、聂耳曲的《告别南洋》更是直接触动了仓夷的灵魂，让他萌生了回国投身抗日的念头。听听他们的心声吧：

再会吧，南洋！

你海波绿，海云长，你是我们第二故乡。

我们民族的血汗，洒遍了这几百个荒凉的岛上。

再会吧，南洋！

你椰子肥，豆蔻香，你受着自然的丰富的供养，但在帝国主义的剥削下，千百万被压迫者都闹着饥荒。

再会吧！南洋！

你不见尸横着长白山，血流着黑龙江。这是中华民族的存亡！

再会吧，南洋！别了吧，南洋！

我们要去争取一线光明的希望！

祖国山河破碎，华夏满目疮痍。对身处殖民统治下的南洋华侨来说，他们的内心无疑是痛苦的：本来就低人一等，而今更是抬不起头了。仓夷这个青年的内心，是经受了多少的煎熬。应该就是这个时候，他开始用上“仓夷”这个笔名。

有一天，仓夷叫父母给工人放了假，让父母带弟弟妹妹们去游玩，自己一个人在家里，把家里整理得井井有条，清洗得干干净净，然后搬张椅子坐着，静静地看书思考。他的内心已经盘算好了，怎样说服父母让自己回到祖国投身抗战。

在学校学习、接触社会的过程中，仓夷结交了很多朋友。学校的教育、朋友间思想的交流，以及外界各种形式的抗日宣传，让他们形成了一个共识：只有祖国强大起来，华人才能够昂起头来，挺直腰杆堂堂正正地做人。几个好朋友强烈地意识到，募捐筹款还远远不够，他们更应该投身到抗战的行列中去，用实际行动报效祖国。他们商定，回国参加抗战的人，其家人一定会得到其他人的照应。

陈嘉庚之子陈元翼，是仓夷最好的朋友。仓夷用陈嘉庚的例子告诉父亲，没有强大的祖国，华人永远都只是三等公民，永远没有出头的日子，辛辛苦苦积累的财富也没有安全保障。至于回国的费用，仓夷也已经想好了，不要父母一分钱，自己到船上当杂工赚取船费。看到儿子如此明事理，父亲不但同意了仓夷的请求，还给了些钱作为路上的支用。

在编辑《仓夷文集》时，我到大连拜访了周明同志，请他写一写有关仓夷的文章。周明同志在他回忆仓夷的文章中写道：

当时，我曾问过他，你有爱人，又有父母亲，有家庭，为什么毅然舍弃一切，回国参加抗战？他说，你们在国内的人不知道，祖国贫弱，我们这些华侨在外边也是备受欺凌的。我的祖辈在南洋走了许多地方，最后才定居在新加坡。

他说，祖辈们说，在南洋，英、法、荷兰殖民统治者，曾经多次策动排华运动。你知道，爪哇岛有一条红水河。就在爪哇的一次排华事件中，那里华人的商店被抢了，房子被烧了。华人被杀后，都被扔到红水河里，鲜血真的把红水河染红了。祖国贫弱，我们就备受欺凌，现在日寇要灭亡中国，如果真的被灭亡了，我们还要更加倍受欺凌。所以，我才坚决回国参加抗日战争的。如同《告别南洋》最后那句名言：我是为了“争取一线光明的希望”回国参加抗日战争的。

仓夷回国参加抗日战争的那个时期，也是陈嘉庚先生的事业受到帝国主义垄断资本打击后的不久。仓夷与陈嘉庚先生的儿子陈元翼是好朋友。殖民统治者通过银行团的压力迫使陈嘉庚有限公司关门。陈嘉庚先生经营数十年的事业被击垮的事实，仓夷应该是可以深切地感受到的。

仓夷强烈的爱国主义思想与民族自强的愿望，与他所处的时代和环境，应该是不无关系的。

一九三七年春，刚刚十六岁的仓夷怀着一颗炽热的爱国之心，告别家人和未婚妻朱秀金，与陈嘉庚先生之子陈元翼以及另一位小学老师一道，从新加坡登船，回国参加救亡活动。

第二章　报国之路

报国无门这样的事情，历史上多有发生。而发生这种情况的原因也是多种多样的。对报国无门的人来说，他们的结局也是各不相同的：有的怒而投江；有的自此消沉；有的遭遇不测……当然，还有一种人，不达目的，誓不罢休。这里说的仓夷，就是最后一种人。

一、踏上报国之路

报国之路并不顺畅。

当邮轮靠泊香港的时候，码头上已经有人在等候了。三人中有人被家人派员给拦截了。不得已，被拦截的人只好屈服。

分手的时刻到了，仓夷有生以来第一次尝到了被抛弃和孤独的滋味，心情十分落寞：一个团队，还没出场就解散了。

仓夷知道，家家有本难念的经，自己最信任的朋友要与自己分离自有他的苦衷，而且是不可逆转的。三人最后决定，仓夷继续奔赴抗战前线，其余两人回新加坡。仓夷整理些物品，交由回去的朋友带给父母家人，只身投向抗日热潮中去。

仓夷经过黄山时，往新加坡家里寄了茶叶，报了平安。按照所走的方向，他的目标应该是战火纷飞的前线。

接下来的经历，我们可以从赵洵的回忆文章《往事》（之二）寻得一些踪迹。文章对当时的大背景有个描述：

一、从上海到解放区

上海在南市大火殷红的火光中失守。那时，我正在苏联驻上海总领事馆任翻译。在上海，只有租界上这些孤岛，日本人的鹰爪还没有伸进来。组织上原让我留守上海，但十二月初苏联总领事的宿舍被炸，总领事馆决定关闭撤回，于是组织上又想派我到苏联学习。我认为当乌云笼罩着祖国天空，民族正在为生死存亡进行殊死搏斗的时候，我的岗位应该是去前线参军，于是我要求派我去延安。组织同意了我的意见。我离开给了我知识、教育、战斗经验的上海，经过香港到了武汉办事处。我和我的爱人老黄被分配到山西阎锡山的部队（教导师二团）去做统战工作了。那里的情况是很复杂的，我们的工作归党的晋西特委直接领导（特委负责人是林枫同志）。我们在二战区（即山西战区）一直工作到晋西事变才撤离了山西，党分配我和老黄一起去晋察冀边区政府。一九四〇年春天我们到晋察冀边区，那时边区政府设在冀西阜平县的一个山村。记得这村子叫花沟口。这里的房子全是用青石板盖的，房顶上飘着炊烟，春日遍山野花，开得红艳艳的，常使我想起“遍青山啼红了杜鹃，荼蘼外烟丝醉软”的诗句。一条清澈的小溪从村中流过，附近还有一个温泉浴池，两个石雕龙头口中吐着矿泉水，我们和乡亲们一年四季都在这里沐浴。村子小，没有多少地方办公，我所在的资料科就是临时用席子搭在打谷场上的棚子。这一切都在我心上永远留下了年轻战士的喜悦。想想看吧，这是我们自己的政权呵！在我的心灵深处，这个席棚比以后的各种高楼大厦都更庄严、美好，难以忘怀。

这篇文章的第六部分，提到了仓夷：

六、仓夷、李绍棠、杨展

在这次“扫荡”后，我们转移到雁北。九月出发，十二月返回。穿着单衣在大雪中战斗。几次反“扫荡”，“联大”都有牺牲，他们都是极好的同志。我想提一提仓夷、李绍棠和杨展三位烈士。

我和老黄从上海撤到武汉时，已经是一九三七年十二月末了。我们在武汉街头偶然遇见了一位身穿短裤、短袖衬衫的青年，上衣兜插着一支派克笔，他操一口广东话，缩着身子在街头徘徊。他看见我们，就犹豫地走过来，问："要抗日到哪里去报到?"原来他是刚从南洋回来的华侨，只有十七八岁的样子，个子不高，生有一双明亮的眼睛，皮肤黑黝黝的，他的举止神态流露着少年人的真挚和成年人的刚毅。他告诉我们：他父亲是一个工人，叫他回国抗日，临行时给他一支派克笔和少许的路费，到了汉口已经所余无几了，没有什么国民党的机关收留他。他的真姓名我不知道，仓夷是临回国时他的老师给他起的名字。听了他的叙述，我们马上带他去买了几件衣服穿上，然后把他带到八路军办事处去。董老收留了他，送他到延安学习去了。一九四〇年我到晋察冀时，在一次会上遇见了他。那时他已从陕北公学毕业，在晋察冀当记者，还是那么精干，衣袋上仍然插着他的那支派克笔。一九四二年冀中反"扫荡"中，他在战地采访，一次和敌人遭遇时，他和大约八百军民进入联村地道（这是地道战的初期）。他们在地道里坚持了七八天，最后敌人向地道里放了毒气，他和八百人一起都壮烈牺牲了。那时仓夷只有二十三岁，已经是边区出名的记者了。他天资聪明，勤奋好学，为人纯朴，具有一颗火热的赤子之心，他是爱国侨胞的光辉典范。

……

虽然这篇回忆文章对仓夷之牺牲的描述，包括对他怎样加入抗日队伍过程的记录，是有偏差的，但是却为我们再现了当年的热血青年仓夷面临的困境：

一九三七年十二月末了，仓夷还在武汉街头流浪，身穿短裤、短袖衬衫，上衣兜插着一支派克笔，他操一口广东话（其实是福建话），缩着身子在街头徘徊。回国抗日临行时父亲给他一支派克笔和少许路费，到了汉口已经所余无几了，没有什么国民党的机关收留这个千里迢迢回国要求参加抗战的青年。

幸好遇上了赵洵夫妇，他们将仓夷引上了抗日道路。此后，仓夷考入了二战区的民族革命大学，也称为山西民族革命大学。

一九三七年十一月八日太原失守后，临汾成为北方一个重要的抗日中心。此时，阎锡山的旧军已溃不成军，地方行政干部也纷纷远走大后方。阎锡山急需充实抗日的有生力量，于是他接受了中国共产党和进步人士的倡议，成立了民族革命大学。阎锡山兼该校的校长，代表他负责的是第二战区政治部副主任梁化之，但他也不在学校实际任事，具体负责的是政治处主任杜心源和教务处主任杜任之。

山西民族革命大学的师资和学员，来自全国各地。早在一九三七年八月中旬，阎锡山就派其堂妹夫梁延武到武汉，请求各方从政治和人力上给二战区以支援，获得了文化教育界进步人士的热烈响应。如沈钧儒、李公朴、邓初民、江隆基、侯外庐、潘汉年、张申府等，都为“民大”的成立做出了贡献。

先后到校任教的有李公朴、江隆基、侯外庐、施复亮、陈唯实、何思敬、温健公、秦丰川、刘潇然、胡磊、周巍峙、徐懋庸、肖三、萧军、萧红等，多系全国声望素著的进步学者、教授和专家，可谓名流荟萃，盛极一时。许多青年正是因钦慕这些学者名流而来。

学生来自十八个省份，包括平、津、宁、沪、东北流亡青年，以及归国华侨五千余人。大者二十五六岁，小者仅十三四岁，其中有大学毕业和肄业的，也有高中、初中程度的，年龄与文化程度差异很大。因为学员多，除在临汾设立校本部与一分校外，又在运城设了二、三分校，曲沃设了分校。教师到各校巡回讲课。教师和学员于十二月分批抵校。

关于二战区的民族革命大学，李庄在他的回忆文章《探索》中有这样的描述：

凭着一直带在身上的河北省立易县农职的校徽和简单的口试，我在民族革命大学武汉招生处参加了这个“大学”。拿着一纸录取证，从武汉坐闷罐车组成的专列，经平汉、陇海路过风陵渡到达山西运城。我对能进这个学校心满意足。“民族革命”，我所追求；“大学”，我所向往；加上衣食供应，据说工作还有保障，在战乱期间，哪里还能找到这等好事？

阎锡山办“民大”，是同共产党、蒋介石争夺青年，为他那个被日寇打散的统治体系网罗干部。阎锡山名为校长，但声誉不佳，遂推出李公朴等救国文人、张申府等著名学者作号召。山西在一九三八年又有统一战线模范区的名声，允诺的待遇也过得去，一时吸引了大批决心抗战的和找不到其他出路的青年涌入。民族革命大学一时成为阎记地方势力、蒋记国民党同以共产党为代表的进步力量争夺青年的场所。临汾、运城一度集中不少著名文人、作家，多数是来救亡，有的看看不成气候，拿了程仪悄然而去。

我进的是民族革命大学三分校，在晋南运城。学校设在一所因战事停课的中学里，仓促筹办，毫无头绪，管理人员多数似乎是阎锡山部队的下级军官，穿着军服，满口晋腔，不会管理也不敢管理。学生睡地铺，有饭吃，未开课，自由来去，好像一个不收费的旅店。饭厅、教室墙上贴满发起成立哲学、文学、书法、国际时事以及京剧、武术等研究团体的海报，还有召开千奇百怪的座谈会的通知，令人目不暇接。最忙的是一些有名气的作家，成为学生慕名求教的对象，先到的崇拜者还没有离开他们住的小房间，继到者已经涌进门来。丁玲名气大，带一个战地服务团到了运城，被民大学生请进学校讲演。听众太多，又没有扩音器，逼得丁玲喊哑了嗓子。一句话，学生热情高，学校秩序差，乱糟糟，闹哄哄，谁也没有人管，谁也管不了谁。

……

不久，临汾失守，运城撤退，民大三分校仓促向晋西南山区转移。紧张再紧张，混乱加混乱。这不是转移，是无人指挥的“跑反”。许多学生沿同蒲路回了“大后方”（当时蒋管区名“大后方”），许多学生转道西安去延安。我孤身一人，“大后方”毫无关系，去延安无人指引，只好赶往学校宣布的目的地。

……

阎锡山的二战区司令长官部由山西吉县退到陕西宜川黄河边，暂时停下喘息。他眼见大批青年离山西而去，就千方百计把没有走散的留住。一方面，继续在宜川办民族革命大学，在相对稳定的环境中进行收容，加强管理；一方面办民族革命大学随营分校，希望经过“抗大式”的短期培训，分派学生到各地工作，支撑山西危局。进随营分校要经过挑选，方法是由校方指定的负责人谈话、测试。当时我们驻在宜川县黄河边的桃渠村，杜心源来这里挑人。他同我谈了很久，选上了。这位同志和蔼、深沉、知识渊博，一眼看出不像旧官僚。他问我是哪里人，上过什么学，读过什么书，为什么上“民大”，我一一回答了。他突然问道：“你知不知道世界上有个高尔基?”我说，知道，我看过他写的几本书，我十分崇拜他。杜心源笑了笑，说我被录取了。

李庄写道，杜心源后来谈起往事说：

一九三八年，阎锡山的政治态度大体同我们党的最低纲领相同，我们的方针是推着他、拉着他继续抗战。他办民族革命大学，我们支持，尽可能参加进去做工作。随营分校，凡是我们选的学生，都是比较可靠的。当然，不都是共产党员，起码要愿意抗战、救亡。随营分校设在山西吉县文城镇一所停了课的小学校里。学生睡地铺，伙食标准比阎军士兵略高，队长是旧军官，可能奉命对学生管得很松。集体活动较少，自由活动时间很多。上课主要宣讲阎锡山“中的哲学”“按劳分配”一套。李冠洋主讲。李是阎锡山手下大将，日本留学，当时竭力装扮成进步文人，但正如毛泽东同志说的，反面人物演惯了，演正面人物总不大像。阎的“理论”荒谬，矛盾百出，稍稍有点马克思主义常识的青年都感到十分可笑。这种课程，连同日常接触到的官场习气、颟顸作风，以至当权者的鸭式走路姿态、浓重难听的晋北口音，都成为外来学生仔（占绝大多数）私下奚落的对象。从这些方面来看，这个学校一无可取。但随营分校学生相当稳定，我没有听说过有学生中途离校的事。现在看来，主要原因是学校的气氛相当自由。例如读书：列宁的许多著作以及毛主席的《论持久战》、延安出版的关于抗日民族统一战线的小册子，只要能向同学借到，都可公开阅读。国民党的宣传品，叶青诬蔑共产党、攻击抗日民族统一战线的小册子也公开出现。原因之二是一部分学生来学校进行地下革命工作，大部分学生眼看在这个学校两三个月毕业就可走上抗战救亡的战场，这两三个月不过是即将同日寇直接斗争的阶梯，所以也较安心。随营分校空气相当宽松，还表现在墙报上。学生办了许多墙报，三人一团，五人一伙，自定名称，无人干预。学校不规定墙报的主旨，想写什么写什么。现在回想，墙报虽多，基调都是抗战救亡，反对抗战、鼓吹投降的言论没有出现过。至于怎样争取抗战胜利，那就议论百出了。

我常说，一个初次涉世的青年，在一九三八年那种社会激烈动荡、政治斗争表面缓和实际十分尖锐的年代，走上正路的机会很多，误入歧途的机会也不少。除了汉奸都谈抗战，蒋介石也说过一些抗战的话，阎锡山似乎把“民族革命”一词垄断了。他办的学校、刊物、出版社、俱乐部……

都挂上“民族革命”的牌子。许多青年鉴别力低，极易轻信自误。我出身那种家庭，多年闭门读书，毫无政治经验，想起来实在后怕。所幸我很幸运，自身有民族觉醒、追求进步的思想基础，更重要的是遇到了好人——年纪比我大，政治经验比我多，像关心小弟弟一样关心我的好人。

这个时期的仓夷，正与李庄一起学习。李庄写道：

因为志趣、爱好相同，随营分校几个同学：吕岩寅、谈锋、仓夷、乔力和我，很自然地团聚在胡采周围。胡年纪最大（当时也仅二十多岁），知识多，写文章棒，看问题深。这个稳固的小圈子，仓夷最小（他原是南洋华侨，回国抗战，一九四六年作为新华社特派记者采访国共两军停战谈判过程中，被国民党在大同外围秘密杀害），我比他稍大，年龄倒数第二。几个人视胡采为兄长，对他的主意坚决奉行。几个人自以为所言所行非常革命，对一些文化水平较低的同学经常显示某种傲气。

随营分校毕业，以胡采为核心的几个人被分配到第二战区司令部“民族革命室”，筹办、编辑新创办的《民族革命》半月刊。“民族革命室”名义上管理阎系机关、部队的文化工作，据说是仿效红军“列宁室”的做法，挂上阎记招牌。

《民族革命》半月刊名义上由梁延武负责。他是阎锡山的堂妹夫，日本留学生，一九三八年统管阎系的文化艺术工作，以进步文人面目出现，一时罗织了一批文化艺术工作者到二战区。这个刊物的实际负责人是胡采，按照团结抗战的基调，梁延武让大家放手工作。

我在晋西近一年，工作几经变动，这一段心情最舒畅。生活很苦，穿阎军士兵的衣服，吃比士兵稍好的伙食，最初甚至连军毯都没有，大家挤在光线灰暗的窑洞里，和衣依偎，黑甜一觉。仓夷和我最受优待，总被挤在中间。几个人办一个刊物，写稿、编稿、校对直至送到黄河西岸的出版社印制，全是自己干，无拘无束，亲密无间。两孔窑洞成了几个青年的天地，大家说这才像救亡工作的样子。

二战区的民族革命大学，在统一战线方针指导下培训抗日干部，由共产党员杜心源和杜任之分别担任政治处主任和教务处主任。从李庄的回忆文章中我们可以知道，仓夷也是在运城的三分校学习的。

结业后，仓夷被分配到当时驻黄河西岸秋林镇的二战区司令部，担任《西线》杂志的编辑工作。

这个杂志刊登了不少进步的言论和前线的重要消息，特别是八路军抗战的消息，还曾在显著位置刊登了毛泽东的语录。阎锡山看见了，把仓夷叫去，很不高兴地说：“仓夷！你甚时候看到共产党的刊物刊登我的语录，你再刊登毛泽东的语录吧！”这使他思想上感到压力。

仓夷很看不惯二战区上上下下那种庸俗腐朽的官场作风，想去延安，但难以实现，于是积极要求到敌后抗日根据地去。阎锡山既批评他，又拉拢他。他生病住医院时，阎锡山派人给他送饼干，但还是留不住他的心。这个时候，还发生了一件事情，更加坚定了仓夷奔赴前线的决心。

这次生病的细节，李庄是这样回忆的：

> 仓夷得了伤寒病，在文城驻军医院，吕岩寅陪住，被传染。仓夷病愈出院，吕岩寅接着住院，我陪住。吕不治病逝，我幸而安然无事。从此事可以看出，那个“干事”工作真是可有可无，也可以看出我同这些老朋友是多么亲密。

在仓夷住院期间，吕岩寅怕仓夷一个人孤单，就到医院去陪伴，谁想，仓夷病好了，吕岩寅却染病去世了。生命是如此的脆弱！

恰好遇到民族革命通讯社要建立晋察冀边区分社的机会，仓夷就到民族革命通讯社晋察冀边区分社来了。

二、来到晋察冀边区

一九三九年三月，仓夷随民族革命通讯社边区分社来到晋察冀边区。

晋察冀抗日根据地，也称晋察冀边区。晋察冀是山西、察哈尔、河北三个省的简称，晋察冀边区地处同蒲路（山西大同经太原市南至运城市蒲州镇）以东，正太路（正太铁路就是现在的石太铁路，石家庄到太原，以原起点河北正定而得名）、石德路以北，张家口、多伦、宁城、锦州一线以南，东临渤海，以山西东北部和河北的冀中、冀东为主，包括察哈尔、热河、辽宁三省的一部，行政上划分为北岳、冀中、冀察、冀热辽四个区。区内除冀中大平原外，大多是山岳地带。

晋察冀边区政府、晋察冀军区司令部位于太行山麓的河北省保定市阜平县境内。

在以卢沟桥事变为标志的全面抗战爆发之前，一九三五年夏，日本帝国主义发动了对我国华北的侵略，大批日军进入关内，威胁北平、天津。在日本帝国主义发起的军事进攻面前，蒋介石继续实行卖国政策。继《塘沽协定》后，国民政府代表何应钦同日本华北驻屯军司令官梅津美治郎秘密签订了卖国的《何梅协定》，答应撤出河北的中央军队，撤换平、津两市市长，取缔一切抗日组织活动。

日本帝国主义大肆收买汉奸，策动河北、山东、山西、察哈尔、绥远华北五省自治，妄图使其变为日本的殖民地。一九三五年十月，日本煽动河北省东部香河、昌平、武清等县的饥民暴动，占据香河县城，并成立由汉奸组成的临时维持会。接着，日本扶植汉奸殷汝耕在河北通县（今通州区）成立冀东防共自治政府，控制冀东二十二个县，宣布脱离国民政府。这就是臭名昭著的“华北五省自治”，也称华北特殊化、华北分离工作、华北自治运动。

也正因此，我们把晋察冀边区这个中国共产党在抗日战争时期开创的第一个抗日根据地，称为敌后抗日根据地，这里也是当时各敌后根据地建设的模范。

民族革命通讯社是阎锡山创办的通讯社，但工作人员，特别是设于各根据地的分社的编辑、记者，全是共产党员和革命青年。总社虽然设在阎锡山身边，但在一九三九年阎锡山于晋东南发动抗战以来的第一次反共高潮，逮捕、暗杀共产党员和抗日干部的“十二月政变”之前，其宣传口径仍未丢掉抗战救亡。这显示了当时政治斗争的极度复杂性：一方面，战场上可以打得你死我活；一方面，山西新军、新派代表人物就在“十二月政变”发生以后，还给阎锡山发电，揭露直接进攻新军的刽子手晋军陈长捷等人的罪行，同时表示“拥护阎司令长官抗战到底”。

当时，从秋林镇一共来了两个人，仓夷他们在村子里游来荡去找了两天，也没找到边区政府。这个时候，晋察冀边区政府所在地是三官村的大北沟，这里是河北阜平最偏远的地方，南边与灵寿、平山相邻，翻过西边的太行山长城岭，那边就是山西五台的地界了。

当地老百姓的保密意识非常强，看到陌生人，他们的警惕性非常高。因为前不久，这里刚刚遭遇日寇的夜袭：站岗的民兵因为报警用的唯一一颗手榴弹没有炸响，让日寇摸了进来，造成了损失。

听说是找报社的，老百姓才告诉他们，他们所站立的地方就是报社的门口，前几天这里发大水，边区政府的工作人员、报社的同志们正帮老乡在田间拔草，恢复生产，同志们打扮得跟山区的农民一样。

在这里，仓夷与李成瑞成了同事。李成瑞在《一声〈梅娘曲〉双泪落君前——抗日战争胜利60周年杂忆之四》中这样写道：

“哥哥，你别忘了我呀！我是你亲爱的梅娘……”当这首哀婉动人的《梅娘曲》在大型歌会上唱起的时候，我顿然热泪盈眶。它使我想起了六十年前我亲爱的战友、南洋华侨仓夷同志英勇牺牲以及他的未婚妻后来到祖国万里寻夫、哀痛欲绝的往事。

话还得从一九三九年初夏说起。那时我在晋察冀边区政府主办的《救国报》社当记者。有一天，边区政府娄凝先秘书长（同时是机关党委的负责人）把我找去，对我说："边区的抗战情况应当向全国广泛传播。但是，新华社的电讯稿，在国民党统治的大后方，一般报纸往往不敢采用。最近，二战区阎锡山的'民族革命通讯社'派了人来，说要在边区建立分社，要求边区政府给予支持。看来，把边区的抗战消息通过'民革社'发出去是有好处的。我答应了他们的要求，并打算调你到民革社当记者。你有什么意见?"我表示服从组织分配。就这样，我开始了在民革社的工作。

不久，二战区就派来了民革分社的社长，名叫张遂，是个日本留学生；同来的一位记者，名叫仓夷，是个回国参加抗战的华侨。他们还带来一部电台和手摇发电机。仓夷那年18岁，与我同庚，圆圆的脸，敦实的个子，操一口略带福建味的普通话。不知为什么，我们两个人见面不久，就觉得特别亲热。他自我介绍说，他原名郑贻进，祖籍福建，移居新加坡已经好几代了。家里很穷，父亲靠种田、拉洋车、打零工养家。七七事变后，他看到祖国山河破碎，满目疮痍，就回国来参加抗战，并改名仓夷。他考入了二战区的民族革命大学（由共产党员杜心源和杜任之分别担任政治处主任和教务处主任，在统一战线方针指导下培训抗日干部）。结业后，被分配到当时驻在黄河西岸秋林镇的二战区司令部，担任《西风》（注：此处应为《西线》）杂志的编辑工作。这个杂志刊登了不少进步的言论和前线的重要消息，特别是八路军抗战的消息，还曾在显著位置刊登了毛泽东的语录。阎锡山看见了，把他叫去，很不高兴地说："仓夷！你甚时候看到共产党的刊物刊登我的语录，你再刊登毛泽东的语录吧！"这使他思想上感到压力。仓夷很看不惯二战区上上下下那种庸俗腐朽的官场作风，想去延安，但难以实现，于是积极要求到敌后抗日根据地去。阎锡山既批评他，又拉拢他。他生病住医院时，阎锡山派人给他送饼干，但还是留不住他的心。恰好遇到民革社要建立晋察冀边区分社的机会，他就到这里来了。

当时民革通讯社边区分社的新闻稿，主要是由我和仓夷两人根据边区新华分社通讯稿和各军政机关的资料编写的。另有一位记者高凌云，不大爱动笔，经常发牢骚，说敌后生活太苦。我们倒不与他计较，只顾埋头工作，争取快发、多发边区的消息。当时王震359旅等部在五台地区上下细腰涧歼敌700多人的胜利，杨成武指挥的第一军分区部队在易县大龙华歼敌350多人、生俘敌西陵警备队长11人的胜利，贺龙率120师在灵寿县陈庄歼敌1000多人的胜利，以及边区其他胜利消息，都通过民革社的报道，得以在大后方较为广泛地传播。

我和仓夷还尽量抽空出外采访，写了些关于群众踊跃参军支前、大水灾后军民生产自救和乡村民主选举等方面的报道，也大部为民革总社采用转发。我们为此而感到衷心的喜悦和鼓舞。

有一天工作之余，我听仓夷在轻声地唱起《梅娘曲》，那凄婉的旋律，一下子把我吸引住了。七七事变前我在中学读书的时候，就听到过这首歌，知道它是聂耳为田汉所作的话剧《回春之曲》谱写的插曲。歌中主人公梅娘的恋人从南洋回国，投身上海“一·二八”抗战，不幸因负伤而失去了记忆。专程回国探望的梅娘为唤起他的记忆，在病床前流着眼泪反复地唱这首歌，终于使她的恋人恢复了记忆，两人也重新燃起了爱的火焰。

我很喜欢这首歌，很快向仓夷学会了。有一次我同仓夷一起出去采访，途经一座很高的大山。快爬到山顶时，忽然大雨倾盆，我俩急忙往上爬，钻进山顶上的大树林里。原来这是太行山脊上的天然林，蓊蓊郁郁，遮天蔽日。在林子里休息了一会儿，忽然云开日出。向远处望去，但见群峰雄峙，河溪似练，江山如洗，气象万千。仓夷站起来大喊：“太美了！太美了！抗战胜利后，我要到这里建立家庭！”随后，又哼起了《梅娘曲》。我说：“是不是在南洋有个小梅娘在等着你?”他笑着说：“别瞎扯啦!”

在民革分社的仅有的5个干部中，政治思想倾向明显地分为两派：一派是社长张遂和记者高凌云，讲的是国民党、二战区的那一套，开口闭口“阎长官”；另一派是我、仓夷和文书兼译电员冉登华，讲的是共产党、八路军的话。仓夷虽是从二战区来的，却同我们站在一边。这两派之间，平时虽有些争论，但并不尖锐。高凌云还拉拢我，说马上可以给我一个“少校记者”的职衔，将来到二战区去，那里生活、待遇比这里好得多，但被我婉言拒绝了。

到一九三九年秋冬，随着国民党掀起反共高潮，民革分社内部的争论也就激烈起来。当时阎锡山派白志沂的保安师、金宪章的新二师进入晋察冀边区。他们不去打日本，却向八路军“收复失地”，抓捕和杀害抗日干部，甚至削鼻割舌后活埋；边区八路军被迫奋起反击。对于这些事，两派看法迥然不同。这时，民革总社来电，要将“民革通讯社晋察冀边区分社”更名为“民革通讯社五台分社”。这显然是要实现阎锡山叫嚣的“取消边区”的阴谋。我和仓夷坚决反对，与张、高二人争得面红耳赤，最后将两种意见同时向总社上报。这时，民革分社的新闻报道也受到严重干扰。

一九三九年十月下旬，仓夷出外采访。我连发几篇报道，总社都不采用，并来电对我加以“申斥”。我十分恼火，感到工作干不下去了，就去找边区政府娄凝先秘书长。我说："在当前形势下，要通过民革社向大后方报道边区抗战的消息已经不可能了。同时，我在那个环境里也待不下去了。听说最近陕公、鲁艺等学校许多老师和学生从延安来到边区，要成立'华北联合大学'，我要求到那里去学习。"娄秘书长经过考虑，同意了我的意见，并写信介绍我到华北联大去学习。

十一月初，我成为华北联大社会科学部（原陕北公学）第二队的插班生，参加了在阜平县易家庄举行的、由成仿吾校长主持的隆重的开学典礼。华北联大确实是个革命的大熔炉，那里强烈的革命校风和浓郁的学习气氛，使我深受感佩和鼓舞。开学不到半个月，日寇开始了对边区的"大扫荡"。联大师生在灵寿、平山一带大山中不断转移。

有一天晚上，我刚刚睡下，就有一位放哨的同学把我叫醒，说是边区政府的队伍行军从这里路过，有一个人一定要找我。出去一看，原来是仓夷站在凛冽的寒风中在等我。一见面，他就气冲冲地说："你怎么搞的？自己先逃跑了？留下我一个人怎么办？"我说："我不是逃跑，是组织上批准、介绍我来这里学习的。民革社，恐怕你也待不下去了，快去请示娄秘书长，看该怎么办。无论如何，你和冉登华同志要看住那部电台，防止他们利用电台搞鬼。"

不久，我听说边区宣传部门派郑季翘等同志接管了民革社边区分社，张遂和高凌云回二战区了，仓夷到《晋察冀日报》社任记者，冉登华到边区政府工作（后来在反“扫荡”中牺牲）。从此，我与仓夷分开了。我在华北联大毕业后回到边区政府，一直做财政工作，为部队征收救国公粮。

……

在这篇回忆文章里，李成瑞将他与仓夷的接触、共事和分手进行了详尽的描述，从中我们可以看到仓夷是怎样从事新闻工作，有怎样的思想倾向，以及他与李成瑞之间兄弟般的情谊。

李成瑞的家乡在河北唐县的淑闾村。一九三八年二月二十日，日军残杀村民一百五十一人，烧毁民房三百多间。李成瑞是那天从枪林弹雨中冲出来的幸存者。以后每年的这一天，村里几乎家家戴孝，户户哭声。

一九四一年，日寇在淑闾村构筑碉堡，驻扎日伪军队，环境变得异常险恶。就在这个时候，李成瑞的父亲李登魁受命为本村村长，在党的领导下开展对敌斗争。他白天同敌伪特务周旋，夜晚发动群众千方百计支援八路军，“脑袋掖在腰里干革命”。一九四二年冬，李登魁在完成征收救国公粮三十万斤的任务后被日寇逮捕，受尽酷刑，坚贞不屈，英勇就义。

一九三九年晋察冀边区政府成立，边区政府主席宋劭文到唐县视察，李成瑞把整理好的记录送他过目，深得宋劭文的赞赏。于是，他从唐县调到边区政府。

二〇〇七年，我拜访了李成瑞同志，他回忆说，当时的生活条件非常差，在老百姓家轮流吃饭，老乡吃什么，他们也就吃什么；下乡采访，住在老乡家或村公所。

仓夷当时因为才华出众，结业后到二战区杂志《西线》当编辑。后来，民族革命通讯社要设晋察冀分社，仓夷知道晋察冀边区周边全是日本势力，认为这样的地方才是抗日的前线，所以就主动要求去晋察冀分社。

民族革命通讯社别的分社都是以当地地名命名的，所以有人提出要把晋察冀分社改名为“五台分社”，遭到李成瑞和仓夷的极力反对。他们去找娄凝先反映情况，娄凝先说，不能叫“五台分社”。就这样，“民族革命通讯社晋察冀分社”的名称才得以保留下来。因为“晋察冀边区”这个名称是得到国民政府批复承认的一个行政区划，关键在于它还是统一战线的成果。

张遂是阎锡山的妹夫、民族革命通讯社晋察冀分社社长，仓夷是记者，他们带来一部电台、一部手摇发电机，发稿给二战区。工人负责发电，仓夷带着电码，交给李成瑞，按照电码加工：第三字加五，第四字减二。后来来个译电员，他们才不再负责电码工作。他们把《抗敌报》的东西改头换面，改写了发给总社，如八路军打几个大胜仗等消息：一一五师罗荣桓带一团去山东；杨成武一二〇师在灵寿县陈庄歼敌五百多人，战损比为一比一（在抗战时期一个换一个是个了不起的战绩!）；黄土岭消灭阿部规秀……

这些消息都是通过民族革命通讯社发出去的，民族革命通讯社总社对他们的工作成绩进行了通报。

一九三九年秋冬，第一次反共高潮到来：新二师精建会（精神建国会，属于国民党部队）在雁北屠杀八路军，山西抗日决死队的共产党员被杀。

山西抗日决死队是抗战初期共产党与阎锡山合作，以“牺盟会”名义组织的，区别于山西旧军的抗日武装，共有四个纵队，活动于晋西北、晋西南与晋东南。

阎锡山在地下党员和一些进步分子的领导和推动下，于一九三六年九月十八日在太原成立了地方性的抗日群众团体——“山西牺牲救国同盟会”（简称“牺盟会”），由阎锡山任会长。不久，阎锡山将“牺盟会”交给在山西做统战工作的共产党员薄一波主持。薄一波等利用这一职位，改组与掌握了“牺盟会”。这时，日伪军进攻绥东，阎锡山为形势所迫，同意让“牺盟会”组织武装，训练民众。一九三七年二、三月，“牺盟会”创办了“国民兵军官教导团”，并开办了军政训练班，为教导团培训了一批军政工作人员。七七事变后，日军进攻山西，晋军溃败，阎锡山又为形势所迫决心组织新军。一九三七年八月一日，阎锡山以原有的军政训练班、民训团组成山西“青年抗敌决死队”第一总队；九、十月，又以驻扎在寿阳等地的军官教导团，编成第二、第三、第四总队。第一总队政委薄一波，第二总队政委张文昂，第三总队政委戎子和，第四总队政委雷任民。总队长一般是军官教导团的团长。部队成立后，很快扩大。一九三七年底至次年初，各总队分别扩编为第一、第二、第三、第四纵队，共二十六个团。第一纵队活动于太岳区，纵队长兼政委薄一波。第二纵队活动于晋西洪洞、赵城一带，纵队长韩钧，政委张文昂。第三纵队活动于太岳及太行区南部，纵队长董天知，政委戎子和。第四纵队一部分活动于晋西北，一部分在晋西，纵队长兼政委雷任民。

一九三九年“十二月事变”后，第二纵队转移至晋西北，与第四纵队会合。第三纵队遭到阎军围攻，一部叛变，余部转至太岳区，与第一纵队会合。后来抗日决死队各纵队分别编入所在地区八路军序列。

随着国民党掀起反共高潮，民族革命通讯社晋察冀分社内部的争论也激烈起来。争论反映到民族革命通讯社总社后，仓夷和李成瑞遭到总社的来电申斥。两个年轻人面对这无理的申斥，感觉到这样的工作已经没意义了。

一九三九年夏，根据抗日战争形势发展的需要，中共中央决定将陕北公学、鲁迅艺术学院、延安工人学校、安吴堡战时青年训练班等四校合并，成立华北联合大学，开赴敌后抗日前线，坚持华北抗战，开展国防教育。九月，联合大学到达晋察冀边区的阜平县城南庄，初设社会科学、文艺、工人、青年四个部。成仿吾任校长。

一九三九年十月，李成瑞请示娄凝先，要求去学习，得到组织批准。那时上课在野外，没有桌椅，就坐在石头、马扎上。反“扫荡”期间，同学们还要负责站岗。

这个时候，天气已经转冷了，仓夷体弱衣单，冻得发抖，可见当时的条件是多么的艰苦。不久，民族革命通讯社晋察冀边区分社由边区主管单位接管了，仓夷随郑季翘留在《救国报》工作；张遂回五台县，当上了伪县长；高凌云因为强奸房东女儿未遂被通缉，后在太原中学任教。据郑季翘说，一九四六年，仓夷到北平《解放》三日刊后，高凌云还给仓夷写过信。

这个时期，我们能够看到的仓夷的文章，只有刊登在《西线》上的《华北的敌寇在挣扎》（《西线》1939 年第十期）和《晋察冀边区区村政权的建立》（《西线》1940 年第一期）这两篇了。因为在一九九七年编辑出版《仓夷文集》的时候，这两篇文章还没有被发现，没有被收入该文集，特别是《华北的敌寇在挣扎》中的一些数据，可作为侵华敌寇罪证的第一手资料，故将全文收入在此，呈献给读者：

华北的敌寇在挣扎

一、国防最前线的华北

当我用二十天的时间，作一次黄河防线的巡礼以后，我到了晋西北的岢岚。

虽然因为交通不便的缘故，一路上除了毛驴骡马以外，那是只有步行的，可是这正好给我们工作上的方便，能够使我作较详细的视察，更多的采访到宝贵的材料。在这一千多里的旅途中，虽然遇到看到听到的事情无限多，引起的感触却只有一个，就是“华北是我们的”，更深切地感受到的，是“抗战就是胜利”，因为那许多摆在我们眼前的，那华北的突飞猛进的事实，已足够做铁证了。

我在战地里生活了一年多了，虽然这是仅仅的一年，却有平时三十年的悠久，一切都千百倍的进步了！这是每个在战地生活着的人们的同样感觉，几千年来颠扑不破的封建废宫，亦在战争的不断的演进中开始逐渐的坍解，好多年代的过着寂寞的时间的西北高原，静僻荒芜的原野，现在亦随着动荡的时代而警醒起来，到处充溢着抗战的浪潮，就是以不远游不进县城为荣耀的六十多岁的老汉，现在，居然也抛弃那远避红尘的思想，参加到抗战的巨潮中去。

华北的妇女，在过去是落后的，孱弱无能的，儿童们，亦是比较愚蠢无知，而现在都迈开了大步□国不愿后人，各种妇救儿救的组织集会，都有如雨后春笋的蓬勃的生长，尤其是在山西，儿童们像一群可爱的小鸡似的，被他们的母亲带着，避开了潮水的侵害，到干燥的地方，去自己垦殖，自己教养，而在宣传工作上，他们是一支宣传战的生力军。

更使人兴奋的是在最前线的地方，人们有时一听不到敌人的炮声，便会诧异地带着打趣的口吻发问："怎么，今天鬼子的大炮不哭了!?"在这里可以使我们想象到同志们在前线生活的镇静。

那怒涛滚滚的黄河，划成了华北抗战的天然的坚强防线，黄河的北部、东部，是一片海拔二千公尺左右的高原，这山岳绵亘，崎岖艰险，气候寒暑无常的地方，是我们展开持久抗战中的游击战的有利区域，同时亦就是侵略者无法再施展他大炮威力的地方。

二、侵略者的大炮失了威力

为什么现在敌寇的大炮在华北失了威力呢？这似乎就得用点线的侵略进到平面的侵略这个过渡来说明，因为晋、冀(西部)、察一带多山，容许敌人的大炮猖獗的只有几个都市据点与交通线而已，而整个华北广大的原野是一片无尽的山野，这个山岳地带无法横行，就连敌寇自己，也是非常明白的!

就在今年二月梢，敌寇的官方广播着这样的一条新闻：“日军自去年清剿各地残匪，至本年二月中旬止，已告一段落，大致恢复华北各重要都市，及各铁道沿线地区，其未澄清之地仅仅：1. 正太线南面，同蒲路东面之山岳地带；2. 正太北面五台东面之山岳地带；3. 同蒲线西面至陕西省境之晋西地区；4. 济南东南方地区之一部；5. 山东半岛东端之一部；6. 冀南地区大名南方之一部。”疯狂的敌寇，竟自己作了这个华北抗战一年多来的失败的总结算。

据我们官方的消息，敌寇在兵力方面，一共只有三十六残缺不齐的师团，这里并不是完全正规军，这里有各色各样的人们，被用刺刀强迫着作战的，在作战能力上比之抗战初期敌寇军队的战斗力，直不啻霄壤之别，这惊人的质的衰退，无疑义的是侵略者的外强中干的军备，经不起长期的作战的消耗的必然结果，而这不断的衰退到终末，失败便是他必然的归宿地。

聪明的敌寇，并不是没有感觉到这危机的迫逼的，然而，这是深陷在泥沼里的日寇无法自拔的苦境，虽然不断地与西方侵略者摇尾乞怜，盼望着他两个亲兄弟的帮助，而结果，越挣扎越深陷在泥淖而已！

最近敌寇更调来了两个所谓精锐部队，亦就是要作一番挣扎工作，因为二十多个月来的华北作战的教训，使侵略者在许多的苦头中学会了乖巧，虽然铁的事实已证明了侵略者的大炮失了威力，而在敌寇本身却不能不有一番最后的疯狂举动，于是乎便有了所谓“扫荡”华北的叫嚣了！

在山西，敌伪《山西新民报》上，曾经这样的登载着：“……山西省境不准残留一匪，各路日军剿匪忙碌，连日展开‘扫荡’战，绝不允有一残匪留境内，是以日夜不休研讨根本清匪之计……”试想这是多么狼狈，多么颓唐！多么泄气的话呢！而且这是侵略者亲口说出来的！虽然敌寇荒谬的把反抗侵略者的群众武力抗敌部队诋蔑为“匪”，而加以巧妙的借词的“剿”，而那无耻的侵略行为是全世界的人们所不齿的啊！

随着这所谓“扫荡”华北的敌寇企图，于是在战法上，亦有了新的修正，我们试看近日来的华北作战就可明白，差不多敌人每占一个地方，必赶快修筑汽车路，重建碉堡，并且在交通线五百米以内地区，不许种高粱等高秆植物，这些都是敌寇的新战法上的应用。敌寇亦学起了我们的游击战了，敌军每次行动时，不敢走山峡险道，尽是爬着山，抓着岭，在每一个据点四周都散着流行群，尽力的着重于一地方的彻底的全面占领，亦就是所谓“稳扎稳打”的新战法！

但是这个战法的采取，无疑的是一个长期的战争中的战法，尤其在地大物博的中国，就敌寇现有的在中国的兵力预计，要占领山西一省尚不可能，还说什么凌空架楼梦想以此来并吞中国呢？

敌寇本身的弱点是在这次战争的演进中无情的露骨了，敌军哗变的事情，不断地发生，敌兵自杀的事情，日有所闻，过去敌兵死了，运去了尸骨，如今敌兵战死了，只斩去了一手右掌！原因是因为敌兵死的数目太大了！不能一具一具都运回的缘故！

现在我们的军队，差不多都在距敌人七八里的地方活动着。民众的觉悟，政权的树立，敌寇今天用了这“稳扎稳打”的长期作战法，是失败无疑的，侵略者重在一鼓而得天下，长驱直入，才有锐气，才能鼓舞着侵略者的声势。今天，敌人既没有这长驱直入的力量，“稳扎稳打”的战法，将使敌兵的作战情绪更消沉，军费的数目的飞增，反战情绪的高涨……我们说这“稳扎稳打”的战法是等于侵略者自杀是很恰当的。

三、政治新毒品的大量制造

有如中国的俗语所说的“倭子恶计多”，敌寇因为在军事上的“精疲力乏”，与整个的毁灭的时间的将临，于是便修饰了他侵略的外衣，以期重整在华北的残局。

谁都知道，敌人在华北用尽心血的挣扎了二十来个月，不但没有丝毫取获，反而遭到了很大的损失与打击，军事上不能镇压华北的丝毫，因之政治上、经济上亦无法从事统治与掠夺，同时因政治经济上的失败，使敌寇的军事上更陷于苦境！

在过去华北的敌寇运用着“毒化政策”“高压政策”“怀柔政策”“欺骗政策”，这些政策的推行，正像敌寇军事的进展一样的局限于点与线而已，有时连线都谈不到，这是侵略者的最大苦痛，因为敌寇的用兵目的之一，就在政治统治呢！

一走入敌区，就可以看到那断墙上，写着那新奇古怪的标语，像：“中日满共存共荣共建立协同体”，“金色民族是世界主人！”“东亚是东亚人之东亚！”……然而这些标语就如一座杀神似的蹲在墙头壁角，敌区的民众是永远与它们隔离的。

侵略者的刚退伍的首相近卫文麿，更高明的唱出：“建立东亚新秩序，实为针对东亚新事态，超乎政治、经济、文化之上之一‘统合政策’。”这里的所谓“统合政策”，亦就是敌寇的整个政治阴谋的总称，而企图用巧妙的言辞来掩饰其丑恶的！

现在，敌寇竟因为感到军事的无法侵略，军事力量单薄的缘故，所以便搬弄其政治阴谋了。

因为敌寇感到反抗力量日趋膨胀的威胁，于是在政治的阴谋上首先表现的，就是挑拨离间党国的团结，分化我们抗战的团力，用种种“和平”的谣言，来缓和我们的抗战情绪的高涨，像华北几个都市据点敌寇出的伪报纸，以及“同盟社”发出的电报，无不荒谬之极，像北平伪《实报》在本年三月三日登载着的：“建立东亚新秩序，努力弭战和平！随着建设东亚新秩序的方针，我们应积极的做些工作，可是这工作繁杂多端，目下最紧要迫切的，便是努力‘和平停战’运动。”敌人的自作自欺的行为，恐怕连敌寇本身也感到可耻吧!？比之于西方之“宣扬文明”者将更可耻吧？敌寇梦想以此来掩遮他那青色的鬼脸而从事“扫荡”华北，总算是下过一番苦心了。

另一方面，则以“反蒋”，“防共”，来分散我之抗战团力，这是因为我们因“全国一致拥护最高领袖蒋委员长领导抗战到底”与“巩固并扩大民族革命统一战线”这两个口号下的反映！聪明的侵略者，竟“计穷力窘”的干起“掩耳盗铃”的勾当，在华北、烟台、天津等地，我们常常可以看到在街头巷尾，围着一群小孩，“咚咚哐哐”的锣鼓声响着，就是你不看他，经验就会告诉我们，那是敌寇的宣抚班，在演着纸戏（即俗称西洋镜）呢！于是我们便可以看到那个四方的箱子旁，写着那丑恶欺骗的字样：“国民党的横征暴敛”，“共产党的杀人放火”，“蒋××抽壮丁”，“游击队的破坏交通减少人民幸福”，“日军剿除各地匪贼，解救良善群众”……自然，那对于这种小玩意儿仿佛是天赋的特殊性能的日寇，这是一件拿手把戏。

因为我们全国的精神团结，一致对外，所以在华北的敌人，在政治上就不得不挣扎了。首先是对于国民党的挑拨，再则进攻共产党，再则支离党国，再则奴化民众，像蒋委员长是我们民族领袖，同时又是国民党的元首，今天敌人就极力来侮蔑他这无异就是“反”我“全民族”，也无异的就是一手造成此次的残酷战争了！这也无异的给他们的“和平停战”的一个耳光。敌人满想支离我全民族对领袖的信仰与拥护，使抗战的团力失了维系，这种坐收渔人之利的妄想，早已给我们华北的广大民众的热烈拥护最高领袖的巨潮湮没了。

有一次，从太原来了一个工人，他痛快的讲着敌寇的种种可耻事实，他说：“日本鬼子是怕八路军的，恨不得共产党立刻挤出抗战的阵营，或者是让第三者来代敌人执行刀斧。于是这‘防共’的口号，便格外的唱得响，说什么‘赤魔不除，大祸不止’！在各处张贴着水彩画，更到处宣传：‘山西共匪穷凶极恶，强拉壮丁蹂躏人民’，‘全国人民应彻底消除共产党！’在各乡镇里，也组织防共村，防共自卫青年训练所，有许多宣传要项，就是：

一、使知党共祸国殃民之罪状，‘实行彻底清除’！

二、使知自卫是人民应尽之天职，处于现在情况下，非团结不足以御匪类，非有强固之组织，不足以保持安定之秩序。

三、使知现在之时，欲建东亚新秩序，非中日满实行亲善不可，两国互相提携，方能共存共荣，以享永久和平幸福。”

可是，这些都是“笑话……”那个人说了，笑了。我惊奇地问着他，他说：“怎么不是笑话呢？这些都是敌人的谣言，老百姓又不是泥塑的！怎么会给他们骗去呢？……就是那些维持会长汉奸们，也会给我们说那些都是敌寇的谣言，是用来欺骗我们的！”

除了这以外，就是对于国共的挑拨，这差不多成了公开的秘密了似的，譬如与我晋绥军作战时，便散发着荒唐传单，说：“日本兵专打八路军与中央军，不打晋绥军！”如与八路军作战时，则照用第一个原则谓：“日本兵不打八路军，只打晋绥军与中央军。”与中央军作战时，亦是这样。这个趣闻差不多在前线的战士无不都引为谈资笑料呢！

有一天，北平的伪《实报》上用特号字作标题《民军（即中央军——记者）与八路军内讧甚烈，党府无力统制》。

又有一天，太原伪《山西新民报》登载着：《山西××

阎××已渡河到西安，山西明朗化指日可待!》。

这些，都可看出敌寇的恐惧心理，而正梦着有这事情发生呢！事实告诉我们，坚持华北抗战最得力的阎司令长官，深得华北群众的拥护，他自作战以来，即以誓死保卫华北为职志，这所谓逃往西安！又是敌寇的一种造谣！

又有一天，那敌寇用来作欺骗宣传工具的北京同盟社，发出了一个新闻，就是敌寇的某要人演讲。他的主要章义是："俄国是赤色共产主义，是世界的敌人，英法美是白色人种，中国党国的不顾一切地与日本作战，是替英美法苏找便宜!"无问题的这是用来诋蔑世界和平阵线的结合！而想来献媚于西方侵略者之前，其实，今天西方之侵略者已开始他对殖民地的割占，东方的反抗火炽愈日益的高涨！就是敌寇再更多的制造着政治的新毒品也是白费苦心的啊！

尤其是在国民精神总动员的一致认识下，在"国家至上，民族至上"，"军事第一，胜利第一"，"意志集中，力量集中"的一致认识，一致信仰，一致行动下，在华北民众的广泛动员，在第×战区的"建立××万现代化有基础团力的铁军，与组训××万民众"的紧急号召下，这在政治上的挣扎的敌寇，也不过是随着军事的失败歼灭而已！

四、掠夺了什么呢?

以海盗出名的无耻的侵略者，"掠夺"这手段当然是他的急务了。

在抗战以前，便雄心勃勃的想来掠夺我华北富庶的资源，所唱的“中日经济提携”，也就是掠夺的漂亮幌子，然而华北在敌人的蹂躏下，到如今敌人掠夺了些什么呢？我们可以回答说：“敌寇在华北是所得还不偿所失的。”这个主要的原因，一方面便是深伏在敌人腹部我们的武力逐渐雄厚，群众的艰苦奋斗，农村经济的不容易侵入，以至有今天的结果。自然，今后敌人在掠夺上免不了要有一番疯狂的挣扎的，因为掠夺资源是敌寇用兵的最大目的，经济是敌人的命脉，经济是有可能扼杀与窘死敌人是武力与“伪政权”的，在这里，就我知道的与所收集的材料，作一个简略的叙述：

这个庞杂，而紧要的经济部门，敌人要一时来全部执行，事实上是不可能的，不过是几项大节目，像煤铁矿的开采，金融的扰乱与掠夺，工业的开拓，与敌货的开辟市场推销等。为执行这“掠夺”的主要方策，更于去年三月底组成了“伪中日经济协议会”，决定以“华北产业资源的综合的开采”。更为统一华北的开采机构，与促进兴中公司的解除，去年十一月间又成立了“华北开采公司”，这也是企图以“托辣斯”的形态，来掠夺原料大批供给侵略的消耗，可是这在政府本身是没有这样大的资本，在资本家则害怕因为军事的转变，而亏空，尤其是在这挣扎的时候，谁肯拿大注的金钱，作这无保障的投资呢？

在金融方面，因为敌寇本身可怕的贫乏，兵士差不多几个月了都没有关饷，于是伪中国联合准备银行便成立了，大批的发行“冥票”（老百姓称联银券为冥票）。有一个时候太原城内的商号都关门了，突然市上萧条得可怕，这就是因为“联合银行”把那“冥票”关饷与日本兵士们，士兵们拿去买东西，当时被老百姓拒绝，因而引起血的惨案，于是商号关门，随后因武力的威迫，才渐渐地有了商店开门了。这“华北开发公司”、“联合银行”与“伪中日经济协议会”，便是敌人掠夺的三个大本营，由这三个大本营的活动，以掠夺所得投入商品生产中，更在生产过程中实行剥削，再把剥削所获用来贴补军费，以延喘挣扎！

以矿产蕴藏极富的华北，敌寇早就垂涎欲滴的，然而二十多个月了，除河北与山西已开采了一些外，其他各省都没有什么开采。据最近敌方宣布，华北的煤矿，已被开采了总数为一八·〇〇〇·〇〇〇（注：一千八百万）吨，以河北省占三分之一，自然这个数字是不能绝对正确，但他是已告诉了我们一个概数了。

下面的一个统计表，亦是敌寇宣布的——

华北五省藏煤量与开采量（单位：百万吨）

省名	藏煤量	开采量	开采地区
河北	二·〇五七	六	京汉线开滦
山东	一·六五九	三	京浦线胶济，淄川
山西	一二七·四一五	五	正太，大同，井陉，阳泉
察哈尔	一·四八八	三	
河南（陇海北）	六·八〇五	一	荥阳，翠县
合计	一三九·四二四	一八	

这个表未见得精确，当亦是记出个概数，山西的煤藏是占有百分之八十九强，而开采量还不及河北，原因是在山西，还整个的在我们的武力政权与广大群众的维护下，再加上交通的不便，所以没有大量的采掘，敌寇更为迎合投机家的心理，与欺骗民众，在这个数目字宣布了之后，附上了这样的一段话，来夸耀他那掠夺的能事："日本全国的煤产仅一六·七〇〇（百万吨）而已，这样丰富的华北煤矿，在过去那样长的时间，中国政府竟不想开采，而我们日本刚到不及两年，已开采如此之数，为民造福不浅，希望有钱的快来合作，共享盈利云云。"这是敌寇的穷计，希求利诱来吸取游散资本，同时反过来看，就是因为敌人资本贫乏的说明，可是投资家是永不敢染指的！其他如金矿、铁矿等。

先天不足的资本主义的敌寇，内部的贫弱是极大的危机，而原料的缺乏，更是促使危机的尖锐化，日本帝国主义能有这一张老虎皮，可以说完全是因为日本人民的辛勤劳动，与能精工巧制的手艺与勇敢牺牲的精神使然，在西欧、在拉丁美洲、在南洋，日本人收买臭铁、碎铜，是一种主要事业，挑着一担瓷器到农村去，去做那以物换物的工作。可怜都辛辛苦苦的劳动，都无形中帮了军阀的行凶！

在其他方面，是宣化龙烟铁矿，河北遵化的金矿，山西代县的金矿，有的是正在开采，有的是正在计划开采，并广为收买臭铁碎铜。

盐业，最主要的产地长芦盐，日寇为榨取而成立的盐务局，实行食盐管制，人民不堪其苦，都私自晒制硝盐，私自贩卖，敌寇的矿业，受到极大的打击。

山西运城之盐池，是出产盐主要的区域，然而因了我们的游击队的活跃，虽然敌人占领，可是并没有多大的生产量了！

华北输出的盐，每年仅约达十万吨而已！

在山东省的二十七（注：1938）年度下半年的农产统计数目，小麦产量为九·〇三〇·七三四担，总值为五·三三二·八四四元，其他如谷、大豆、棉花、高粱、玉蜀黍、烟草、落花生等杂粮，总值在五千万元左右，其他各省，亦都丰收，因为敌寇的杂粮极度恐慌，于是杂粮的扩大生产运动不遗余力，但是因为市面伪票的泛滥，敌人武力性的经济掠夺，已使一般人民不满，所以人民都屯粮，而拒绝伪钞。当时因为敌伪票的泛滥，于是通货膨胀，粮食价格飞涨，弄得市面极度萧条。敌人非常恐慌，差不多在华北所有的伪报纸都用特号字登载着，从去年冬初到今天，每天都登载着伪政府的“紧急会议”“紧急办法”“紧急措施”！然而这个挣扎，是只有加深其困难的！于是伪实业部便于去年年底，公布了杂粮统制办法，而人们还照常的屯粮，最近敌人以武力推进调查工作，农产物是受了相当的影响了！

日本人是有名的渔夫，在华北沿海一带，积极进行渔业开拓，最近华北又成立了渤海渔业公司，为未来开拓华北渔业的一个张本，资本为二十五万元左右，可是，现在只是初步的计划，并没有什么获利。

其他棉产物、面粉、酒、烟、皮革、羊毛、酒精、洋火、灰等，也有一点掠夺，就皮革一项而言，抗战以来掠夺了包头一处的皮毛总值，在二千万元左右，鲁省的皮革业，素来质地优良，只是牛皮一项，已达三十万张，其他狗、马、兔、羊的皮革，数量占全华北各地输出量约八成之巨，纺织业的总纺锤数达千六七百万锭。

以上是在实业方面，被掠夺的概况，与挣扎的情形。

敌寇更于各重要据点大批推销消耗品与化妆品，主要的是北平、天津、太原、大同、包头、济南等处，但仍不能打开农村经济堡垒！

自去年的冬季，直到今天，华北的伪报纸上，可以说是没有一天不登载着关于金融问题，亦就是关于强迫使人民使用的毫无信用的伪钞问题。敌寇的第一步整顿华北金融，便是对华北通货的彻底一元化，河北冀东两银行的钞票亦限期禁用，在天津、济南、青岛、烟台、唐山、山海关、石家庄设立分行，然而这一大批伪联银券的票子，仍旧是徘徊在街头巷角，人们畏惧他！因为敌寇的武力强迫通行，于是使物价飞涨了！

敌寇更进一步的金融政策，便是禁止通用法币，消灭法币的存在，而人民正正相反的都争存法币，因之法币之价格提高。敌寇一方面又颁布云：

“自来市面发行之中国银行交通银行之纸币，除其票面上印有天津、青岛及济南者外，一律限于二十七（注：1938）年六月十日前兑‘联银’票……”

敌寇软硬兼施，一方面通令，一方面武力掠夺，有由塘沽入口的商人，身带法币全被没收，后经人民抗议，外商驳问，后来也没有什么结果。

在去年九月间吧，各地都闹着铜圆恐慌，原因是商民争存法币与铜圆的缘故。金融仍时刻在不定的动摇浮荡中，影响市面的景况甚烈。

敌寇一再的禁止，通令、缉捕、武力掠夺，然而都无效。眼看着情势一天一天的窘迫，市景非常不佳，敌人却以高压的手段，与法令的威迫，运用他奸诈阴险的计谋，于是便想出另一个办法，“各地已有‘联银’分行，各县署可代兑法币，故全华北旧币之肃清，为期当在不远，而政府体恤民众之周到，亦可谓无微不至矣!”这个兑换法币的办法，亦就是收割民膏的又一事实。

更以种种方法来扰乱我之金融，把法币分为“北方券”、“东方券”。“天津字的赶牛羊的”与“上海字样红号码”的都比任何贵。再则新出的中央银行的“黑肚子”（就是票中央有黑色花纹的意思）便不怎样“吃香”。山西省钞则有“大花脸”，“二花脸”，“三花脸”之称，即十元、五元、一元之分别，因为他的颜色深重的缘故而得名，还有一种“乔□落”就是各县的地方纸票，各有各的价格不同，敌人故意操纵，但是这只限在几个地方，如被占领的都市据点上，而广大的地方，还都用法币，与山西省钞，或边区区票。“联银券”仍旧的无法推行！仍旧是没有出路！

敌寇因为在金融上无法掠夺，又加紧于苛捐杂税之掠夺了，有着许多奇奇怪怪的关税、捐款，像“防空捐”，“防毒捐”，“人民税”，“防匪税”，“良民证”，“报捐”，“营业税”，“土地房屋捐”，“牲畜捐”，“厕所捐”，“灯捐”，真是无奇不有。据华北敌寇税收二十七（注：1938）年度一月至九月份的统计数字：（津海、胶东、东海三处）

关税五二·四六二·〇〇〇元

盐税一三·五四七·一四〇元

统税二五·〇五三·九四三元

最近敌寇更有一个“实业计划”。

在矿产与盐业方面，一、关于华北的盐业公司，暂以开发长芦盐为中心目标，资本以二千五百万元，由华北开发公司与中国商人合办。二、为加强华北煤的对日输出，当从速开采中兴煤与井陉煤，中兴煤则以三井矿山为中心，井陉则以贝岛煤矿为中心。三、石景山附近将设大洋灰厂，计划年产一百万吨。

在农业方面。伪中国联合准备银行以三百万元办理春耕贷款，其剥削条件如下：

一、春耕贷款由新民会河北棉作改进会，及各地其他农业机关等之斡旋贷于农村合作社。

二、利率对于合作社为年利八分，由合作社转贷于农民加年利一成。

三、期限为一年。

这真是骇人听闻的新闻，真是世界上剥削的又一新纪录。普通，在华北，以年三分的就是极残酷的剥削，今天竟以八分八厘的利率了办借款，一方面是露骨了敌人掠夺的血爪，一方面说明了敌寇的穷困，一方面增加了人们的憎恶，别说借款不能放出去，反而徒增民众的反抗巨潮，同时使这经济上的挣扎也是必败无疑的。

在棉产方面，拟设立山东打包公司，资金为一百万元，然而至今尚未显出雏形。渔业、牧畜、森林亦都是计划而已。

交通，是开发华北经济的大动脉，是敌人的生命线，现在华北铁道线共长有四千多公里，然而可供敌寇应用者极少数罢了。敌人更积极的扩大华北爱路运动，然而有许多可笑的事实。敌人雇我老百姓去修筑道路，白天就是修筑，晚上，他们并不回家，就把白天修的破坏了，或是破坏得更多！所以敌人在交通上虽然及尽微力，而结果是愈修愈坏了。交通的不便，是敌寇在经济掠夺上的致命伤。敌寇在经济掠夺上没有办法，是决定了华北敌寇的挣扎，必败无疑的。

总之，华北的敌寇在挣扎，是个最要关头，我们虽然已把握了胜利的舵，但是我们是要正常地坚决抗战下去，抓紧着这个胜利的舵把，无有丝毫犹疑的坚决，无有丝毫畏缩的全民总动员起来，坚持全民全面抗战，胜利才必定是我们的！

二八. 六. 一九日寄于晋西北岢岚民革社

《晋察冀边区区村政权的建立》是仓夷通过对晋察冀边区基层区村政权建立的经验进行的考察、总结与介绍，文章如下：

晋察冀边区区村政权的建立

——一个敌后抗日根据地的民主运动

晋察冀边区是在战斗中不断挺进的，这个屹立在敌后的抗日根据地，它是在群众不断地与敌人搏斗中产生与健壮的，为着要巩固这敌后的抗日根据地，坚持敌后抗战，的确需要给群众以更高度的权利，与广泛的团结着群众在这抗日政权的周围，因之，区村政权的建立与村选运动的开展，便是不容忽视的问题。

（一）村政权机构的建立

在边区村政权机构的建立，是先每村建立一个村公所，取消了过去的不健全的编村制度，因为大村小村合编为一编村，一遇公事，尤其是在作战时间，如派夫，派粮等，总是大村占便宜，小村吃亏。

每村的村公所之上，设有村民代表会，是个代议机关，村公所之下，则设有调解、财政、生产、教育等四个委员会。一切村里的纠纷、财政、教育以及生产事业，都由各委员会各别负责办理，由村长负责任领导，分工合作，而且为着要使议事机关与执行机关的统一，所以使村民代表会的代表兼任委员会的委员。

村民代表会代表的产生，是每十五个村民，选举出一个代表的，区代表必须是能对这十五个人负责，而且人民有随时能免这代表的权利。

（二）村选是怎样进行的

边区去年一月末颁布村选法令，边区一千二百万民众，在边区村选法令颁布下，各县军政民扩大干部联席会议，便迅速的召开了！决定了进行村选的具体办法，因为各县的环境不尽相同，所以采取了各种不同的方式，而比较普遍的适当的方式，便是先建立起领导村选的机关。县区级有民选促进会，村组织了民选筹备会，都是由当地的军政民及士绅代表共同合组而成。为了免却工作上步骤的紊乱，他们首先就是分村，分村以后便组织村选筹备会，实行村民登记及公民审查。然后自由地每十五个人结成一小组，选出一个代表，代表选出后，便召集村民大会公布被选代表名单，同时，并宣告代表会成立。最后是选出村长副与村监察委员并组织了各种委员会。

由于边区客观环境的束缚，与数千年来的封建专制政体的熏陶，群众们缺乏参与政治的素养，自免不了许多困难的发生，像部分的群众对于村选表示漠不关心，在村选时不热烈，尤其是“深居闺阁”的妇女，或者是家长的统制与包办，地痞流氓的捣蛋与汉奸托派的操纵选举等，这都是妨害了民主运动的彻底胜利，为了要克服了这些缺陷，便积极的深入地开展了政治动员。恰好村选运动开始时，正值春耕运动的时间，边区行政委员会更号召起一个“建国宣传周”，特别着重地指出了民主村选的重要。在各级干部的高度热情鼓动之下，各县也多成立了宣传队，出动到各村工作。一时标语、传单、街头诗、漫画，把每个村落都换上了焕然一新的新气象。平山各村更高搭彩棚牌楼，庆祝并拥护边区村民选举运动。

在边区行政委员会的关于村选法令中，规定着全民都有选举权，不分阶级，不分党派，不分种族，不会宗教，不分性别，不分教育程度，没有财产限制，大家都是平等的，只要是年满十八岁的公民，大家都有直接的选举权与被选举权，只要不是汉奸，都有平等的权利。

他们一般选举的方式，是投票法，把组织好了的公民，都一行一行的排列起来。当公民投票时，是到另外的一间房子里，秘密的由监选人员询问他要选谁，而且为什么要选谁，投票是不记投票者名字，这样可以防止贿选操纵等毛病。村民投票后便到另外的已投票者的行列里去了。有些村庄，因为还存在着我们一时不能克服的势力时，但是为了要选出真正的能代表群众的积极的抗日分子，就得先提出三倍以上的候补人选，经过区审查后再交村民大会。在游击区里，如定县、新乐，因为他们有的村庄离敌人仅四五里路，便利用夜间举行大会普选。在敌区里像平山县距离敌人仅一里地的×村，他们的选举方式又不同了！是由代表来选举村长的。有些地方，是给村民发票，并在村中找公证人公平的监视村民选举，然后把票当地就取集回来，票多的就当选。除了上述的几种选举之外，那便是运用参观实习的方法，未选举的县份派人到已选县份去考察与实习他县的优良作风与完善的方法，回到县里以后便即时运用实行，这一套“留洋制度”在边区是很有趣而且是很有意义的。

在这次村选的进行中，发现了许多令人兴奋的事实，首先，就是妇女参政的活跃，有些地方村选时正赶上了“三八”妇女节，妇女自卫队举行着大检阅，他们更热烈的广泛的进行着动员工作。在平山，有些村子因选举时，妇女们因为举行妇女自卫队大检阅而来不及参加，村选之后，妇女们便提出抗议，终于重选了。其他如群众团体的活跃，像农救会的突击农救会员、妇救会的突击妇救会员，突击队到处活跃着，还有许多村男子与女子的竞选、这个村子与那个村子的竞选、（成绩的比赛）公民与公民的竞选，相当的提高了群众参政的热潮。

当新村长被他们选举出来之后，他们便开大会热烈庆祝。

在五台、平山、灵寿等县，以前有账目不清的村长副，于是群众便展开了反贪污及腐化的斗争，平山、灵寿更有反地痞流氓反托派反汉奸的斗争，提高了这次村选时的警觉性，并推动了这次村选的顺利进行。

从今年的一月起，到今年的五月止，在这四五个月的时间中，边区的村选是胜利地完成了，选民的最高比例是百分之八十，一般的是百分之六十至七十。在平山，在已经完成村选的四二六个村子中，完全实行了民主选举的有四一三个村子，这四一三个村子中应参加选举的公民是九一八六六人，而实际参加选举者是六六四〇一人，约为百分之七二。

（三）村选后的收获

村选后，村政权是趋于相当的健全，而民主政治亦奠定了稳固的基础，因为村选的结果，许多优秀的干部都在群众中出现了，他们都能充分地发挥出群众的自动性与积极性来，像村选后，××县因为救国公债缴得较差，于是二十多个村长竟自动的联合起来协商研讨着新的适当的办法，他们都有着高度的代表群众与为群众而工作的责任心，认真地执行着政府的法令。在平山某一次的战斗中，因为区公所移动了，许多的村长便急速的去找寻取得联络，高度地提高了政权的威信。在近日的边区，虽然只剩下一个阜平县是完整的，但是各县县政府仍在各该辖区坚持工作，没有一个脱离了该辖区的。在上社与曲阳，村政权对于配合战斗上都发挥了极大的作用。因为村公所里有各种委员会的建立，实行了分工，减少了村长副事务上的繁忙，健全了村政权机构。

村选运动，打破了过去的世袭、抓大头、雇佣、包办的轮流的怪现象，使得人人都有参政的权利，打击了地痞流氓的鱼肉乡民！

另一方面，提高了妇女的政治地位，及高度的政治热潮，平山的女公民参加选举的占百分之六十一，新乐占百分之五十七，曲阳选出了十分之一的村长副，在平山的五千三百七十五个村民代表中，有三百四十四个女代表，这个事实证明了无视妇女的参政，是彻头彻尾的错误。

（四）村选中的缺点、经验与教训

由于某些地方没有彻底认清楚村选的政治意义，没有详细研究边区所颁布村选的法令，所以他们是歪曲了，甚至违背了村选的意义。比如行唐有些地方，他们在选举村长时，是由村民选出代表后由县政府圈定委派的，在唐县某些村子，他们是以男女分组选举的，或是以已参加群众团体与未参加群众团体来分组的，更有些地方在选举村长时，限定了年龄在四十五岁以上的不许参加，这些都是初次村选运动中极少数的个别地方上发生的错误，但是他是违反了村选的本意，我们都应该急速的克服它。在以后我们要不时地引以警惕。经验告诉了我们，在分组时，最好是自由组合，就是不分性别，不分年岁，不分地域，以基于政治的、经济的、共同利益的组合，才能够选出真正能代表群众的代表，才能够彻底民主的选出代表来。

在这次边区村选经验与教训中，我们可以归结成如下的几点：

（一）这次村选，证明了抗战建国纲领的伟大与正确，我们在边区实行了村选举，与初步的民主实现，已在抗战建国的伟大事业上发挥了而且现在还在继续发挥着很大的作用。

（二）民主与民生是密切的联系，只有适当的实现民主与改善民生才能使全民动员。

（三）群众工作是一切工作的基础，群众组织团体健全的地方，选民的参加也就很热烈，而且还能很适当的实现民主村选。

（四）民主的实现，是健全了政权机构，也只有政权机构的改革，才能便利民主的实现，所以，我们在目前不仅是要注意民主的实现，同时还要注意政权机构的改革。

（五）群众并不因为文化水准低而不能实现民主。不能顺利地进行实现民主是真的，但是它是会被克服的，要是能够有深入的政治动员与教育宣传。

（六）军政民的关系好能够互助，是有力的增加了村选的收获。

（七）推动并实现民主是健全村政权的基本办法。

（八）先由公民选出村代表，然后由村代表会上讨论村长副的人选的办法是好的。

（九）进行宣传工作时，要和群众的切身利害问题联系起来，才能发动更广大群众参加村选。

仓夷用二十多天时间，在黄河的北部和东部进行考察，通过一千多里行程旅途见闻以及掌握的第一手材料，写成了《华北的敌寇在挣扎》。文章翔实地报道了敌后抗日根据地人民在共产党领导下的觉醒以及组织起来投身抗战的英雄事迹。不论是六十多岁的老汉，还是妇女儿童，他们都组织起来保卫自己的家园。他们更期待能够听见敌人的炮声，因为那说明我们的队伍正在那里与敌人发生战斗。“国防最前线的华北”，这个小标题让人看了心酸：中华文明发祥地的黄河中下游的华北，这个时候已经演变成了国防最前线的华北。我们的民族到了最危险的时刻！

“山岳绵亘，崎岖艰险，气候寒暑无常的地方，是我们展开持久抗战中的游击战的有利区域，同时亦就是侵略者无法施展他大炮威力的地方。”仓夷在这里是这样描述和评价的。“侵略者的大炮失了威力”这个小标题，则客观地描述了侵略者在中华大地上遭遇的挫折——巍巍太行是我们开展游击战的天然屏障，日寇在这里将寸步难行。这里以具体实例介绍、分析了日寇面对中国军民顽强抵抗后，采取的新战法，并预言以坚忍不拔精神著称的中华民族一定能在持久战中取得胜利。

“政治新毒品的大量制造”和“掠夺了什么呢?”这两部分，分别揭露了日寇的政治阴谋与对我国的资源掠夺。前者剖析了侵略者从“毒化政策”“高压政策”“怀柔政策”“欺骗政策”一路走来，用种种“和平”的谎言，来缓和我们抗战情绪的高涨，目的在于实现政治统治。文章揭露了“建立东亚新秩序，努力弭战和平！随着建设东亚新秩序的方针，我们应积极的做些工作，可是这工作繁杂多端，目下最紧要迫切的，便是努力‘和平停战’运动”这一谎言的本质。后者则用具体的数字揭露了日寇在“以战养战”的战略思路作祟下掠夺我国资源、压榨人民血汗的罪恶行径。

文章得出的结论是：“总之，华北的敌寇在挣扎，是个最要关头，我们虽然已把握了胜利的舵，但是我们是要正常地坚决抗战下去，抓紧着这个胜利的舵把，无有丝毫犹疑的坚决，无有丝毫畏缩的全民总动员起来，坚持全民全面抗战，胜利才必定是我们的!”

从文章中，我们看到，仓夷观察问题细致、全面，善于利用各方面的资料，特别是敌方的材料数据，对事实进行客观的论述，使文章更有说服力。

这篇文章写于一九三九年六月十九日。前文提到，李庄的回忆文章中说，他们在民族革命大学时期，学校的气氛相当自由。例如读书：列宁的许多著作以及毛泽东的《论持久战》、延安出版的关于抗日民族统一战线的小册子，只要能向同学借到，都可公开阅读。《华北的敌寇在挣扎》中，仓夷观察现实、分析问题、归纳总结当时的形势，可以明显地看出《论持久战》对这篇文章影响的痕迹。结合仓夷在《西线》上用毛泽东的话作为补白这个事情，我们可以认为，此时的仓夷是深受毛泽东思想影响的。

而《晋察冀边区区村政权的建立》则向外展示了在敌占区包围圈里的晋察冀边区，通过选举产生了属于人民的基层区村政权。文章不仅向外介绍了晋察冀边区的经验与成果，更重要的是它极大地鼓舞起人们的信心，让人民看到了抗战必胜的希望。

仓夷的文章除了用表格、数字说话以外，还特别注重通过人物的语言对话，表现出人物的爱恨情感与事物的细节。他这种语言技巧，对读者产生了极大的感染力，使读者如身临其境般地与他笔下的人物近距离地接触，与人物同呼吸、共命运。

三、《救国报》时期

民族革命通讯社晋察冀分社在晋察冀边区存在一段时间后，被取消了。民革社的人员，有的离开了环境艰苦的晋察冀边区，有的则留了下来。此时的仓夷，转到晋察冀边区行政委员会所办的救国报社，任《救国报》编辑。

一九四〇年是敌后抗日根据地比较平静的一年，因为日军正向我国内地深入，而晋察冀边区是处于敌人的后方，相对来说，日军无力顾及。我们说的共产党八路军坚持敌后抗战，就是指八路军依托敌后抗日根据地，在日寇势力的核心地带，开展的以游击战为主的对敌斗争。

日本军国主义针对华北动作频繁：继东北之后，动用武力推动“华北五省自治”运动，培育傀儡政权。这些傀儡政权，后人称之为伪政权；伪政权所管辖的军队，以及一批投靠伪政权的国民党军队，就是我们所说的伪军。从这一角度讲，晋察冀边区的周边都是日本势力。

一九四〇年三月十日至十一日，中国青年记者学会晋察冀边区分会在阜平成立，确定工作纲要，并选出邓拓、沙飞、丘岗等九人为理事。在成立大会合影留念的二十六人中，有四人为中国人民的新闻事业而捐躯，他们是：顾宁（一九四三年四月牺牲，二十四岁)、胡畏（一九四三年十二月牺牲，三十二岁)、仓夷(一九四六年八月牺牲，二十五岁)、罗夫（一九四八年八月牺牲，二十八岁)。

仓夷在这个时期的文章，能看到的只有《赵象铭事件真相》。

《赵象铭事件真相》发表在一九四〇年五月十四日的《抗敌报》上。文章披露了晋察冀边区政府撤职查办贪污腐化顽固分子赵象铭的来龙去脉。可以这么认为，对这个事件的调查和随后文章的发表，对仓夷以后坚定地选择跟着共产党走，产生了非常大的影响。

在南洋华侨社团中间，关于由谁领导中国人民抵御日本帝国主义的侵略，曾经产生过很大的争议。在争论各方相持不下的时候，陈嘉庚出来说话了。陈嘉庚说，大敌当前，谁还在这里争论就是汉奸。他主张，全国人民应该在以蒋介石为代表的国民政府的领导下，一致对外进行抗战。“中国最高领袖，蒋委员长乃中国国内外四万万七千万同胞共同拥戴之唯一领袖”这个主张，平息了南洋华人间所产生的争议。仓夷就是在这样的环境中、这样的思想倾向的影响下，走上回国抗战的道路的。加之作为一个思想尚未成熟的年轻人，只知道埋头抗日工作，他对共产党与国民党的主张，没有深入学习和理解，只有朦胧的概念。仓夷的《华北的敌寇在挣扎》与《晋察冀边区区村政权的建立》这两篇文章，特别是《华北的敌寇在挣扎》，明显留有这方面影响的痕迹。

当时的年轻人，对共产党与国民党谁在真正地抗日，只能通过具体的共产党人与国民党人的思想作风、言行举止加以判别，而赵象铭事件的发生，恰好给仓夷提供了一个观察和判断的机会。

赵象铭事件真相

一、严重事件

自边区政府传出了撤职查办贪污腐化顽固分子的消息以后，各方人士都非常注视，尤其是边区各级工作人员，更坚决要求政府彻底查明这次赵象铭事件的真相。因为这事件的发生，还远在一年以前，而直到最近才被发觉的。顽固分子赵象铭，七七事变以前，他在盂县县政府里任财政局长，后又任支应局长，贪污腐化，无所不为。七七事变后，他摇身一变，就参加了八路军，当了×支队的供给部长，后来因为他怕苦、怕死，而且在八路军里根本不可能“升官发财”，便辞了职，到边区来了。他一潜入边府后，便使用了国民党名义与庶务科科长的地位，来进行结党营私、破坏抗战的罪恶行为，到现在已经一年多了。事件的确是严重的。

二、自供与掩饰

据顽固分子赵象铭在 4 月 11 日写给边府的悔过书自供说：

“我参加了国民党的组织，动机就不是为了参加革命，而是为了升官发财。到政府以后对工作只是应付，不求实际。在心理上远不是为了革命，也不是为了抗日。因为脑子里存在了许多不正确的意识，所以在介绍同志上就想办法拉拢收买，把一些可爱的青年满脑子里装上了升官发财的观念。现在政府里的勤务员同志、管理员同志里边，有的国民党员大部分都是我拉拢收买的。对政府的团结进步，不但没有积极的推动与努力加强，反而起了破坏的作用。对于公款公物上，总是不愿意积极的负起责任来。用了公家的东西，不花钱，企图马虎下去。”

我们读了这篇悔过书，就好像读到一篇汉奸自首的罪状。然而，这是非常不诚恳的。边区政府当下给他的处分是“应予撤职查办。暂留科清理经手事项，待罪图功”，并通知各处科展开反贪污腐化、顽固思想、官僚作风之讨论。但是在这期间，赵象铭竟措辞掩饰，在几次的讨论会上，竟然否认自供之罪状。边区政府全体人员，闻之非常愤怒。边区政府为了彻底查明赵象铭事件之真相，并肃清赵象铭卑鄙龌龊的思想行为与撒下的种子，乃于本月 3 日下午，开了一个激烈的斗争大会。在这个大会上，我们又发掘了很多与这事件有关的材料。

三、斗争会上

主席宣布了开会，才用力地把愤怒的呼喊声压下去。会场的空气很紧张，每个人，每颗心，都在倾听着主席的报告：

“赵象铭犯的错误，是非常严重的，是不可原谅的！我们来开这个斗争大会，就是要知道他犯了些什么错误，这些错误的根源在哪里？我们要根绝这种错误，不让它再发生……”

主席略略地报告了关于赵象铭的罪行之后，会场上高呼着：

“建立廉洁政府！”

“加强政治领导！”

斗争会热烈地进行着。坐在我右旁的一个高个子的同志也站立起来声音很响亮地说：

“顽固分子赵象铭，他自己组织了一个小组织，来进行破坏团结进步的贪污腐化阴谋活动。有些头脑不清的青年，一被他拉进去了，就有纸烟啦，冰糖啦。不参加他的小组织的，就是拿了条子也不容易领东西。听说他这个坏蛋过去曾经要求加入共产党，但是共产党是最进步的，革命性最坚决、最彻底的党，当然不要这种坏蛋！到了政府，他又想开一个‘顽固学校’来培植他的破坏力量。”

他的话刚一讲完，“主席”“主席”的呼声四起，声音非常尖锐沉重。主席的眼睛迅速地向每个呼声望去。在山岩上，一位穿草绿军装的武装同志，他很愤慨地说：“我们的政府，是讲团结的话、做团结的事！赵象铭这混蛋家伙，他破坏了我们××队的名誉。而且命令合作社不要把鞋子卖给××队。大家都晓得，××队是最忠实于抗战的！因为他们来往的东西要经过我们的警戒线，使他们不能大摇大摆地贪污，而且他们有‘反共’的企图，叫人监视共产党员；大家晓得‘反共’的人就是汉奸……”

人群中，又站起了一个人，脸孔黄白色，声音尖利地说：“赵象铭这个坏蛋，他诱惑我们的特务员同志说：‘何必当特务员，当办事员不好吗?’当晋东北保安队整编的时候，他便向首长要求，要去保安队的军需，他想好去大胆地进行政治阴谋，进行贪污腐化啊……”

现任的庶务科王科长也站立起来。他说他是赵象铭“视线之内”“集团之外”的人，所以知道的材料不会多。“不过赵象铭的罪过的确太大，所以就我所知道的讲一讲吧！比如在吃东西方面，赵象铭在每次政府开会的时候，都喝酒吃肉，在××寺打游击时，有一桶菜油，自己先吃了半桶，然后再分发给各灶，结果每斤菜油增加了九毛多钱。最近有××号发给政府一大批货，总值几万元，现在该号请政府查阅，账目上既没有这笔账，货物也没有着落。还有，最近又发现了一大批东西，有电池、油墨等等，这些东西已经埋藏了一年多了，也没有一个人知道。这都是赵象铭干的事情。在账目上，张树勋管理账目时，粮票银钱的花费都不记账的！所以每次交接时都交不下去，每次交账总得一个多月时间。在四月份以前，许多花用都不记账，马马虎虎的贪污着。”

“聂文贵把公家的白面偷卖了80斤给老百姓，这事情被我们发觉！但聂文贵是赵象铭的狐群狗党，所以赵象铭袒护他，口口声声说是王××有偷面的可疑。当事件一经揭发，当天晚上，赵象铭、张树勋、聂文贵等这一班狐群狗党，就在庶务科里开了一个会，已经是深夜，我恰好从那里走过，只听见很轻微的声音说：‘唉！这事情知道，可不得了呢……’我再留心细听，声音就更低微得听不见了。”

王科长的话刚说完，要求发言的人又接着叫“主席”。一个一个的发言人都发表了自己的意见之后，这次讲话的是在会场右后角，一位特务员同志，他的话非常忠实、质朴、刚强。他说：“打游击时，我们连水都没得喝，他却走了几步就疲倦，歇啦！歇啦！吃白面啦！到了××，他吃不了苦，他说：‘就是枪毙我，我也不再干庶务科长的事了！’他自己又抽纸烟又喝酒，摆出他的‘臭官僚’，违反了政府法令。”

一位年轻的同志神情很悲愤，声音很沉重地说着：“我刚到庶务科的时候，是一个勤务员，我认识不清，赵象铭拉我进了他的升官发财组织。我参加了三四个月后，他就叫我监视那一个人那一个人，注意他们的行动。后来我一想：人家是抗日最坚决最彻底的，是我们中华民族唯一的救星，而监视他们干什么呢？后来，我想开了：他是要来破坏团结、破坏进步的！我便马上退出了他那升官发财的‘组织’。可是一退出‘组织’之后，领东西就不方便了！我听说他的亲舅舅现在还在孟县伪政府里当伪县长，恐怕他们有勾结，希望政府严加查办……”

一个说话很暴躁的声音喊着：“我们要求枪毙民族败类赵象铭！”

主席用长长的手臂镇定了会场的秩序。大家要求赵象铭出来答复的呼喊声又震荡起来，我们要按住心脏的怒火弹跳，我们要看看这位民族败类是副怎样的容貌。看啊！呼喊声中，这位就是赵象铭啊！肥胖得使人厌恶的身体，战战兢兢地从人群中摇摆到主席台前方。红红的脸孔是多么丑恶啊！他的声音支支吾吾，说了大半天，什么结党营私是为了“彼此近乎”啦！贪污的钱是“募捐”啦！顽固分子真无耻，他想抵赖。他不坦白地承认自己的罪过，却口口声声要求“悔过自新”。这更使得许多愤怒的声音都在急叫起来，要求发言。

这次发言的是矫健的董秘书，他大声说："赵象铭的答复，我们是非常不满意的。赵象铭的贪污腐化是与政治上联系起来的。他的账目不清等，我们都要求政府做最清楚的审问与清查，一定要水落石出！我们晓得上次马夫盗马，为了私卖马粪、贪污腐化、破坏群众利益而枪毙了，我们希望对于赵象铭事件，不能随便放过。"

"赵象铭是国民党的叛徒，他在这里对不起孙中山先生为革命而奋斗的伟大精神。他是国民党里暗藏的败类，他更是全民族的罪人！为了各党各派一齐进步，一齐为革命而奋斗，我们应该彻底清查这件事件。"

四、宋主任的总结

斗争会进行了四五个钟头之后，已经是深夜了！最后，是宋主任作总结。宋主任说：

"赵象铭假借国民党的名义，来收买我们的勤务员，收买我们的马夫，成立私党，在政府里建立特务工作，进行破坏政府的团结与进步，作为某些落后、顽固、投降分子的耳目！他在这会上，仍旧企图瞒骗，他一点悔过的影子也没有！"

全场高呼："拥护宋主任，彻底肃清贪污腐化分子！"

宋主任更提高着嗓子说：

"我们要把赵象铭在政府里撒下的坏种子，从政府组织内肃清出去!”

“赵象铭竟敢侵犯抗日党派合法的权利，实行破坏统一战线，政府对此决不放松，坚决予以无情的打击!”

全场上的呼叫声，已经与宋主任的讲话声融合成一片了。宋主任对大会的要求答复说：

“政府对这种无耻的坏蛋决不再客气了。现在我代表政府向同志们宣布，政府已经接受同志们的要求，立即将顽固分子赵象铭交给司法处严加审讯依法办理！一些赵象铭私党，政府一本宽大为怀之旨，均予悔过自新之路！但必须诚恳坦白交代承认自己的错误，否则与赵象铭同罪!”

全场高呼，在明亮的汽油灯的照耀下，几百张闪耀着光彩的脸孔在摆动着。赵象铭被两个武装同志押着，低着头。——这就是破坏团结，阻碍进步，贪污腐化的顽固分子的末路!

1940年5月14日《抗敌报》

从《赵象铭事件真相》中我们看到了这样一个事实：事件的核心人物赵象铭，一个梦想升官发财的人，借抗日的名义进入晋察冀边区政府谋了个职位，结党营私，贪污腐化。为了一个“私”，这个投机分子可以参加八路军，发现在八路军队伍里根本没有升官发财的机会，便辞了职，到边区来了。赵象铭使用国民党的名义与自己在边区政府的职位，拉拢腐蚀干部群众，结党营私，这样的现象在当时应该是不少的，前文中李成瑞的回忆文章里就有提到，高凌云拉拢他，封官许愿要他到二战区去，给他个“少校记者”职衔，就是一个佐证。

通过参与这个事件的调查了解和随后的报道，仓夷逐渐认识到，只有共产党才是人民的救星，才是民族的希望。

仓夷此时应该会更明确地做出判断：真正领导中国人民抗日的，只有中国共产党！

第三章　战地号手

在敌后抗战时期，《晋察冀日报》的全体同志，始终以报纸这一特殊的武器，对敌展开斗争。他们历尽艰辛和苦难，饱受敌寇的围剿与追杀，始终以勇于牺牲的精神吹响“民族的号筒”，鼓舞着晋察冀边区军民抗敌的斗志。

他们的报纸，及时报道抗日军民对敌斗争取得的成果，介绍各地军民打击敌寇的经验，传播反法西斯战争的各方面消息，宣传根据地政权建设与发展生产的政策，成为抗日军民心中的一面旗帜。仓夷，就是这支队伍中的佼佼者。

《抗敌报》于一九三七年十二月十一日在河北省阜平县创刊，后发展为中共晋察冀边区和中共中央北方分局的机关报。反围攻中，《抗敌报》的声音，在人民中间，在边区内外，都引起强烈反响。读者纷纷给报社写信，称赞这个报“是敌后能坚持抗战的报”，“是为群众服务的报”。聂荣臻司令员在反围攻之后召开的中共中央北方分局党代表大会上的报告中赞扬《抗敌报》，说“报馆在战斗中，没有被打坍，报纸在群众中有威信”，并称之为“民族的号筒”。

一九四〇年秋，晋察冀边区政府主办的《救国报》停刊，原负责人郑季翘和编辑、记者仓夷、柳荫、郑佳加入到《抗敌报》社队伍中来，成为“民族的号筒”的号手之一。仓夷一下子就给大家留下深刻的印象：大脑袋，个子不高，敦实，笑起来还会露出金牙来。

在此之前的一九四〇年五月，晋察冀通讯社并入报社，丁原、沈重、田间、孙犁等二十多位编辑、记者随同机构并入，增强了报社的力量。

一九四〇年十一月七日，晋察冀军区成立三周年之际，中共中央北方分局决定改《抗敌报》为《晋察冀日报》，改隔日刊为日刊，邓拓为社长兼总编辑。此后，至一九四八年六月十四日终刊，《晋察冀日报》与晋冀鲁豫的《人民日报》合并，统称为《人民日报》。

时任中共中央北方分局党委第一书记的彭真，在讲话中指出：“《晋察冀日报》是统一边区人民的思想意志和巩固团结共同抗日的武器，也是边区人民忠实的言论代表和行动指针，它将成为边区文化战线上的正规军。”

在敌寇的炮火下办报，需要采取灵活的办报方针，《晋察冀日报》的报人们采取的是“游击办报”“运动办报”的方针。为躲避敌人的追杀，他们不停地转移、迁徙。十年间，他们从阜平转移到张家口再返回平山，转战行程千余公里，驻扎据点二十余处，其中有三个相对固定的根据地，即阜平的连家沟、马兰和平山的滚龙沟。这三个根据地各具特色，连家沟为报社的起步地；马兰是报社“三进三出的地方”，待的时间最长；而滚龙沟却最令人难忘。

一、滚龙沟的日子

滚龙沟在河北省平山县的东北角，处于太行山腹地之阜平、灵寿、平山三县的交界处。据民间传说，两千年前发生的“刘秀走国”的故事，就与这里有关：东汉开国皇帝刘秀曾经逃难至此，由于山路崎岖，刘秀从马背上滚落，于是这里就获得“滚龙沟”的“雅号”。

一九四〇年十一月，日寇集结了三万多兵力，分十三路，对晋察冀边区进行冬季“扫荡”。这是日寇在八路军“百团大战”中遭受重大打击后的报复行动，来势凶狠，叫嚣要“毁灭”晋察冀根据地。《晋察冀日报》出版头一期后，立即离开连家沟，转移到阜平西南的马兰村；出版两期日报后，迅速穿过灵寿县向平山县滚龙沟转移。在这个过程中，年仅十五岁的报社公务员李双秋被敌人包围，惨遭杀害。

报社队伍到达滚龙沟，在大庄、二庄、寺上几个村落驻扎下来，架设电台，安装印刷机和排字架，马上进入出报工作状态。

反“扫荡”二十九天中，敌寇在阜平的城南庄、马兰一带反复搜索、烧杀，四次扎营在马兰；而《晋察冀日报》则在滚龙沟连出二十五期报纸。

也就是在这个时期（一九四〇年冬），仓夷加入了中国共产党。

当时的入党誓词是这样的：“我志愿加入中国共产党，坚决执行党的决议，遵守党的纪律，不怕困难，不怕牺牲，为共产主义事业奋斗到底。”

我们知道，从一个文弱的知识分子到一个坚定的无产阶级革命战士，可以是一夜间的变化，但必须经受一生的检验。

一九四一年一月，仓夷转任《晋察冀日报》和新华社晋察冀分社记者及编辑。

生活是艰苦的，但是在革命乐观主义精神的鼓舞下，他们又是快乐的。

艰苦的生活是难以想象的：主食是黑豆和高粱面窝窝头，有的时候吃小米，大家都咽不下去。偶尔有人发牢骚：“又要吃这家伙。”青菜很少，经常以杨树嫩叶为菜。聂荣臻曾经下令，距离老百姓村庄三公里范围内的杨树叶子，部队都不能采摘，要留给老百姓。这样的命令，在报社也得到了很好的执行。

但他们又是快乐的，充满着朝气。在二庄小广场上打篮球，仓夷显得与众不同：得益于从小在新加坡养成的光脚习惯，在球场上，他总是光着脚丫撒开腿奔跑着。

在这个集体里，仓夷算是跋涉最远、见多识广的。到了晚上，在村北的打谷场上，仓夷会给大家讲故事：南洋风情、新加坡朋友和家人、海上航行、香港分手、武汉流浪……所见所闻，对于那些从来没有离开大山的人来说，一切都是那么新奇。当有人问仓夷，平原是什么样子的时候，仓夷说，你爬到山顶上，看那天，那时候天能够看到多大，平原也就是那么大的一块平地。仓夷还给大家讲妈妈煮的咖喱饭，大家听得津津有味，田间称之为“精神聚餐”。

讲完故事，讲笑话。大伙说仓夷“笑话特别多”，给大家带来不少的欢乐。仓夷常常情不自禁地唱起《告别南洋》，大家听了，也喜欢上这首歌，让仓夷教他们唱。于是，《告别南洋》就在这个群体中唱开了。

一九四一年至一九四三年，是全国抗战相持阶段中晋察冀抗日根据地最艰难的时期，也是《晋察冀日报》在敌后出版最困难的时期。一九四一年至一九四二年，日寇实行“治安强化运动”，对抗日根据地“封锁”“蚕食”，频繁“扫荡”。这种困难的局面一直延续到一九四三年秋冬北岳区连续三个月的反“扫荡”大战后才有所改变。

日军从一九四一年春开始，大力扶植、利用汉奸和伪军，搞日伪合作，对我华北敌后抗日根据地进行“三分军事，七分政治”，集军事、政治、经济、文化、交通、特务为一体的“总力战”，以达到其确保华北占领之目的。日军由此把“治安肃正运动”发展成为“治安强化运动”。“治安强化运动”是日本帝国主义“以华治华”“以战养战”方针的具体运用。

为了实现其战略目标，日军把华北划分为三种地区：一是“治安区”（即日军占领区）；二是“准治安区”（即游击区）；三是“非治安区”（即敌后抗日根据地）。对这三种地区，日军分别采取以“清乡”为主、以“蚕食”为主、以“扫荡”为主的不同方针。

从一九四一年春到一九四二年底，日军在华北连续推进了五次“治安强化运动”。

第一次是从一九四一年三月三十日起，为时五天。以“剔抉、破坏共产党组织；训练行政机关职员；扩大保甲制的地区，统一实行户口调查；扩充及训练自卫团”为主，通过“普及宣传东亚新秩序”，加强和巩固汉奸统治能力。

第二次是从一九四一年七月七日至九月八日。日军对晋察冀抗日根据地进行长达两个月的“封锁”和“扫荡”。日军还组织政治工作班，对华北居民进行欺骗性宣传、医疗、宣抚，从思想、政治、经济、文化等方面，配合其军事“扫荡”。

第三次是从一九四一年十一月一日至十二月二十五日。日军实行“彻底封锁”，使抗日根据地的“一切物资，一概不准外流”。为实现其目的，日军对抗日根据地实行残暴的烧光、杀光、抢光政策。

第四次是从一九四二年三月三十日到六月中旬。在这一次治安强化运动中，日军急于稳固华北，对华北敌后各抗日根据地的“扫荡”显得空前频繁和惨烈。

第五次是从一九四二年十月八日至十二月十日。日军“开展了激烈的肃正作战”，采取设置经济封锁线、物资流通限制线、物资检查所，制造长城沿线地区的无人区等残酷方法，进一步加强对抗日根据地的经济掠夺和经济封锁。

“五次治安强化运动”的规模一次比一次扩大，手段一次比一次凶残毒辣。

在敌寇的包围圈里，《晋察冀日报》凭着顽强的革命意志，不仅生存下来，还继续运转着自己的机器。

《晋察冀日报》社，不只是出版报纸，而是集新闻、出版、广播、书店于一体，是包括报社、通讯社、出版社、书店和广播电台的一个综合的新闻出版机构。

一九四一年一月，国民党制造皖南事变，取消新四军番号，停发八路军军饷。

其实，八路军、新四军从士兵到高级干部都是没有工资的，但这丝毫没有影响这支军队的士气。

一九四一年六月，《晋察冀日报》外文收报台开始抄收苏联塔斯社的英文电讯，后来还抄收敌伪、路透社、美联社电讯。不久，就收到了德国对苏宣战的消息。

七月，国民党中宣部下令："查禁《晋察冀日报》。"

这时的日寇华北方面军司令官多田骏下台了，接替他的是冈村宁次。冈村宁次在华北进行了第二次"治安强化运动"，进行集军事、政治、经济、文化等为一体的"总力战"。七月十六日，日军制定进攻边区计划。该计划认为，"晋察冀边区共军的存在，实为华北治安的最大隐患"，叫嚣"在击溃晋察冀边区共产军、消灭其根据地的同时，结合封锁，破坏其自给自足，进而消耗、困死该地区的共产势力，力求捕获党的首脑，破坏党组织的中枢"。冈村宁次率部以优势兵力进行了长达两个月的"扫荡"，妄图消灭晋察冀根据地。

反"扫荡"开始了。七月三十一日，《晋察冀日报》社制订了《反"扫荡"工作纲要》，为了坚持出版，将编辑、记者与工厂、电台、发行、后勤等部门的职工，混合编成了两个反"扫荡"梯队，实行军事化体制。一个梯队为武装队，负责侦察、放哨、警戒敌情，抗击敌寇袭击，掩护人员转移；一个梯队负责编印报纸，他们也带着手榴弹，一旦遇上敌人，即投入战斗。这样，报社就成为“一手拿笔，一手拿枪”的新闻队伍。

军区拨来枪支，报社成立的武装梯队在邓拓的领导下组织了战斗演习。仓夷任武装队一个班的班长，分配枪支时，有一支枪名叫“独眼龙”，单发枪，是个落后的武器，没人愿意背，仓夷就背上这支“独眼龙”。他说：“没人背的，我来背，当烧火棍也能敲死敌人。”

曾经有这么一次，报社在转移途中，发现前方有人活动的迹象，仓夷自告奋勇端着枪前去察看。对方见仓夷手中的枪，一下子就判断是自己人了，他们随即问道：“同志，你端的枪是啥玩意?”仓夷说：“这是我的‘独眼龙’。”

报社还制订了敌后游击战发行报纸方案：平时与反“扫荡”时分别设立交通站，提前建立交通的附站和附线，预先指定反“扫荡”时的接头地点，以保证平时与反“扫荡”时都能使报纸、书籍迅速地送到读者手里。

邓拓对印刷工人们说：“我们一张报纸，不仅是一个子弹而且是一个炮弹，打出去就能杀伤敌人一大片，你们这些人就是重炮手，也是机枪手。”

八月一日，九架敌机轰炸灵寿县陈庄新华书店晋察冀分店，经理罗军发现情况组织大家安全地进入防空洞，而他自己因为躲避不及而牺牲，同时牺牲的还有发行员王吉贵。

八月十三日，日寇集结七万兵力开始对晋察冀边区北岳区发动空前残酷的“大扫荡”。在敌寇“铁壁合围”“梳篦扫荡”中，报社按照战时体制运作。

有一股敌寇在十六日奔袭到平山、灵寿北部，离滚龙沟很近的地方。南面、西面的敌寇，从灵寿、平山、娘子关、五台、台怀等地出发，八月二十日前后，分路合围到平山、灵寿地区深山中的木厂、漫山、团泊口、陈庄、蛟潭庄等地，离滚龙沟只有二十公里左右，报社几乎被包围。

晋察冀军区安排报社要九月一日前突围转移到阜平。面对危险的局面，邓拓说：“我们的报决不能停刊，报纸存在，就说明根据地军民在坚持战斗。”

八月二十一日，日军到了离滚龙沟十五华里的陈家院。傍晚，报社向六亩园前进，经段峪村时，老乡从庄稼地跑出来说，敌人已经占领六亩园，要报社队伍立即后退。

当敌寇对阜平的大合围落空后，转而进行分区“扫荡”，进入边区西南部的敌寇开始对《晋察冀日报》社搜索合围。八月二十四日，敌寇逼近滚龙沟十公里处，报社人员才急行军转移到滚龙沟外。

报社仍然在敌人的包围之中转移，邓拓当即召集会议，决定化整为零，器材就地坚壁，人员四五人一组，在附近分散突围，冲到四周山上隐蔽，待敌人撤退后，仍回滚龙沟。

在转移途中，大家发现晋察冀边区机关已经撤离，周围都有敌人，只好转入深山的段峪山谷。这个时候，他们做了最坏的打算。邓拓说："敌情很严重，大家要从最坏处着想。"大家都做好了万一走不脱就与敌人同归于尽的思想准备。日寇飞机从天空中侦察，配合地面进犯的敌人。敌机沿着滚龙沟的北山腰飞，飞得很低。王伟叮嘱大家："不要用眼睛看飞机，眼镜会反光。"天黑了，编辑部的陈春森、吴浩、仓夷、陶军那个突围小组，当夜从段峪冲上山梁，各带一袋稿件和五个手榴弹，攀登到滚龙沟北山石崖间隐蔽。

在报社被围困于段峪南山这段时间，张效舜、沈镇衍、霍进礼三位同志牺牲。

沈镇衍是在敌人搜山有被俘危险时，英勇地拉响了手榴弹壮烈牺牲的。张效舜是在敌人搜山时不幸被俘，惨遭敌人杀害。从九月六日到九月三十日，《晋察冀日报》社就在敌人鼻子底下坚持天天出报。十八岁的发行员霍进礼在向外送报纸的途中牺牲。

九月七日，敌人以片山兵团长、阳泉特务机关长、盂县知事、平定县知事名义发出这样一个布告："日管区内的治安确保是永久保护良民安居乐业的，日军与中国官民协议，对于匪区地带，设定无人居住的地方。在设定无人居住的地方内之良民，要快向治安确立的地方居住。"这个"无人区"地带的村庄，计有：平定十七个，盂县一百四十七个。在布告发出的一个星期内，这些村庄均要"实行烬灭"，不搬的，以"通匪论罪，严重处罚"。

这块长五十多公里、宽约十五公里的新“无人区”就这样被制造出来了。

其实，“无人区”是日本侵略者从一九三九年秋起到一九四四年春止，在冀热察边界地区推行的一项“集家并屯”政策。主要包括三个层次：

一是“无住禁作”地带，即不准住人、不准耕作，实行彻底杀光、烧光、抢光的区域，主要是长城沿线的冀热察三省边界及热中一带日军无力控制的深山区，总面积约八千五百平方公里。这是狭义的“无人区”。

二是“集团部落”，即在平地大川地域修建有围墙、有武装看守的“人圈”，把居民驱入“人圈”，使其没有行动自由。被集中的自然村一万七千多个，共造“人圈”两千五百多座。

三是“禁住不禁作”地带，即“无住禁作”地带和“集团部落”地带之间，一般在距离“人圈”二三公里的范围之内。

这一政策的实施，在华北的广大地域内制造了世界罕见的千里“无人区”，涉及总面积约十七万平方公里，人口一百四十余万。

反“扫荡”开始后，报社编辑部迁到陈家院。九月十六日下午，日寇指使汉奸化装成逃难的老百姓，爬上山头，发现老百姓后，就用武器驱逐他们下山，在陈家院集中开会。汉奸翻译问老百姓八路军在哪里，回应他们的是沉默；问你们还抗日吗，回答是抗日，抗日到底。就这样，晋察冀边区的六十多位村民，牺牲在日寇的刺刀下。

在对边区“扫荡”的整个过程中，日寇所犯下的反人类的罪行罄竹难书！

但是，中华儿女是不屈的，他们的大无畏的牺牲精神，惊天地，泣鬼神。

这个时候，边区发生了两个后来广为流传的军民抗敌的壮烈故事：一个是沈重的长篇通讯报道《棋盘陀上的五个神兵》，即我们后来所说的“狼牙山五壮士”的事迹；再一个是歌曲《歌唱二小放牛郎》的主人公王二小的事迹。平山县十三岁放牛娃王二小，九月十六日早晨去山坡放牛时，遇到进山“扫荡”的一队敌人，他把敌寇带进了八路军的伏击圈，敌人被全部消灭了，王二小却惨死在日寇的刺刀下。一九四二年元旦，正值仓夷与张正光担任编辑工作，他们就将歌曲《歌唱二小》即后来流行的《歌唱二小放牛郎》编发，使之在广大军民中迅速传开。

九月三十日，敌寇第二次合击平山滚龙沟，报社的医生许力、卫生员苏生、发行科交通员张吉堂被包围在二庄的西轿山上。许力在掩护病人转移时中弹牺牲，苏生遭敌寇残酷刺杀牺牲，张吉堂与敌寇遭遇亦壮烈牺牲。

在敌人的合击中，滚龙沟大部分房子被烧。在这种艰苦的条件下，报社坚持在四周被敌人据点包围的滚龙沟铧子尖出报。

锌子尖是滚龙沟西南侧一条沟壑里的一个小山庄。行走在沟壑里，抬头能望见最远处的最高山峰像农民犁田的犁铧尖直指云霄，故被当地人称为“铧子尖”。报社在铧子尖驻扎二十五天，期间日寇陆空联合“扫荡”滚龙沟，七次逼近隐蔽出报的铧子尖，报社的同志们七次将印报设备埋起来坚壁，又七次取出来展开工作，所以后来称之为“七进七出铧子尖”。

此后，为了适应残酷的战争环境，能够机动灵活地转移报社，保存实力，及时出报，邓拓提出：印刷机必须进一步轻便化，能够人背肩扛。牛步峰研制了轻便印刷机，孟汉卿提出印刷机架减轻重量三分之二的方案，使所有设备靠八匹骡子的驮运就能转移阵地，这就是《晋察冀日报》社的“八匹骡子办报”故事的由来。当时报社还规定编辑稿件，用字要少，控制在三千个常用字以内做文章，以便轻装游击。“三千字内著文章”被记者们戏称是“戴着镣铐跳舞”。

在反“扫荡”中，宣传战、思想战，是保卫根据地、打击敌人、巩固军民团结、粉碎敌寇谣言的一条重要战线。日寇派出大批汉奸特务，散布“只打八路军，不打老百姓”之类谣言，妄图挑拨离间八路军与老百姓的关系。他们广播、报纸一齐上，宣扬“晋察冀边区垮了”“聂荣臻跑回延安去了”，可是老百姓却通过《晋察冀日报》听到共产党八路军的声音。老百姓说：“聂司令员在报上发表文章啦！要坚决把日寇驱逐出边区。”一张报纸，稳定了军心民心，它的作用何止是子弹与炮弹！

反“扫荡”期间，有的同志住在神仙山老君洞出报，被日寇包围了半个多月，粮食不够，就吃野菜。

在这艰难时期，报社贯彻中共中央关于“敌进我进”的指示，明确提出向“敌后之敌后”挺进的方针。记者雷行、仓夷、沈重等到敌占区、游击区，到完县（今顺平县）、唐县、曲阳、定县（今定州市）、望都、满城、平山、灵寿等敌寇封锁沟以外的地方深入采访，协同地方发动对敌斗争。仓夷的《从“治安区”归来》，就是这个时期的成果。

在相当长的时期内，由于国民党的严密封锁，外界对中国共产党领导的伟大革命运动并不详知。随着美国著名记者和作家埃德加·斯诺越过国民党的军事封锁线，进入陕北苏区采访，中国共产党领导的革命事业才渐渐为外界所知。继埃德加·斯诺之后，曾有许多外国记者像埃德加·斯诺一样，促进了世界人民对中国革命的了解。

国民党的污蔑、“围剿”以及夸大其战果的宣传，使共产党八路军的存在成为日寇评价中国军民抗日力量的盲点；也因此，才有日寇把共产党八路军的军事力量忽略不计的情况的发生。直到共产党八路军发起“百团大战”后，日寇才重新审视八路军这股中国共产党领导的武装力量造成的威胁，才有后来的“五一大扫荡”以及“三光政策”“治安强化运动”的强力推行。

日本大本营在制定的妄想统治世界的策略中提出，“要拿下苏俄必须先拿下蒙满，要拿下蒙满得先拿下华北”，从中可以看出，日寇对华北的战略地位的判断和重视。由于一九四〇年八路军“百团大战”在华北给日寇以重大打击，使日寇惊呼“对华北应有再认识”。

一九四一年德国法西斯占领西欧后，在六月发动了侵略苏联的战争。为了与德国法西斯呼应，夹击苏联，日本法西斯妄图迅速灭亡中国：一方面对国民党政府施加军事压力和外交诱降；一方面把侵华作战的重点逐步转向华北，集中百分之六十四的日军和百分之九十以上伪军，频繁“扫荡”敌后抗日根据地，力图保住和扩大占领区，“确保”华北。

集家并村制造“无人区”，是侵华日寇的主要罪行之一。它使东起山海关，西至古北口，长城沿线长达五百多公里、宽五十至一百公里的土地上的人民，陷入了最残忍、最野蛮的深重灾难之中。日军在“无人区”里惨绝人寰、灭绝人性的暴行，当时在全中国乃至全世界都引起了强烈的公愤，并将永受世界正义的谴责。

日本制造“无人区”的目的，就是为了把广大人民群众与共产党八路军及其一切反对日本侵略的武装力量割绝开来，把八路军困死山林之中。为了打破日军制造“无人区”的封锁，八路军与日寇进行了艰苦卓绝的军事斗争。仓夷的《无住地带》便是再现八路军在这样的环境里坚持斗争的作品。

也就是在这样的环境里，一九四一年十二月二十日，《实话报》创刊了。《实话报》是《晋察冀日报》专门对日寇占领区同胞发行的报纸，由编辑部的陈春森兼任主编。办这个报纸的目的，是要让敌占区的同胞能够听到“抗日号筒”的声响，因此《实话报》曾被晋察冀边区党委称为第二次政治攻势的主要工具。一九四三年，仓夷担任《实话报》的第二任主编。

一九四一年七月二十六日，美国在菲律宾成立了以麦克阿瑟为首的远东美陆军司令部。他们计划加强火炮、坦克和反坦克兵器的配备，调B-17远程轰炸机进驻菲律宾。可是要完成这一防务计划需要半年时间。这一天，美国宣布冻结日本资产；八月一日，对日本实行全面禁运，狠狠打击了日本的军事、经济。美、英中断对日贸易，将使日本钢产量减少百分之三十二点七，基本物资产量大部减少百分之五十。还有，南海周边盛产石油、锡、铝矾土、橡胶、大米、奎宁，这些都是维持战争经济必不可少的。

日本方面认为，战争初期其有取胜的把握，由于不掌握致命的决定性打击手段，预计战争是长期的。若以突然袭击发动太平洋战争，打美、英措手不及，迅速歼灭美海军主力，攻占美国军事基地，可在战略上确立军事优势。在经济上，确保重要战略物资产地和海上交通线畅通，建立以“日、满、华”为核心的“大东亚共荣圈”，实施重要物资的自给自足。同时，与德、意合作使英国屈服，切断缅甸、香港方面的供应线使蒋政权投降，在轴心国取得战略优势的基础上，迫使美国丧失作战意志，形成隔洋对峙局面。

日本海军首脑永野修身认为，“三年后，日本将一筹莫展，不战而屈服于经济封锁”，需要“死中求生”。永野说，求和是不足取的“下下策”。

日本陆相东条英机对现状的态度是：如果维持现状，国力渐衰，“坐等二三年将沦为三等国家”。

日本外务相东乡说，忍让求和，按照美国条件行事，则自甲午战争以来的半个多世纪的战果将付诸东流，“帝国的国际地位较满洲事变以前更低，并危及我之生存”。

九月六日，日本企划院总裁在御前会议上说明日本国力时指出：“问题主要在物质方面。历来，我国经济主要是在同美、英及其势力范围内的贸易的基础上发展的。”“如今，与美、英处于全面经济断交状态，帝国的国力正日趋衰落。”“虽有种种担心，但今天除决心发动战争以外，没有别的手段。从物资方面看，最好现在就发动战争。”

十一月，《晋察冀日报》向边区人民宣传了毛泽东十一月七日的讲演：“日本在晋察冀边区和长沙、郑州等地遭遇失败以后，现在正准备着对中国的新的进攻。我们全国的人民和全国的军队，一定要打败敌人的进攻的阴谋，驱逐日寇的目的，是一定能实现的。”

一九四一年十二月七日清晨，日本海军的航空母舰舰载飞机和微型潜艇突然袭击美国海军太平洋舰队在夏威夷基地珍珠港以及美国陆军和海军在瓦胡岛上的飞机场，太平洋战争由此爆发。这次袭击最终将美国卷入第二次世界大战。

长期以来，有的历史学家在“是蒋介石下令不抵抗还是张学良下令不抵抗”这个问题上纠缠，可这并不涉及问题的本质。国民党抗战意志不坚定，没有担当抗日战争的中流砥柱，是当时全中国各党派团体的一个共识。

日本偷袭了珍珠港，第二天，美国、英国对日宣战，第三天，国民政府才对日宣战。当时全面抗战已经四年多了，此前，国民政府连对日宣战的勇气都没有。不对日宣战，国民政府就有与日本“谈判解决”的回旋余地。美国参战了，国民政府只好放弃这个回旋余地了。

正因为共产党领导人民与百分之六十四的日军和百分之九十以上的伪军作战，所以，我们才有后来的“共产党领导人民坚持抗战”这一结论。

一九四二年春，王剑清从华北联大分配到《晋察冀日报》工作，并且与仓夷建立了革命情谊。

一九四二年四月十二日，中共中央晋察冀分局改组党报委员会，由分局书记聂荣臻直接领导报委工作。此前，中共中央北方分局改名为中共中央晋察冀分局。

日寇伪造《堡垒报》，冒充共产党地方党内刊物。九月，《晋察冀日报》奉命发出特别声明，要求各方严加注意。

接下来，晋察冀边区经历了日寇第四次和第五次“治安强化运动”。

一九四二年春，日军对晋察冀边区抗日根据地之冀中区进行全面“蚕食”，切断各区的联系，使冀中区陷于孤立。五月初至六月底，日军华北方面军对冀中平原进行残酷大“扫荡”，企图消灭冀中区中国共产党领导的政府、军队领导机关和主力部队，完全控制冀中地区。冀中军区和中共冀中区委，指挥主力部队三万余人，在冀中区人民及北岳、太行、冀东、冀南等区八路军配合下，采取以主力一部同地方部队、民兵相结合，在内线坚持斗争，主力大部转移至外线寻机歼灭日伪军的作战方针，展开反“扫荡”作战。史称“五一反扫荡”。

“五一反扫荡”期间，记者们到游击区采访，到敌后采访。为了报道阜平民兵李勇对敌爆破事迹，仓夷还参加训练班，学习了爆破技术。一九四二年九月，仓夷采访了在“五一反扫荡”中的一支英雄的连队。他反复深入采访，经过二十多天的奋斗，终于写出了《纪念连》。

二〇〇七年十二月，我赴京参加《晋察冀日报》七十周年纪念活动。活动期间，杨瑞告诉我，一九四二年，因为日寇封锁，加上大旱灾，根据地物资奇缺，生活条件异常困难，人民群众以糠菜、树皮度日。《晋察冀日报》的编辑、记者、行政干部，每月只发一块钱或一块半钱的津贴，每天一斤四两（小两）小米，只吃两餐。为了减轻老百姓负担，响应边区的号召，晋察冀边区党、政、军机关，每人每天节约二两或四两粮食，为了救济灾民，他们就以黑豆、高粱、麦麸、野菜、树叶充饥。

原来是一年发一套衣服，一套衬衣裤，两双鞋，两年发一套棉衣，那时因为困难，改为两年发一套单衣，三年发一套棉衣。发的裤子比长裤短，像我们现在看到流行的七分裤，但是前后都不开口；每个人发了个单帽，因为没有蚊帐，是作为防蚊子罩头用的；被子太小、太短，大家睡觉时，脚的那一端要用腰带捆着，才能勉强盖住身体。虽然生活条件很艰苦，但他们都很乐观，这可以从他们诙谐风趣的语言中得以体现：烟熏屋子屁熏炕（屋子里面都被烟熏黑了，放屁给炕加热），白天当兵夜团长（人人都蜷缩一团）。

大家都没有钟表，掌握时间靠动物：毛驴叫是半夜，公鸡叫第三遍，天就亮了。日寇“扫荡”时，老百姓怕毛驴叫会暴露目标，就在毛驴尾巴上坠块石头，这样，毛驴就不叫了。

以报纸为武器对敌斗争，是离不开印刷机、铅字、纸张与油墨的。

印刷报纸需要油墨，可是处于被封锁的根据地里，要想弄到油墨是难上加难，于是他们尝试着自己研制油墨，甚至用桃树流出来的胶与锅灰熬制。

一九四二年反“扫荡”中，有一次，印刷机滚筒的一个齿轮突然损坏了，在难以想象的困难中，他们把刺刀打成一个钻头，将断齿部位打孔攻出丝扣，再把废铁棍套成螺栓，拧在齿轮孔内，锯平锉成牙齿，才修复过来。

《晋察冀日报》的老同志介绍说，有一次反“扫荡”撤退时，仓夷发现有几盒铅字落下了，没有坚壁起来，就抱起这些铅字，跳到茅坑里，坚壁好了才撤离。我曾经带着疑问，到滚龙沟看当地的茅坑是什么样子的，仓夷该是怎么跳进去的，到实地以后才知道，原来滚龙沟老式的茅坑，底下是连着猪圈的，仓夷是跳进猪圈坚壁铅字，只是这时猪圈里没有养猪，所以还是叫茅坑比较贴切。

一九四二年年底，报社开始陆续迁往阜平的马兰村。

《晋察冀日报》社从一九四〇年十一月迁入平山滚龙沟，到一九四三年二月迁出，历时两年零三个月。这段时间，报社和全中国的抗战一样，是十四年中最艰苦、最辉煌的一段，也是抗日战争的历史转折期。这个时期，聂荣臻率领的晋察冀军区机关就驻扎在距报社仅二三公里的宅北村。因此，这一带就成了日寇“扫荡”的重点。

《晋察冀日报》的报人们，凭着“八匹骡子办报，三千字内著文”“七进七出铧子尖”“包围圈里报道世界反法西战争”“只要有二十四小时的连续时间，就出一期报”的精神，创造了“中外新闻出版史上罕见的奇迹”，是当年中华儿女英勇抗战和报社游击办报的生动写照。这一切，和平山人民的全力支持是分不开的！《晋察冀日报史》一书中这样记载：滚龙沟的群众抗日觉悟很高，他们的民兵昼夜出动，侦察、站岗、掩护报社，由于群众掩护得好，报社隐蔽出报的情况一点儿也未泄露出去。我们就像一条游龙，潜游在滚龙沟的深山密林里。敌人多次“扫荡”，但始终找不到我们的踪迹……

在不到三年的短短时间里，滚龙沟的老乡做出了巨大的牺牲：

日寇八次前来围剿“扫荡”。面对手无寸铁的老百姓，日寇为了从他们口中得到报社人员、物资、设备的下落，动用了各种惨绝人寰的酷刑：灌辣椒水、刺刺刀、割乳房、用火烧……面对日寇的淫威，乡亲们坚贞不屈，视死如归，表现出我中华儿女的民族气节。其时，共有二十二名乡亲牺牲在日寇的屠刀下，他们中有共产党员、抗日干部、游击队员、儿童团员，更有老人、妇女和儿童。其中，年纪最大的七十二岁，最小的年仅六岁！

为保守报社的秘密、保护报社的安全，滚龙沟的乡亲们付出了沉重的代价。

二、血与火的岁月

报社从一九四三年春进驻马兰村，到一九四四年初迁往沙河以北雷堡村的这段时间，为了避敌锋芒，在反“扫荡”中，几次撤离后又再回到这里，在晋察冀日报史上被称之为“三进三出马兰村”。

马兰村位于阜平县西南城南庄镇接近平山、灵寿的西南部深山区的山沟里。要形容这里的环境，用“穷乡僻壤”是最贴切的。

报社刚刚迁来，遇春荒，粮食不够吃，羊台门报社印刷厂干部、工人就上山挖野菜、采树叶。

编辑、记者都是在老乡家吃饭，老乡吃什么，他们就吃什么。孙犁在他的回忆文章中写道：过年，老乡端来个碗，里面是一块豆腐，上面放着一撮酸菜，叫声“吃饭吧”，就是年夜饭了。

从一九四二年秋到一九四三年夏，晋察冀军民在反“扫荡”、反“封锁”、反“蚕食”的斗争中，取得了很大的成果。其中，阜平县五丈湾的民兵李勇，以其勇敢与机智，带领民兵小组开展地雷战，沉重地打击了日寇的嚣张气焰。仓夷报道了李勇的事迹，一共写了九篇关于地雷战的报道，军区给李勇嘉奖，边区开展学李勇唱李勇向李勇看齐的群众运动，有力地推动了边区的反“扫荡”斗争。

随着秋收的到来，日寇的“毁灭扫荡”也随之而至。晋察冀军区给报社发来急电：“向西向外转移。”当时的战斗口号是：“能冲出去出报就是胜利，到敌后之敌后去游击。”

九月十六日，敌人“扫荡”开始。这是晋察冀最艰苦、最困难的三个月反“扫荡”。

九月二十日，《晋察冀日报》社按两个战时编队从马兰村向外转移，病员另外编病号队坚壁。此时接报，东边敌寇距我二十公里。虽然眼前敌情紧急，但是邓拓、张致祥、娄凝先、何纪云、李长彬等领导研究，按照原定的“有二十四小时的暂住时间，保证出报一期”的精神，决定再出一期报纸，并发表社论《一致行动起来，坚决粉碎敌寇的大“扫荡”》。

九月二十一日下午，报社返回原住地，连夜印刷报纸。次日拂晓，日寇在距马兰两公里的岔河村北面搜山烧杀，警戒哨告急。下午四时，日寇有向马兰袭来之势，报纸已经完成了印八百份的目标，他们迅速坚壁设备，从马兰村、栗树庄转移。

晚上，大雨滂沱，报社人员冲上灵寿山区。到灵寿县谷家沟，邓拓在屋子一角的煤油灯下，低声向老乡了解地形，部署作战计划。电台收到军区指示：报社不能孤军作战，要保存自己，只能设法突围。拂晓，队伍继续转移。

二十四日夜，队伍在北营与日寇遭遇上了。报社的队伍行至街中，武装梯队发现院房内有火，接近一看，见是穿黄军装的敌人，马上与敌人交了火。武装梯队和房上的敌人都开了枪。这是日寇的一支给养运输队，双方都是非战斗队伍，他们很快就脱离了。

在这次遭遇中，三位同志牺牲：担任武装警卫的报务员郑磊俊、发行员安志学和电台工人曹斗斗。

二十五日，掩埋了牺牲战友后，报社队伍继续转移，踏着满地荆棘的崎岖山路，进到灵寿西部的灵寿、平山、阜平交界的高山地带。这里山陡路窄，人马难行，前面的人披荆斩棘，开出一条小路，后面几十人轮流扶着几匹骡子，登上了深山里玫瑰坨西侧的一片高地。就这样，队伍跳出了敌人围攻的中心区，到了接近外线比较安全的地带。在这里，报社隐蔽十二天，出了十二期日报。报纸激发了广大军民对敌斗争的斗志。当他们看到报纸时，高兴地说："咱们的《晋察冀日报》还在出版，根据地垮不了。"

十月十五日黎明，在阜平的一股日寇突然向报社的新驻地日卜袭来。侦察员吴述俭急回报告，阜平三官攻来之敌距报社的驻地日卜只有十公里，还好这时军区指派八路军第四团阻击，掩护了报社撤离。

日寇找不到报社，就对报社驻地马兰村、栗树庄及其附近的村庄反复搜山"扫荡"。日寇从麻棚、三官等方面东西包围马兰村，抓住来不及撤离的老乡，用刺刀逼他们供出报社去向和隐藏的印刷设备和物资。马兰村的老乡宁死不屈，没有一个向日寇吐露真情。恼羞成怒的日寇对无辜的老百姓采用刀砍、枪杀、火烧、活埋等灭绝人性的手段，杀了三十多人，其中马兰村村民十七人。日寇还把马兰村百姓家几代人的祖坟挖开。

在平阳，日寇荒井部队制造了惨绝人寰的平阳大惨案，后文再补叙。

到了十一月，已是初冬，同志们上身刚穿上一件棉军衣，下身仍然只穿单裤，冻得讲话都要咬着牙。邓拓派张帆、邢显廷到五台“无人区”及附近地区察看路线，联系当地党委、政府，了解群众基础。之后，报社进入灵寿、盂平、五台之间的“无人区”暂时隐蔽。

十二月九日，敌寇偷袭阜平县小水峪沟。

小水峪沟是马兰村北面十公里远的一个小山村，这里沟壑纵横、地形复杂，隐蔽在这里，一般是不容易被发现的。

当时这个村有七八十户郝姓和胡姓人家，房子有瓦房，也有草房。房子多是四合院的形式，顺着山势地形层层叠叠地建在山坡上。

汉奸混杂在逃难的老百姓队伍里，一路留了记号。日寇顺着标好的记号，连夜摸了上来，将站岗的哨兵用石头砸死，占领了制高点，包围了村子。五更时，两个区小队的同志要到路口埋地雷，碰见了敌人，打了几枪报警，可已经晚了，天已经蒙蒙亮，能够看见人影，无法撤离了。

住在郝姓人家的区小队，刚在院子里站队集合，敌寇的枪就响了，当即就有几个人倒下。他们立即外撤。在房子右侧有一个拐角，往下有个坎，后面的人看不清前面的情况，他们出来一个就被打死一个，整个小队就这样都牺牲在这坎下。

有的人藏在猪圈里，敌人把屋里的东西扔进猪圈放火烧，没有跑出来的就被烧死在里面。日寇守住路口，跑出来的，看是老百姓就放过，不像老百姓就开枪，有几个人已经走过去，还是被他们追上去打死了。

这一次，给报社造成的损失有：一部八页印刷机被挖走，车床被破坏；报社病号队的病号、国际新闻编辑组组长胡畏，电务队外文收报台台长黄庆涛，排字工人侯春妮，发行科会计弓春芳牺牲了；刘幸福、吕清泉负伤；装订工人王治国、炊事员徐文华被俘后被送到日本当劳工，直到日本投降后才回国。

持续三个月的反“扫荡”期间，《晋察冀日报》游击出报的队伍在频繁转移中，仍然坚持出报四十七期。由于经常断粮，大家的身体极度虚弱。

反“扫荡”结束后，在经济异常困难的情况下，晋察冀军区供给部在短期内，向印刷厂发放每人每天五钱油、三钱盐，每月发二两黑豆，使印刷厂的同志得以较快地恢复体力，继续出报纸。

此时，仓夷与他的同志们的情况怎么样呢？二〇〇七年，智良俊同志是这样回忆的：

“三个月时间里，我们的衣服从来没有脱下来过。等到反‘扫荡’结束了，每个人身上都长满了虱子。大家把衣服脱了放到锅里煮，热水上面满满地浮的都是虱子。衣服都煮了，洗了，我与仓夷睡在一起，两个人只有一床被子，被子又小，我们俩都光着身子，你叫我们怎么睡啊！”

十二月底，在马兰村，邓拓主持报社死难烈士追悼会，并慰问了马兰村干部群众。邓拓代表报社宣誓：“永远和边区子弟兵在一起，和群众在一起，为坚持边区根据地，坚持华北抗战奋斗到底。”

接下来，报社从马兰村迁到阜平县上雷堡。

上雷堡老百姓的房屋都被日寇烧毁了，报社的同志们就打土坯盖房子，动手挖窑洞。

在艰苦的环境里，报社的同志们还是忘不了苦中作乐。春节，他们自己搞晚会，猜灯谜，其中不乏开自己同志的玩笑。“壮的编辑”，谜底是“两个牙刷”，说的是每个编辑都有“两把刷子”，能把当时水平低下的通讯员和读者的来稿，给编出高质量、高水平的稿件来；“打太极”的谜底是“落地生根”；而“李肖白的被窝”谜底是“上海一地名（跑马厅）”，就是年轻人之间的玩笑与调侃了。

一九四四年初春，报社的同志们响应中共中央和毛主席“亲自动手，克服困难”的号召，开展大生产运动。他们商定种红薯，在山上修水塘蓄水，自力更生。周明带领人们到神仙山开荒种谷子、山药蛋，植树造林。

中共中央晋察冀分局决定编辑出版《毛泽东选集》，并将这个任务交给邓拓同志。

四月，周明来到雷堡，邓拓告诉他，文稿已经编好了，你们一定要印好《毛泽东选集》。

九月二十六日，《晋察冀日报》报道了《毛泽东选集》出版的消息。《毛泽东选集》“编者的话”写道：“历史证明毛泽东主义，就是中国的马列主义，只有依靠他的思想指导，才能取得中国革命的胜利。与此相反，中国式的法西斯主义，一切反革命思想与假马克思主义，却陷中国于严重危机或使革命遭受严重损失。目前国民党腐败无能，达于极点，这就加重了中国共产党和全国人民挽救民族危亡的责任，因此无论党内党外，都有深刻研究毛泽东思想的必要。”

仓夷在他的《毛泽东选集》扉页上盖上自己的印章，并题上“1945. 6于晋察冀·阜平县雷堡村”，这也是仓夷烈士唯一的遗物，当年由李肖白保存，后来交给丁一岚同志，现存福州邓拓纪念馆。

在与老同志的交谈中，我听到他们最喜欢说的故事是仓夷

“吃面条”，即吃饭的“战略战术”。

大生产运动后，边区困难情况有所好转，生活逐步改善，大家已经是集体办伙食，吃饭都是排着队，自己去大锅里舀，吃完了再添。渐渐地，大家发现，仓夷每次总能再添饭，而大家往往是吃完了去添，锅里已经告罄了。于是大家很好奇，要仓夷交流“作战”经验。仓夷告诉他们，在家乡福清，有这么一句话，叫作“头碗平，二碗陡，三碗爬上壁”，意思是，吃饭的时候，第一碗不能盛太多，这样才吃得快，才有添碗的机会。这就是他们口中的“战略战术”。

一九四五年八月十二日深夜，报社收到毛主席的声明与日本宣布投降的信息后，立即用电话通告各机关团体，并连夜印发号外与传单。边区各机关到处燃起辉煌火炬，传送喜讯的人群奔走在崎岖的山路上。人们热泪盈眶，到处敲锣打鼓，载歌载舞——终于熬到头了。

在担任《晋察冀日报》记者期间，仓夷的足迹踏遍了晋察冀的荒山沃野。他常冒着生命危险，在枪林弹雨中采访，深入到各区、村与干部群众活动在山林中，住在潮湿的山洞里，虽然环境十分艰苦，但他始终保持革命乐观主义精神。

一九八六年七月，“仓夷烈士纪念碑”在山西大同落成。在落成仪式后的座谈会上，当年与仓夷并肩战斗过的老同志谈起了仓夷的这种革命乐观主义精神。王剑清称：“潇洒而富于热情，在他脸上看不见丝毫的愁苦和烦闷，总是浮现轻松而愉快的笑容。”丁一岚说：“笑话特别多，性格特别开朗，到处交朋友。”仓夷这种革命乐观主义精神也感染了身边的同志。

李肖白、张帆等同志回忆说：仓夷曾机智勇敢地进行了一次火力侦察。“那是报社在反‘扫荡’中唯一的一次火力侦察。当时报社转移到一个村子外，因无法判断村子里是否有敌人，大家不敢贸然进村，仓夷自告奋勇地去进行火力侦察。他在村外打了几枪，卧在高粱地里，村子里敌人纷纷朝他开火，枪声大作，高粱秆和叶子落得他满身都是。仓夷探清敌情后，镇静地撤出，然后与战友们安全撤离。”

在编辑《仓夷文集》的过程中，我到北京羊坊店拜访了张磊同志，他跟我谈起当年记者采访工作的情况时说，在抗战的艰苦环境中，记者是非常辛苦的，他们外出采访，都是背着背包去的。在根据地，在老百姓家吃饭可以给边币，到了敌占区和游击区，边币无法用，我们身上没钱，就随身带着盐巴，到时候拿一小块盐巴出来当饭钱。

一切，终于结束了。这是一段艰难的历程，也是令人自豪的历程。

三、《马老太太》与《记阜平县平阳大惨案》

抗战时期，仓夷在《晋察冀日报》上发表了大量的文章。

一九九八年十二月，新华社原社长穆青在《仓夷文集》的序言中这样写道：“为了中国人民的革命事业，仓夷献出了年轻的生命，但他留给我们的战斗篇章，已成为宝贵的精神财富……通过这部文集，我们既可以看到腥风血雨中劳苦大众在中国共产党领导下的浴血奋斗，也可以看到艰难岁月中党与人民群众的鱼水情深……”

根据我们够掌握的材料，仓夷的文章包含以下这么几个方面内容：

一是对日寇的经济掠夺进行揭露，摆出了敌寇在“以战养战”策略指导下，实行经济掠夺的事实。可以说，在仓夷的文章里，我们自始至终都可以看到他对经济问题的关注。例如，在《西线》上发表的《华北的敌寇在挣扎》，在《晋察冀日报》上发表的《敌寇在二期治安强化运动中的经济掠夺及其特点》《暴敌横征暴敛热河境内数十里无人烟》《正定敌寇强定物价激起市民骚动》，以及一九四六年二月发表的《故都愁怨》，都有对当时整个社会的经济状况的详细记录与客观描述。

二是关于晋察冀边区政府领导人民进行政权建设，指导发展经济，推动农业生产发展以及取得成就的记载；介绍晋察冀边区政府着力领导人民发展生产，努力减轻人民负担，使之为坚持敌后抗战提供物质保障。例如，前面提到的发表在《西线》上的《晋察冀边区区村政权的建立》，与此后仓夷在《晋察冀日报》上发表的《晋察冀边区春耕运动的几点经验》《关于标准地与负担面》《李绍银的生产计划是怎样定出来的》《龙华的三个合作典型村》《边区的矿工生活》《公营煤站一瞥》《目前北岳区的“拨工”问题》，以及一九四五年初晋察冀边区群英会的系列报道。当然，更值得我们注意的是，在一些事例中已经有了新中国成立以后，在中国广大土地上推行的农业生产合作化的雏形了。

三是从不同侧面表现晋察冀敌后抗日根据地军民不屈不挠、英勇牺牲的精神。其中，既有《马老太太——回民支队长的母亲》《记阜平县平阳大惨案》《敌寇在曲阳贾口村惨杀老乡 120 余人》《热河的血泪》这样惨不忍睹的血淋淋的惨案记载，催人泪下，激起人们对日寇的满腔仇恨；又有《纪念连》《无住地带》《爆炸英雄李勇》《李雨》这样的壮丽篇章，鼓舞人民的斗志，吹响前进的号角。

此外，还有《会面》《访宫本哲治先生》《护路》《从“治安区”归来》《朝鲜义勇军华北支队第二队李益星队长访问记》《访白格里欧先生》《冀中今年水灾》《北平的大饥荒》这样一些作品。《会面》《访宫本哲治先生》反映了日本军队中的厌战情绪和反战行为；《护路》《从“治安区”归来》表现了敌占区人民对八路军的期盼；《朝鲜义勇军华北支队第二队李益星队长访问记》《访白格里欧先生》记录了国际友人投身中国人民抗日战争的国际主义精神；《冀中今年水灾》《北平的大饥荒》则记录了自然灾害对人民造成的伤害。

仓夷的作品爱憎分明，富有感染力，激发了人们的爱国热情，激起了人们对日本侵略者的怒火，使人们认识到，只有团结起来，与敌人做斗争，抗战到底，我们的民族才有出头之日。

《马老太太——回民支队长的母亲》的发表，是对抗日英雄马本斋的母亲的最好纪念。

马本斋，原名马守清，回族，共产党员，河北沧州献县人，八路军冀中军区回民支队的创建人，抗日英雄。他率领回民支队驰骋在冀中平原，英勇善战，威名远扬。毛泽东同志称他们为“百战百胜的回民支队”。一九四四年，随部队赴延安途中，马本斋带状疱疹发作，又感染肺炎，病逝于山东莘县。

吕正操将军在他一九八四年出版的《冀中回忆录》中，关于“马母之死”是这样描述的：

“（一九四一年）八月四日深夜，敌人调集河间、献县、沙河桥、淮镇、景和等据点的日伪军千余人，把马本斋同志的家乡献县东辛庄团团包围。五日早晨，把全村人都赶到清真寺门前的广场上，四周架起机关枪，妄图用刺刀威逼他们说出谁是马本斋的母亲。乡亲们为了保护马母，一层一层地把她紧紧围住，不让敌人看到马老太太的身影。敌人逼迫群众指认马母，群众不说，敌人就捆绑吊打，灌辣椒水，用火烧，最后用刺刀挑死。马老太太不忍乡亲们被毒打杀害，挺身而出，正气凛然地高喊：‘我是马本斋的母亲！'她厉声质问敌人：'你们不是想抓马本斋吗？他是我的儿子，他就在河东岸，你们怎么不到那里去抓他呢？'"

敌人将马老太太抓走后，威胁利诱，软硬兼施，要她给马本斋写信劝他投降，然而，马老太太这位英雄的母亲视死如归，在敌人的监狱里进行了绝食斗争，于一九四一年九月七日从容就义。

当年，仓夷在《晋察冀日报》上发表的《马老太太——回民支队长的母亲》是这样的：

马老太太

——回民支队长的母亲

中国人民中有这样的母亲，不仅是中国人民的光荣，回民的光荣，中国妇女的光荣，而且是中华民族绝不灭亡最具体的例证。

而我们八路军人中，有这样深明大义、勇敢坚定的母亲，正是我们八路军的光荣。

——朱德、彭德怀、罗瑞卿、陆定一

马老太太是冀中八路军回民支队长马本斋同志的母亲。她把她的儿子抚育长大，成为一位回民抗日的英雄。带领着一支回族同胞的队伍，驱杀着侵害我同胞的敌人。

在冀中肥沃广阔的平原上，马老太太到处受人尊重。马老太太本着回教的宽宏慈祥的心，让她亲爱的儿子骑马去了。她在家乡——献县的辛庄里，努力着各种抗日工作。马本斋同志也为了母亲的幸福，纵使在冰冻的冬夜里，他也始终没有离开过队伍。

敌人深深地痛恨着马队长，时时用阴冷的指挥刀开路，要找马队长的母亲；他要把马老太太捉住了，然后迫她的儿子投降。

1941年8月x日，天还没有大亮，一大队日本兵，把辛庄包围了。一阵密密的枪声过后，村庄就沉入森寂的气氛里。大街上一个人影也没有。几个日本兵，一直跑到马老太太的房子跟前，跑到马老太太住的后院去。院子里和街上一样：一个人影也没有。

“唔……”

敌人被这意外的遭遇怔着了。

枪声又重新在村外高粱地旁响起来。敌人包围了高粱地。

躲在高粱地里的老乡．被敌人赶到村西北角的清真寺门前。马老太太也在这人群里面，四周都围着日本兵。

屠杀啊！仇恨！人们的血液奔流着。

当人们知道敌人是来捉马老太太的时候，脸色是更加苍白、铁青，痛苦压着人们的呼吸。

“乡亲们，我们是来请马老太太到城里去的。你们不要怕，只要告诉她在哪儿。”

“……”

人们更加沉默了。想起了回教，想起了中华民族，人们都尽力地在挽回着马老太太的巨大不幸。千百只眼睛，都望着金光缭乱的天空。

敌人用刺刀、鞭子，用种种的酷刑，逼问着回先队员马为安、马良，要他们找出马老太太。他们都是马老太太的邻居，他们是敬重着这位马队长的母亲的。他们指着马老太太的房子说：

“你们去找吧！她住在那里。”

日本小队长发怒了，摇舞着指挥刀，把马为安和马良都砍倒在地上。人群把马老太太更紧地围着。

愤怒燃烧着马老太太的心，她挤开了人群，向敌人扑去。人群涌动着，伸着手：

“马老太太，你不能去！”

“马老太太，你不能去！”

敌人把她捉走了，她悲愤地说：

“你们捉我是没有用的，我的儿子马本斋，他现在还在河东，他知道了是会和你们算账的！”

敌人把马老太太用汽车送到献县，又从献县载到河间。

马老太太两眼望着河东，密瞩着她儿子永远健康，努力抗日。

在河间城里，敌人叫伪县长，叫“伪县府传达”桐万城，来诱骗马老太太，要她写一封信，叫马本斋来河间。

马老太太气得连饭都不肯吃。

第二天马老太太的二妹妹，从老远的献县赶来探望，还带了一些食物。马老太太很恳切感慨地说：“二妹妹，我们就要分手了。我是不能活在汉奸城里的。我死了以后，我的儿子，亲戚，就再不替我操心了。”

第三天的晚上，伪县长又来到老太太的房里：

“老太太，好好养神吧！这里比家里保险啦！你儿子如果过来，联队长要给他大官做……”

马老太太已经有三天三夜没有吃饭睡觉了，但她的精神还是始终清朗的。她大声地骂着：

“住口！狗汉奸！告诉你，我的儿子就是死了也是个中国人！”

她的头晕眩，躺倒在炕上了。

又过了三天，敌人把老太太的亲戚哈九找来，要他去动摇那不屈的马老太太的心。当天晚上，马老太太握着哈九的手，低声地说：

“哈九，你来了！很好。你去告诉马本斋好好地干呗！

他的娘已经不中用了。”

马老太太气喘着，眼眶里凝聚着兴奋的泪珠，望着哈九说：“日本鬼子不敢抓马本斋，抓了他娘，他娘也是和马本斋一样，不是好欺侮呀！”

马老太太受了敌人的酷刑，死在河间城里。

马老太太的大义凛然的气节，我们是不会忘掉的！

悲愤燃烧在人们的心间，八路军的首长和冀中军民，悼念马老太太的英灵。华北的人民，都面对着马氏的坟墓呼喊：

“誓死为马老太太复仇，消灭日本法西斯！”

1942 年 2 月 12 日《晋察冀日报》

日寇为了抓到这位英雄母亲，用尽了卑鄙手段；乡亲们为了保护英雄母亲而不惜牺牲自己生命；英雄母亲为了不使乡亲蒙受更大的损失，挺身而出，大义凛然，视死如归。这些，仓夷都做了生动的刻画，笔触所至，将日寇的凶残、乡亲们的关爱、英雄母亲的慈祥活脱脱地再现于读者面前。

我们经常把日寇的罪恶行径，用一个词来形容，叫作“兽行”。日寇的反人类行为，是怎样的惨无人道呢？让我们来看看当时的文章吧。一九四四年一月九日，《晋察冀日报》发表了仓夷与沈重等人合写的《记阜平县平阳大惨案》，揭露了日寇荒井部队的兽行：

记阜平县平阳大惨案

法西斯主义就是强盗战争，就是对文明人类的大屠杀和野蛮血洗。执行着这一血腥纲领的日本法西斯强盗，在此次对北岳区的大“扫荡”中只在阜平县平阳区就惨杀了我们1000多个乡亲。据初步调查统计：只平阳本区死难者就有587人，其他是从曲阳等地转移来的群众。平阳本村就死难205人，在这些死难者中，已知的全家被杀者有平阳张太生一家4口，张正书一家4口，罗峪刘秀山一家两口，罗峪一村遭杀害的就有29家。这一群东方两脚兽，用他们的刺刀和边区人民的鲜血向全中国人民和全世界反法西斯人民写下了一笔新的血债。

平阳大惨案的直接罪魁是日本皇族出身的荒井和他率领的由500多个野蛮的刽子手所组成的混合大队。荒井这个著名的杀人魔王是两年前野北惨案及其许多大屠杀的首犯，边区人民不共戴天的死敌。这次大“扫荡”中，他经常命令他的部下“杀个鸡犬不留”，“边区人靠不住，就是愿意跟皇军也不要”！在他的长期豢养下，他的士兵经常对被屠杀的老乡们说：“死了死了没关系！”因而，从9月下旬，这群两脚兽从盘踞曲阳土岭开始，就连续发生了残暴的屠杀。移

“剿”阜平铁岭后，在西山老虎窝（俗称老头子窝）一次杀死、烧死、用石头砸死民众30余人。在平阳南山土河里两次熏死30余人，后移“剿”河西，又杀死百余人，后又盘踞在土门平阳，这群两脚兽就更加疯狂了，前后两月零二十天中，敌寇以平阳为中心，对周围四五十里的边区百余大小村庄反复地作短距离的严密的“清剿搜索”和远距离的突然奔袭合击。如先后奔袭柳河康家峪、北水峪三次，并曾一夜从平阳经曲阳青田迂回五十里合击营里，平阳东山南山更几乎每天都有兽军的蹄迹。而兽蹄所至，烧杀随之，见房就烧，见东西就抢，见牲口就拉，更特别拼命地捕杀赤手空拳的老乡，企图把这一带造成“无人区”，我们1000多亲爱的老乡就是这样遭了毒手。他们中间，有的被洋狗咬死，有的被烧死，有的被石头砸死，有的被锥子刺遍全身，有的被抛下山摔死，有被齐腰斩断，有的被捆住碾得粉碎，有的被挖掉眼睛，有的被吃掉了心肝和脑髓……而大多数的受难者是受尽各种酷刑和逼问后被砍刺而死的。被敌寇捉住后用子弹打死的是不多的，敌寇是不肯让一个中国人这样“容易”地死去的。

请看一看这些事实吧。

10月18日，平阳南山24个妇孺被敌寇从土洞里搜出来，当她们拒绝了敌寇的一切讯问之后，敌寇从一个不懂事的女孩子身上搜出了一张“良民证”，鬼子笑了一声，便把她的头砍掉了，然后把头颅放在椅子上，叫人们围跪着，说：“你们看，好不好?”人们都哭了。敌寇要她们抱人头，谁愿意去拿呢?敌寇用刺刀威胁着，打着，最后，女孩子的母亲只好用手去捧她。敌寇认出了这50多岁的老妇是这女孩的母亲，立即把这老太太也砍了，然后挑出5个漂亮的妇女，把其余的人赶进土洞，在洞口点起大火，人们全被烧死在里面。10月24日，平阳西沟露水峪的土洞里，16个老乡因不肯暴露秘密，也全被烧死。

在山咀头，15个老乡被敌寇把头塞在裤子里踢下山坡滚死。另一个妇女抱着她的孩子，敌寇用刺刀抵住她的胸口，叫她把孩子推下深崖，然后把她也踢下去，而敌寇却在山坡上大笑。

上平阳李海死时，他的儿子李德元亲眼见到的。他两人一起被敌寇捉住，敌寇把李海的头埋在沙滩里，要闷死他，他挣扎着，爬起来。这样反复三次，最后把他的头放在一块大石头上，一个鬼子，拿着一块大石头猛然一砸，脑浆四溅，手脚抖着死了。后来李德元抱起父亲的尸首时，这两块石头粘在一起，而尸首已经没有头颅了。

李老奎的孩子媳妇被敌寇捉到上平阳，敌寇把三个男的头都交给她，叫她提到下平阳。在平时，人家杀鸡她都不敢看，3 个血淋淋的人头她怎样提呢？敌寇把刺刀放在她脖子上逼着她提起来，到了下平阳张坤的院里，像吃人吃红了眼的疯狗一样，杀人红了眼的敌寇凝望了她一眼，一刀把她砍了，随手捧起她的鲜血流滴的头，疯狂的狞笑着，忽然向地上猛然一掷，又用刀向她身上乱砍。

罗峪村公民刘敬被敌寇驱使洋狗咬得满身是伤，他亲眼看见敌寇杀害刘官贵、段忠勇等 4 人的情形。刘官贵被刺开胸膛，敌寇还用刀子绞了一会，说："心的，没有的"；把他给火烧了。段忠勇是被活活烧死的。刘荣榜是被洋狗咬得全身棉衣破碎，染红了血，后被刺死的。刘荣进被咬得全身都是牙痕和血痕，在地上惨叫着打滚，第三天才死的。

亲爱的读者！更残暴的大屠杀，是敌寇临退却时才发现的。屠杀很秘密，而且没有人逃出，所以没有人能了解当时的惨状，只是一个青年孕妇被屠杀的惨状是 20 多个妇女所见的：敌寇把她按在一口红漆的棺材里，叫这 20 多个妇女脱光衣服围在周围看，军刀的尖端慢慢地割剥开了她胸前的皮层，她痛着惨叫着，但是敌寇伸手撕开了她的胸前的肉皮，撕到肚脐，再猛地一刀，她的眼睛滚出两颗大的泪珠就死去了。敌寇开了她的膛，挑出鲜红颤抖的心，放在盆里，再向下一刀，刀尖仍向肚里挑着，把胎儿、肠子都挑出来，血流满了棺材底……这 20 多个妇女不忍看这非人的屠杀，但敌寇逼着她们看，还威胁她们：“你们要回家，这样杀了的，心，炒了吃的！”而对150多个乡亲的大屠杀是没有人亲眼看见的，只有木峪村的刘庆福，听说他那时被敌寇捉去当夫，阴历十一月初五，荒井到贾口开会，初八下午回来，傍晚时，他听见荒井的院子里乱嚷嚷的，有鞭打和呻吟的声音，接着就看见一群日本兵押着150多位用绳子捆在一起的老乡，出了村，这些老乡就再也没有回来，他只见这群日本兵回来时，在院子里的大盆洗着血红的刺刀。

荒井部队，这一群该死的东西们是灭绝人性的野蛮和残暴达到空前的程度，只要举出这样几件就足以证明。土门的索石岗、车孟庄三个妇女亲眼见敌寇挖了李小更的心拿回去炒了吃。罗峪村青年妇女陈寿荣亲眼看到敌寇把刘跃梅砍死后用刺刀把她腿上的肉割来，用铁丝串上提到上平阳去炒着吃。一个16岁少女被轮奸四夜，皮肿肉烂不成人样了。

这不过是举几个例子，这群两脚兽的滔天罪行是说不尽的。

所有这些殉难者都是晋察冀边区的好公民，他们生前热爱边区，为建设保卫根据地，辛勤的生产和战斗。就是他们的死，也仍然是为了保卫家乡，保卫根据地，保卫中国人民的光荣和荣誉而死的。他们始终不屈的顽强斗争到底。如青年游击组员孟光其在老虎窝被敌寇堵在山洞里，始终不出来，他从洞里往外掷石头，即使他中了两枪，仍然坚持往外掷石头，直到流尽最后一滴血。王快17个老乡因为拒绝敌寇要他们说出军事物资的秘密全被杀了。最后只剩下郑黑夫，他说知道，把敌寇领到平阳南山峪寨的石洞下，而这里除了石头什么也没有的。敌寇搭着人梯让他爬上这个窄小险陡的洞去，他上去就骂开了："你爷是至死不出洞了，要我说出秘密，作你们的梦吧!"他收集了洞里的石头去打敌寇，敌寇怕洞里有枪，只好狼狈的退去。北水峪的刘二高在山头看见敌人捕捉和污辱妇女，他气极了，冲过去要把妇女抢回来，举手打着敌寇嚷："你家没有妇女？这样糟蹋人家?"敌寇打他不过，大喊起来，十多个鬼子过来才他把弄倒，敌寇用烧红的炭块塞在他嘴里，他吐出来仍不绝口的骂，敌寇把他掷在火里，他还挣扎往外跑，最后被捆起来烧死在火里，直到死才停止了骂。平阳村妇救干部张正梅和她妹妹正英在南山洞里，被敌寇搜出来，敌寇用刺刀擦着她的脖子，用刺刀顶住她的胸口，打她，要她说出八路军在哪里，公家的东西在哪里。这个18岁的小学生始终就是："打死我也不知道!"敌寇把她母亲和乡亲赶进洞里烧死，因为她长得漂亮，把她和她妹妹带到铁岭，敌寇想使她屈服，叫她缝衣服，她说不会，要她洗衣服，她不洗。敌寇想引诱她，给她花花的布，她当着敌寇把布掷在地上，说："我不要你们的老死鬼的东西!”给她大米肉饭，她不吃，给她妹妹鞋穿，她逼着妹妹把鞋子扔了说：“穿它干什么？咱不穿老洋鬼的东西，快扔了!”特务见了就狠狠地说：“你不吃汉奸的饭，不穿鬼子的衣服，浸透了八路军的教育，真坚决呀!”晚上，她向妹妹说：“你年小，趁老洋鬼不注意就跑吧，我得空也跑，不要顾我。”后来她跟妹妹趁机跑出来了。第二次她俩在北水峪山梁上又给敌寇抓住了，把她带到上平阳，用水灌她，她用手挣扎着，敌寇把她捆着吊起来，她仍用脚踢鬼子，敌寇用尽了各种刑罚，她没有说出一点秘密来。这回她知道必死了，晚上直啼哭：“我死也死在边区的。”敌寇临退的晚上，敌队长把她叫去，翻译官问她，“你乐意不乐意跟队长结婚?”她斩钉截铁地说：“不愿意!”翻译官解释说：“队长20岁！你16岁啦（她的年岁和一切都是隐瞒了敌寇的），怎么样?”她昂着头倔强说：“百不怎么样。”对方只好无耻地威胁了：“好，这样坚决，要砍你的头的呀!”而她像受了一刺刀似的大嚷起来：“砍吧！我不像你！当汉奸!”翻译官和敌寇都怒了，敌寇赶下炕来要剥她的衣服强奸她。她顽抗着，始终保持了她的忠贞和清洁。敌寇无法，把她绑去砍了。后来，人们把她的尸体从山荡窑里弄出来，她的眼睛还瞪着大大的，咬着牙，生前的坚毅至死依然不变。

1000多个乡亲在日本法西斯刽子手的屠刀下殉难了，这一大惨案像雷鸣一样震撼着晋察冀边区的大地，激怒了千百万的人民。人民的报复也紧跟着到来。还在反“扫荡”后期，以李勇为首的五丈湾的游击小组以及东古道等游击小组都提出了“为死难的乡亲们报仇”的口号，子弟兵和民兵的地雷和排枪激烈地响起来，仅是平阳区的民兵在3个月的反“扫荡”中就毙伤敌500名以上。但是，这是血海深仇呀！是一千多个乡亲们流了血呀！不把荒井与这群两脚兽捉来给以严厉的惩罚是誓不甘休的，不把日本法西斯强盗消灭，不给死难者报仇恨是不能解消的，全边区的党政军民都把眼睛注视着平阳区，注视着被敌寇烧成一片废墟的平阳，注视着那凝结了三钱厚的血迹的大屠杀场，用最大的愤怒和决心，投入新的斗争中去，用新的对敌斗争胜利去惩罚这群东方的两脚兽，这群该死的日本法西斯强盗。

虽然时间已经过了半个多世纪，我们现在看到这篇文章，心头悲伤的血依然在滴，眼眶悲愤的泪仍然噙着，胸中仇恨的怒火还在燃烧。

阜平县王快水库北岸的平阳镇，山清水秀。修建在上平阳南端那个小山岗上的千人墓，已将中华民族经历的苦难牢牢地铭刻在人类历史的记忆中。

在仓夷的文章中，起到鼓舞军民奋勇杀敌作用的作品当属

《纪念连》《无住地带》《爆炸英雄李勇》《李雨》了。

四、《纪念连》与《无住地带》

晋察冀边区的文化运动，是在为抗战服务的前提下开展起来的。早在一九三七年十一月晋察冀军区成立时，抗敌剧社也成立了。边区抗联的群众剧社及大众剧社等也相继成立。一九三九年七月，全国抗敌剧协晋察冀边区分会成立。

晋察冀边区文化工作协会，简称“文协”，于一九三八年改名为晋察冀边区文化界抗日救国会，简称“边区文救会”，叶正莹、邵子南等十一人为执行委员，刘平为主任。一九四〇年三月，执委会筹备组织晋察冀边区文协分会，号召文艺界参加宪政运动。

在这次筹备会组织的座谈会上，艾芳、叶频、董逸风、丘岗、周而复、□伦、仓夷、邓康、施克、罗夫、史轮、孙犁、邵子南、陈辉、袁勃、田间、炜克、陈布洛、叶正莹、□晴、韦明等到会的文艺工作者发出了争民主号召：

> 抗敌报全体文艺工作同志们……这种争民主的呼声和我们的血液交响着……
>
> 文艺工作者们！站在晋察冀边区，站在文艺阵地底前哨上，今天我们是为消灭敌人而斗争，今天我们也要为实行宪

政而斗争，特别是我们文艺工作者们，要让我们底笔得到民主，像祖国像人民所要求的民主一样。

我们必须呼喊宪政！我们必须反映宪政！我们必须得到宪政！

一九四〇年四月、七月，晋察冀边区音协、晋察冀边区文协分会相继成立。

一九四〇年底，聂荣臻在与边区艺术工作者的谈话中，明确指出：抗日战争是全面战争，它包括政治、军事、经济和文化等各方面，其中抗敌的文化工作非常重要，不能把文化和武装斗争对立起来，如果我们在文化上放松，就不会取得最后的胜利。他还指出，文化加军事，加政治，等于战斗力，三者不可偏废。部队战斗力的提高，一定要有文化上的提高。抗战的文化应着眼于乡村，以广阔的乡村做开展文化宣传的阵地。

从一九四一年开始，各解放区先后设立了一系列的文艺奖：陕甘宁边区设立“五四”中国青年节文艺奖；晋冀鲁豫边区设立“七七”文艺奖；晋察冀边区设立鲁迅文艺奖；晋绥边区设立“七七七”文艺奖；山东地区设立“五四”文艺奖。

中共晋察冀中央分局做出决定，要“奖励优秀文艺作品”；晋察冀军区政治部在《关于开展部队文艺创作的决定》中规定，对于优秀作品要“酌量给予奖励”。

这个时期，仓夷始终以满腔热忱和不畏牺牲的精神，一手拿笔，一手拿枪，站在抗战的第一线。他发表在《晋察冀日报》上的诗歌作品《枪和子弟兵》，是我们所能看到的仓夷唯一的诗歌作品。可以认为，这是仓夷对诗歌创作的一次尝试，其后，我们能够看到他的作品，基本上都是通讯和报告文学了。

枪和子弟兵

死也不能屈服！

不能屈服！

你是光荣的战士，

你是铁的子弟兵。

光荣的战士啊！

你在人民的欢呼声中站起来，

你用粗厚的手掌，

握紧了边区自造的步枪，

你的脸庞和枪机上，

都闪跳着钢铁的光芒。

（永远闪亮的光芒啊！

涂上殷红的血液，

你就更加壮丽了。）

勇敢的战士啊！
你一次一次的上战场，
你瞄准你的钢步枪，
敌人从没有一个在你枪弹下逃亡。
你是那么坚强啊！
你要消灭那残余的仇敌，
子弹虽然打尽了，
枪尖的刺刀还是很锋快呀！

敌人三八式比你的步枪长，
当你还没有刺倒敌人的时候，
敌人恶毒的刺刀啊，
已经刺进了你的胸膛。
（战士们啊！血流在脚尖的时候，
你的复仇的决心是更加坚定了。）

你这太行山的铁的子弟兵，
你这死也不屈服的战士，
你迎着敌人的刺刀挺进，
敌人终于在你的刺刀下倒了，
不屈的战士啊！

你还抱着边区自造的枪，
钢铁的光芒上，
渲染着血液的殷红……

1942年1月25日《晋察冀日报》

诗歌用朴素的语言塑造了太行山的铁的子弟兵，在装备处于劣势的情况下，挺起胸膛，英勇杀敌，用血肉之躯筑起一道新的长城的形象："敌人三八式比你的步枪长，当你还没有刺倒敌人的时候，敌人恶毒的刺刀啊，已经刺进了你的胸膛。"这时，我们的战士，"你这死也不屈服的战士，你迎着敌人的刺刀挺进，敌人终于在你的刺刀下倒了"。没有华丽的辞藻，没有让人惊羡的手法，子弟兵八路军的形象赫然呈现在读者面前。

战斗在晋察冀边区期间，仓夷深入战场采访，虚心向群众学习，用朴素而又生动的笔触，真实记录了晋察冀边区军民抗击日本侵略者可歌可泣的动人事迹，记录了人民新的生活和斗争，写下了人民和子弟兵爱与恨、血与火的斗争篇章。在这里，我们不能不提他的《纪念连》和《无住地带》。

为了巩固其后方，一九四二年五月一日，侵华日军纠集日伪军五万余人，在空军的配合下，出动坦克、汽车几百辆，由其华北驻屯军司令官冈村宁次亲自指挥，对我冀中军民发动了空前残酷、野蛮的"铁壁合围"式的大"扫荡"，史称"五一大扫荡"。

冈村宁次曾经在展望战争前景时说："久则顿兵挫锐，攻城则力屈。"他明白，"长期持久的战争对帝国有百弊而无一利"，"久暴师则国用不足"，故妄图毕其功于一役，解决共产党八路军造成的威胁。

这次"扫荡"，敌人凭借军事上的机动优势，采取多路密集的"拉网式""梳篦式"战术，企图从四面八方将我冀中领导机关和主力部队压缩在深（县）、武（强）、饶（阳）、安（平）四县相接的根据地腹心地带，予以歼灭。

日军为达到战役目的，没有动员根据地周围的日军，而是采用远距离机动的办法构筑大合围，战役进程也求稳不求快。

在"五一大扫荡"中，冀中未及时转移的主力部队受到较大损失。根据地县、区干部被迫分散隐蔽，县大队、区小队也被迫化整为零，转入地下。敌人凭借暂时的优势，整天"合围""清剿"，到处搜捕抗日武装和抗日干部，搜寻抗日物资，疯狂屠杀抗日群众。他们在哪里吃过亏就到哪里去报复，哪里有抗日活动就到哪里去"清剿"，哪里住过八路军、抗日干部就到哪里去烧杀，制造的惨案一个接一个。

在这次空前激烈的反"扫荡"中，反映冀中抗日游击战争生动斗争场面的通讯，首推周游的《冀中宋庄之战》。

这是一次惊天动地的模范战斗。我游击队仅以两个连的兵力，依托宋庄这个平原上孤立的村落，抗击了两千五百名拥有精良装备的敌人。从白天到黑夜，战斗整整持续了十四个钟头。我英勇果敢的子弟兵，杀伤了敌新任冀渤特区“扫荡”司令官坂本旅团长以下官兵一千一百人之多，而自己只伤亡了七十三人，最后胜利突围出来。这一仗，极大地挫伤了敌人“剿灭”冀中的“雄心”。

作品反映的内容甚为广阔，开头交代了战斗的起因，结尾说明了战斗胜利的意义和影响，文笔活泼，记叙中夹以议论、抒情，把战场上敌我双方优劣形势的转变情况反映得尤为细致生动，既写出了敌人的嚣张气焰，又写出了我军英勇沉着应战的过程，它是报道抗日游击战争的一篇优秀作品。

相较通讯《冀中宋庄之战》，《纪念连》则是运用报告文学形式对同一题材进行演绎。这篇报告文学作品，再现了抗日健儿英勇牺牲的精神。

一九四二年九月，仓夷反复、深入采访了经历过“五一反扫荡”的这支连队，经过二十多天的奋斗，终于写出了《纪念连》。

作品经过冀中领导同志审查通过后，送到邓拓同志那里最后审定。邓拓看完稿子以后，非常高兴，决定迅速发表这篇报告文学。这是《晋察冀日报》创办以来首次发表四万余言的反映抗日战争的文学作品。这篇报告文学发表以后，在晋察冀边区轰动一时，冀中军区政委程子华同志赞扬这篇作品是“五一反扫荡”的《纪念连》。《纪念连》在《晋察冀日报》上连续发表后，仓夷获得冀中军区首长的通令嘉奖。冀中军民更是争相传诵，视为珍贵的学习材料。

一九四三年四月，晋察冀边区鲁迅文艺奖金委员会授予《纪念连》以“文学奖”。延安《解放日报》也转载了这篇作品。

纪　念　连

序

在河北省的中部——平汉和津浦这两条铁路的当间，是一块六万平方公里辽阔的、肥沃的大平原。绿色的田野上，密布着八千多个安安静静的村庄。这里是晋察冀边区的冀中区。这里的平原抗日游击战争，坚持到现在，已经有6个年头了。敌人历年的大“扫荡”、大“清剿”都只有加深着这里人民的仇恨。

1942年的夏天，敌人调集到三个师团和两个旅团的“精锐部队”，分集在1500多个“钉子”——据点里；继派了八百多辆的巡逻汽车，在一万里长的蛛网式的公路上溜闯着。新的大规模的“扫荡”与反“扫荡”战争，就在这一年的五月初开始了。

我们冀中区的八路军，在这次大战争中，有着许多光辉灿烂的战史。这篇文章，仅仅是记述一个八路军的连队，在这次大战争中的遭遇。这连队在最残酷的环境中，不仅保存了自己的力量；而且还给予疯狂的敌人以重大的回击——只机枪班长郝赞同志一人，就消灭了敌人150名以上。

冀中区八路军三纵队政治委员程子华同志，称这个连队是冀中反“扫荡”的“纪念连”，从这光荣的名誉的奖励里，我们就可以知道：我们党的领导者，对于坚持平原反“扫荡”战争的英雄们，是怎样的尊敬与热爱的。

一、突围的夜

情况的确是紧张得多了。

鸡叫头一遍，我们的连队就出发，向沧石路北转移，没有成功，又回到武家铺。营长林辉文同志骑着马，也从团部赶到我们连里，和连长、指导员商量着新的计划，要坚决粉碎敌人这次的“铁臂包围”。

正午的时候，敌人的飞机就呜呜地叫，飞得很低。一发现我们，就“轰”的一声，一大团黑烟，在村子上空轰炸开了。这是敌人放烟幕弹做信号——于是，那就热闹了。漫山遍野的敌人，再不是“对角分股”的、慢慢的搜索前进了；而是“呀呀呀”的狂叫着，向我们这村庄包围过来。

营长在一间高房上，用望远镜瞭望着。在那一望无边的田野上，很远很远的地方，尘土都飞扬起来。一千多敌人的骑兵分成三圈，遇见村庄也不停，只顾向这里冲来：

敌人的第一颗炮弹，“轰”的一声，就在我们村子的东南角炸开，把半座土墙都炸垮了。

战士们都在屋顶吃早饭，被这炮弹一轰，饭桶里，饭碗里，都落了许多沙土。有些炮弹片，也飞跑到饭桶里了。

敌人已经向我们东西两个街口攻击了。炮弹又连续的射过来，战士们都拿着手榴弹，把步枪安放在一旁。

敌人离我们只有一百米远了，我们东口的重机枪，就叫喊起来。敌人还在冲，西口的轻机枪也响了。

敌人都伏倒在麦地里。连长杜领远同志带着一个排，守着南面大街。他的眼睛，发直地盯着敌人，南面的阵地修筑在几间平房上，前面是一溜土墙，敌人向这土墙冲过来了。

“扔吧!”

连长喊着。

“扔吧！操他妈的!”

战士们都喊着。

战士们都高兴起来，一面扔，一面嘴里就乱喊。

一阵巨大的爆炸声，一闪闪的火光和浓黑的烟灰，从土墙外升起，敌人“呀呀呀”的喊声，就听不见了。

“喂，他妈的，飞机来了!”

“不要乱，掩蔽好!”

“连长，看那边坦克车!”

“让他来吧!”连长沉着脸，命令大家准备好手榴弹。

连长在平屋顶来回的巡视着，眼看着9辆坦克车在田地里一浪一浪的向前，“轧轧轧”的辗来，后面还紧跟着八九十个日本兵。

坦克车越近，声音就越惊人地骚扰着，渐渐的开近了村边的第一道围墙，围墙就“哗啦啦”的倒下来。接着又是哗啦啦一声，另一辆坦克把围墙旁的一间小房子压倒了。

“不理那王八坦克！拣那后头的鬼子揍！用手榴弹！”连长下着命令。

两辆坦克已经进了街口，但是我们都在屋顶，坦克车不能爬房子，车上的机关枪也射不到我们。车里的日本兵又不敢出来。遇到这种情景，那坦克车就发呆地、突然地停住了。

后面跟上来的日本兵，都挨近了坦克车，正向我们的平屋顶冲上来。一阵密集的手榴弹的爆炸，把日本兵都打得从半墙上摔到街上。墙外的日本兵和坦克也都不敢进来。

进了街的这两辆坦克车，看见后头的坦克不敢进来，而冲进来的步兵又被我们的手榴弹炸倒，害怕当“俘虏”，就想转头逃跑。但是街道太窄，两旁都是大石块，左转右转，都转不了，就只好倒退着开。那些被我们炸坏了一条腿的，炸得倒在街道上的日本兵，爬也来不及，就听见“扑秃扑秃”的，像水泡爆炸的声音，许多日本兵，都被自己的坦克碾成肉酱了。

离得远一些的日本兵，就大叫大喊起来。那声音是很难听的，就像快被宰杀的猪或牛叫的声音一样。我们的战士就在平屋上，大声地喊着“缴枪不杀”的口号。日本坦克师只忙着照顾他的坦克不要当“俘虏”，巨齿一样的坦克轮带，照样的从这些负伤的日本兵的身上轧过去，日本兵的皮肉和毛发，沾满了坦克的轮带；有的被挥到很远的地方去。

激烈的战斗一直进行到下午。太阳已经下山，我们村子的四周，已被敌人密密层层的包围了。

现在这武家铺附近的几个战场都已经结束战斗，同志们也都突围了。敌人集中来包围我们。我们打了半天，虽然没有什么损失，但是手榴弹已经快完了，不能待到明天再战，我们连决定今晚突围！

营长和连长正视察着四周的阵地。他们在南面街上走着，对面胡瞪眼喊叫着走来，手里摇晃着一个什么东西。

“连长，有一个宝贝！”

“什么？”

“信！”

“哪儿来的！”

“从敌人那边送来的！”

“怎么送来的？”

“我趁天快黑到村口挑桶水给同志们喝，碰见一个老乡送来的。”

连长伸手接了信，没有细问下去，就把信拆了，同营长两人看着。虽然天色已晚，但是还模模糊糊的可以看出上面写着：

“八路军勇士们：我们打了一天仗，双方都有损失，不要再打了，你们赶快向西北口走吧！那边没有什么队伍的。××中队××班。”

胡瞪眼瞪着两只大眼睛，望着连长和营长。

“说些什么呀？”

“鬼子放屁！”连长生气地说。把信递给营长，又皱了皱眉，问胡瞪眼说：

“那老乡说这信是谁给他的？”

“是一个伪军。”

“那老乡你认得吗？”

“见过他，是这村里的干部呢！”

“他还说什么？”

“他说现在这一带咱们队伍都转移了，大部分是向东、西、南三方面走的，现在这三面敌人封锁得非常紧，车子和鬼子骑兵来时往各家里闯，乱杀人！”

“还说什么？”

“他说现在鬼子正在做饭，待一会，恐怕吃了饭，又会向我们进攻，他问我们吃了没有，没有吃的话，这村公所的地洞里，还有干粮呢！”

“好吧！你去看看有没有干粮。”

“是！”

胡瞪眼很高兴的向西转入一条小胡同。连长回过头问营长说：

“怎样？我想这样也好，先到西北角看一看吧！”

连长和营长到了西北角，看一看出口，是一片苇地，有些树林。上了高房，用望远镜瞭望，东、西、南三面，都有许多的烟火。而且还隐隐的听见有许多妇女小孩的惨哭声——敌人正在“清剿”着各个村庄。只有北面，烟火较少。假如从西北口冲出去，再突过沧石路，可以和我们团部取得联络。于是他两人商量了一下，就回到指挥部里。

夜色已经笼罩着整个平原，胡瞪眼到村公所的地洞里，果然找到一麻袋干粮，他把它背回来，战士们就着凉水，都吃饱了。大家都把枪擦好，皮带、绑腿都弄舒服一下。刚布置好突围，南面的敌人，就向我们开始猛烈的进攻了。

“出发吧！”

连长说。

胡瞪眼还在收拾着零碎的干粮，装到麻袋里。突然他记起一件事情，就抬起头，问营长说：

“营长，你那两匹马怎么办?”

但是枪声太密，营长没有听清楚，就带着一排战士在前头走了。

接着指导员李坚同志和连长也都带着队伍走了。

胡瞪眼是和李指导员在一队里。他走在最后头，经过大街的时候，他不由自主的向那拴着马的大槐树走去。

两匹很肥壮的赤褐色的大马，拴在这树下，已经整整的一天了。看见胡瞪眼来，很亲热的鼻孔“咻咻咻”的叫，蹄子“独独独”的踢着地面。胡瞪眼想把这两匹马都拉走，但刚一伸手，就踌躇起来，不行，“要突围，这两匹马的目标太大呀!”

马伸着柔软的唇，吻着胡瞪眼的手臂。这时在那中午被敌人坦克车冲塌的围墙的缺口上，已经有几个日本兵冲进来，胡瞪眼的眼睛很快的一闪，心里焦急起来，他想：“无论如何我们八路军的马，是绝不能当俘虏的!”他又伸手去拿出一个手榴弹，要把马炸死——但看着手榴弹才剩下四颗，想到等会还要冲锋！他眼睛紧盯着在黑暗中摸索前进的敌人，手就伸到枪尖上，把雪白的刺刀拔下来，看清了第一匹马的肥润的脖子用力地刺去！

刺刀直刺进马脖子里，血就顺着刺刀，顺着胡瞪眼的手臂，泉水一样的涌流出来。

马受了这样意外的打击，暴跳着。胡瞪眼又用力的一拔，将刺刀拔出，却倒退了好几步，险些摔倒在地上了。

这时，村子四周都打得很激烈。我们突围的队伍已经和敌人接火了。

从围墙口冲进来的敌人，因为不晓得我们的情形如何，还不敢深入。

胡瞪眼又用刺刀来刺那第二匹马，这匹马看见他凶凶的来，就用脚踢他。胡瞪眼抓着缰绳，向那光滑的脖子又是一刀，但是力量不济，刺不进去。

那墙边的几个敌人已经发现了他，向他冲来，他急忙地割断缰绳，拉着马，跑进正街。一面跑，一面把马的笼嘴去掉，“快走吧！”他喊着，狠狠地在马屁股上刺了一刀，那马就向东箭一样的奔跑去了。

敌人紧跟着要来活捉他，他撒开双腿直向西北口跑。

西北口上，我们突围的队伍已经和敌人进行最激烈的战斗，班长陈德同志指挥着一班战士，当后卫，掩护全连同志突出敌围去了，他们却被敌人重重的包围着。

夜色浓黑，敌人没有看清楚我们有多少人，就只管团团的围住，用机枪密集的扫射。

战士们就找那枪声最密的地方，抛出手榴弹，只见火花在田野里一闪一闪的，爆炸声起后，是掀起一声奇怪的杂乱的喊声。

陈德同志在激战中，大声地喊道："喂，同志们！我留下一颗手榴弹就够了，大家都把手榴弹揍那鬼子们！"

原来每个战士都预先想留下最后一颗手榴弹，来保护他们崇高的民族气节的。听见陈德同志这一喊，好像都晓得这话的意思，就把最后的手榴弹，向敌人抛去。

在爆炸的手榴弹的火光中，照耀着这 5 个战士。他们紧紧的围抱起来，巨大的吼声从这个拥抱着的人群中喊出来：

"中华民族解放万岁！"

"中国共产党万岁！"

"咬紧牙关，渡过黎明前的黑暗！"

口号声还没有在夜的空中消失，"轰隆"一声，一道火光从这 5 个勇士的胸中涌起，这 5 个勇士用最后的一颗手榴弹表白了他们的一生的光荣。

胡瞪眼刚跑到村子的西北口，就听见这 5 勇士的口号声。他晓得我们的同志是被包围了。接着又看见手榴弹爆炸，接着又看见敌人直向那爆炸的地方冲，他就赶快的拐向北走。

村北有一片小树林，他从道沟里拼命的奔跑着，冲进树林，就转向西北角走去，走了半夜，在道旁的一块洼地里躺下来，一整天的紧张战斗，下午又没有吃饱肚子，又饥又渴，队伍又不知道冲出去没有，心里很难过，想继续追找自己的队伍，但是大腿上受了弹伤，现在正发着刺心的疼痛，于是他疲倦地躺在地上晕沉沉的睡去。

微弱的月光照射着大平原，在很远很远的地方，不时地有火光燃烧着。

二、突围以后

在武家铺突出包围的战士们，整天整夜的行军，这种剧烈的不停止的行军，使同志们的脸都变成青色，衣服都变成五颜六色的便衣，有些还被枪磨得肩胛上露着一大块赤黑色的筋肉。

因为在武家铺突围时失散了，连长和指导员不能明确知道团部究竟向哪里转移。他们带着队伍一直向西北走，冲过了沧石路，到了饶阳，遇到敌人大合围，又快走，渡过滹沱河，那里也在大战斗中。他们一百多人，除扛着四挺机关枪、带着许多子弹和手榴弹外，别的什么东西都没有。

“连长，我们还是回到武家铺一带去！”

有一天，指导员李坚同志，对连长这样提议。

“武家铺，离这里有好几百里地呀！”

“离这里是不近的，但是我们要不回到那里，是找不到上级的！”

这时是在夜里，在野地里，同志们都躺在谷地旁的草地上，休息着，四野里静静的。

连长坐在田垄上，望了望夜空，思索着，低声的说：“是的，我们找到团部，行动是要便利的！”

于是这个连，又从北向南奔来，渡过滹沱河，跨过沧石路。那天，天快黑的时候，就到了韩家疃。

村外有一个中年的庄户人，看见部队来了，就打听着番号，问连长和指导员的名字，战士们有些认识他。

那庄户大笑着说：

“你们有一个战士名叫胡瞪眼的吗？”

“有呀！怎么样？”大家都欢喜起来。

那庄户人名叫韩贵叔，是韩家疃的自卫队员，他那天半夜里和韩大妈在麦田里遇到胡瞪眼，知道胡瞪眼是受伤的战士，就赶快给他换了便衣，把他送到一个秘密的地洞里，天天给他换药送饭。胡瞪眼的伤口渐渐的好起来，就吩咐韩贵叔打听自己连队在哪里，好赶快归队。现在韩贵叔听见战士们都说“有”，心里快活极了。又听说他们吃了饭还要赶路，就急忙吩咐村里的老乡，尽先把自己做好的晚饭，端出来，给战士们吃。他自己就去找胡瞪眼。

一会儿，胡瞪眼从村西头回来了，他老远地的喊着，“哈哈！回来啦！”

全连的同志们正在吃着饭，看见了他，都在谷地里站起来，把碗、饼子高高的举起来：

“哈哈！胡——瞪——眼呀！”

同志们欢呼着，周围的老乡，看见这种热烈的情况，也都围拢来。

胡瞪眼背着枪，穿着蓝布衫、土色裤，见了连长和指导员之后，就坐在田埂上，和同志们高谈阔论他突围和突围以后的经过。

正在兴高采烈的时候，韩贵叔气喘吁吁的跑来，对连长说：

“同志们！情况又紧啦！沧石路上的鬼子出动啦！”

“靠得住吗？”

“噢！靠得住！北面游击小组送来的消息。”

韩大妈也夹在人群里，听见贵叔说有情况，又看见连长集合着部队要走，就急忙的回到家里，拿了三个玉茭窝窝，赶了出来。队伍的前头已经出村子，后头还在大街上走着，她一个个地望着，望着胡瞪眼就喊道：

“喂！胡同志！”她喊着追上去！

“你还没有吃饭，给你三个窝窝！”

胡瞪眼双手推辞着。韩大妈，把窝窝塞在他的粗大的手掌里。

胡瞪眼怕掉了队，就说声："咱可受不起啊！"接过窝窝就跑步跟上队伍去了。

半夜里，我们的队伍到了七箭屯。离武家铺只有八里地，但是天色墨黑，没有一点星光，狂风呼啸着。豆粒般大的雨点，密密的撒在麦子的叶上，"的的得得"的哗叫起来。

队伍停止前进了。

七箭屯的西头的二间大院里，暂时的做了我们的宿营地，因为情况太紧急，这里老乡都到村外去，院里空空的。同志们把武器收拾好，派了岗哨，就在东西南三间房里休息。

北房里，燃着一盏小油灯。

连长的声音在说道：

"同志们，今天的形势我们预先是没有计划的！刚才我们侦察的结果，团部已经到沧石路北，现在敌人又第二次的来合击这块地区，回到武家铺是找不到团部的。现在只有两条路：不是分散掩蔽，就是继续和敌人转圈子！"

排长林风清同志望了望连长说：

"分散掩蔽是不行的，还是转圈子好！"

李坚同志也站起来说：

"我同意林同志的意见。我们党曾经指示我们，坚持华北，是我党我军不可动摇的方针，同时又指示我们，坚持根据地必须以武装斗争为主。我们如果只知退兵不记坚持，那是不对的！如果我们能掌握着队伍和武器，跟敌人转圈子，有利时就打，不利时就转，那是既可保存我们自己的力量，同时又可以消灭敌人的！”

屋外的暴风雨，翻天覆地的吹打着。

同志们的心，都沉浮在这个大风浪中。

雨停的时候，田野上已经微露着透明的青光。院子里那棵槐树也可约略地看出叶子来，天已经快亮了。

在七箭屯的南面，已经发生战斗。情况不许可我们在村子里做饭，我们把没有弹药的一挺机关枪和一个掷弹筒坚壁后，就集合了队伍，往西北角挺进。

道沟里因为刚下了雨，非常难走。走了三四里地，同志们的鞋就像大渡船一样的笨大，鞋底沾着厚厚的泥浆，有些同志不小心，滑了一跤，弄得浑身是泥浆。

队伍默默的走着，突然听见前面有人叫马嘶的响声，连长爬出了道沟，伏在田垅上慢慢的伸起头向前一望。前面有一个村庄，村外有许多日本兵，正在准备行动，有几个日本兵已经摇摇摆摆的向这条道沟里走来。连长迅速的跳到沟里，对指导员说：

“前面有情况了！”

李坚同志抬起头，向那朦胧的四野里一望，田野上都是开阔地，庄稼还不很高，掩蔽不了人，就低下头，向道沟的前头一望：

“喂！那不是一条横的道沟吗？咱们从那条道沟拐一拐，从别条路走啊！”

我们连队向东进了这条横着的道沟，这横沟像条弯弯曲曲的蛇，大家转了几个弯，前面又是一条道沟，连长走在最前面，不提防被指导员拉了一把，站住了。大家侧耳一听：

糟糕，前面那条直沟有许多扑哧扑哧的脚步声，又是一大队敌人在通过。

队伍前头的许多战士都低声的骂着：

“他妈的！拼一下吧！老子拼着一条命不要，看鬼子还能怎么凶！？”

李坚同志回过头，望了望说话的人，是排长周启应，他就接着说：

“现在这样，我们在这两个沟口都安上机关枪，要是敌人进来我们就揍，然后再转移，要是敌人不来，那我们就休息一下，再走。”

我们的队伍在沟里休息了。

天色大亮，排长林风清守着东口，只拐了一个弯离那口子很近。沟里的脚步声、马蹄声，杂乱的响着。一队叽里咕噜的日本兵过了，接着是一队说中国话的伪军汉奸。

突然他听见有一个声音说：

“嘿——你们瞧，怎么这沟口有这么多的脚印？”

又一个说：

“刚刚下了雨，我们都是往南走，这里面一定有鬼！”

头一个又说：

“进去看看吧！一定是八路军，他们看见我们来，从这里拐走的？”

林风清听到这里，就叫机枪班长郝赞准备，但却没有看见有人进来。只听见外面头一个声音只说：

“别多生事了，走吧！”

于是人声消失了，只有脚步声、马蹄声和大炮在驮子上振动的“唆啰唆啰”的声音。

太阳已经有一竹竿高，两旁道沟的敌人是过完了。

连长派了胡瞪眼和李五宝两同志到前头侦察，一会儿，他们都回来报告说：现在那几个村子都被敌人和汉奸包围着，搜索、打人、杀人。

队伍不能前进了，就在这道沟里停着，直停到夜的到来。

他们没有吃一点干粮，没有喝一滴水，就继续的前进着。

许多村子都驻着敌人，他们不能进村，走了一夜，被敌人发现就一直追，他们就一面打一面转，走了三天三夜，没有吃饭，没有睡觉。渴了，就在道沟旁，喝着肮脏的苦水。

有些同志走得太疲乏了，把枪弹交给同伴带着，就向道旁一躺，无声无息的晕过去。

这支队伍还在顽强的挺进着，他们接近了沧石路旁，正好是半夜里，指导员就带着三挺机枪在前面，后面队伍紧跟着，在一座岗楼旁边，敌人各岗楼旁都设立伏兵，但是这里的伏兵没有预料到会有这件事发生，待我们冲过后，才发觉，慌慌张张的放枪和燃起烽火。附近的岗楼也都盲目的扫射机关枪。

冲过了铁路，走了二十来里地，前面有一个村落，战士们进了大街，一句话都没有说的，抱着枪，随便身子一歪，就睡着了。

指导员和连长，也同样疲劳，但是却挺着腰坐着。

街上冷清清的，一个人影也没有——敌人要来包围这个村子，人们在半夜里就跑出村了。

连长刚紧了紧裤腰带，把沉重的肩背靠向墙壁的时候，一大队的日本兵，已经开始进了大街口。他和指导员急忙地跳起来。

"同志们！发现敌情了！快起来！"

声音喊了一遍，同志们都依然躺着。

连长和指导员急了，就用盒子枪“啪啪啪啪”的连发四枪，于是战士们就像在武家铺作战时一样的精神，跳了起来。指导员举着手枪，冲进北间的小巷，同志们也跟着走，连长在后面掩护。刚去了北街，向野地里跑的时候村子右边也跑出一队便衣队伍，战士们以为敌人合击了，正要开枪，对面的人喊着：“喂！咱们是一家人，不要打了！”

“你们是哪一部分？”李坚同志急问着。

“我们是游击第三大队！你们呢？”

“我们是常胜旅……”

答话没有继续下去，敌人已经在街上放枪，他们就一起向北走。

三、永远战斗的连队

离开我们这个连被敌人包围的村庄十里地，有一个村子，名贤白庄。这庄上的 50 几个民兵，正忙着搞“地道战”。带领民兵的队长，是肖健同志。他正和三个民兵在村口的一处高地上，装置一个“地下堡垒”。这“地下堡垒”是民兵阻击敌人的一个非常有趣的东西。堡垒是利用现成的高地，里面挖空，通地道，对外就只有几个枪眼，民兵们藏在里面射击敌人，敌人发现不了他们。万一被敌人发现了，也不要紧，敌人就是把它炸了，民兵们也可以从地道里转到另一个“地下堡垒”去。

肖健同志抬头一望，前面走来了县武委会的周清波同志。

“喂！老周，我们又搞了5个‘地下堡垒’！”

周清波不理睬肖健同志这个兴头，只顾粗声大气地嚷着说：

“嘿！刚才敌人合击南面的中央村，我们的一个连冲出来，三挺机枪的枪套都没有卸下来！”

“真的吗?”

“可不是，真的，现在这支队伍，恐怕已经在街上休息，还有游击第三大队也在那里，你去看吧！我看他们一定是太累了！”

肖健同志被这支“突围不卸下机枪套”的队伍疑惑着，就对民兵们说：

“把这个堡垒搞好后，大家加紧侦察警戒，我有事先走！”

他大踏步的到了街上。

大街上正歇着我们这一个顽强的与敌人斗争着的连。

肖健同志一面走一面目不转睛的望着。看见他们没有一个坐着，也没有一个人去挑水做饭，心里想：这连一定是经过了无数次的战斗，疲劳了。就回转身找到两个民兵，吩咐他们赶快给这连的同志们烧水做饭，自己就去找县游击第三大队的赵政委，问明这个连的底细。赵政委回答说这连是常胜旅，别的他都不知道。

肖健同志回到街上，这时这连里只有一个人在地上坐着，个子瘦削，年纪二十二三岁，眼光很锐敏的看见了肖健同志，好像要招呼。肖健同志就向他走去，握住那青年的手说：

“你们是常胜旅吗?”

那青年点点头。

“你们连长呢?”

“连长刚才突围时冲散了!”

“指导员呢?”

“我就是!”

李坚同志答着，眼睛发亮起来。

肖健同志紧紧地握着李坚同志的手说：

“呵！现在你们到了这里，就跟到了家里一样，你们有困难，我们一定帮助你们解决。”

“呵！那好极了!”

李坚同志兴奋得紧紧的握着肖健同志的手，站了起来，对肖健同志说：

“同志你们太好了！我们这部队曾经在武家铺跟敌人血战过，曾经在无数次敌人的‘铁壁合围’中，一面作战，一面转移，我们虽然失掉和上级的联系，但是我们是革命的队伍，人民的武装，我们一定有信心，也有力量永远战斗下去的！”

“是的！现在你们还有多少人？”

“我们还有——80个左右！”

“武装呢？”

“三挺机关枪。每人还有步枪、子弹、手榴弹。”

“好吧！我已经吩咐同志们给你们烧水做饭，你们现在好好休息一下，不要焦急，在这里就跟在家里一样！”

肖健同志回到民兵大部队里，催促民兵同志们赶快烧水做饭。又到各处商量，他觉得这个连队需要补充一部分新的力量。同时游击第三大队的武器也不全，于是他就希望把这两个部队合编起来。

他先去找游击第三大队政委赵强同志，把他的意见提出，赵强同志很同意。他说：

“好！就这样吧！我们是有责任帮助他们的，他们刚刚来这里，人地生疏，我们是这里土生土长的队伍，应该和他们合编起来，共同作战！”

肖健同志又去和李坚同志商量，李坚同志更是高兴。他们三人马上商量了合编的组织办法和补给的种种问题之后，李坚同志说：

“肖健同志请你给我们当连长吧！”

“好！这以后再说吧！”肖健同志笑着说，“我想现在战士们刚吃过早饭，还得集合一下，把这个事情告诉他们一下。”

“是的！我们去集合，你就来吧！”

队伍集合好了。肖健同志正要上前讲话，被一个相貌很和善的中年人拉着，那人名叫蒋方华，是“抗大第三团”的学生，要他马上解决粮票问题。

肖健同志笑着说：“我还有事呢，等会吧！”那中年人就站在一旁，肖健同志上前开始讲话了：

“同志们！”他首先敬了一个礼。

战士们看见这个年轻活泼的民兵队长，都微微地笑着，鼓掌。肖健同志接着说：

“大家都辛苦了！现在到了自己家里！今天的岗哨，你们不用担当，我已派好民兵看守，你们可以放心的休息休息！虽然这周围四五里地都有敌人的据点，但是他们吃过我们几次地雷，知道我们这里是‘八路大大的有’！”

肖健同志把“八路大大的有”故意学着日本人的腔调，逗得大家都笑起来，积压在战士心中的疲劳，现在已经突然的溶解了。

“你们的衣服都烂了，鞋子也破了，明天我到县里给你们弄衣服、鞋子，再弄一些钱给大家发津贴，大家就可以抖一抖了！”

“哈哈哈！抖了……”

有些战士欢喜得叫起来。

“现在，同志们！”肖健同志提高着嗓子说，“我们要把常胜旅和游击第三大队合并起来，编一个‘战斗连’！你们的指导员和政委都同意，现在斗争是非常残酷的，我们要不大伙儿一齐干，那谁也站不住脚的！我们这里都是年轻人，我们只要团结一致，什么困难都可以克服！待到把鬼子的‘扫荡’粉碎了以后，我们仍旧可以各回各的部队里去的！”

“同意！战——斗——连！”

“战——斗——连！”

战士们都高呼着。

“好了！你们的枪需要擦一擦，今晚上我们民兵就可以去大直腰敌据点里背回一桶鸡油，把武器弄好，我们这里是打胜仗吃猪肉的！你们现在先回去，把脸洗一洗，照一照镜子——看看你们的脸，哈哈……”

战士们都哗然的笑起来，他们都按着新编的班排散开了。

战士们散了以后，院子就显得格外空大起来，李坚、赵强、肖健三人，站在石阶上，望着战士们的热烈情形，互相交换了一下眼光，笑了。李坚拍着肖健同志的肩膀说：

“现在班排已经编制好，只是连部还没有成立，我想着是你来当连长吧！”

赵强同志也笑着说：

“真的，肖健同志！你多劳一下！”

“不！你们别开玩笑，我只能跟你们跑跑腿，连长我可当不起，哈哈！啊！不过……”

肖健同志被一个什么印象抓着了，他低头想了一会就笑起来说：

“喂！我派两个民兵找你们连长去，现在暂时我先给你们找一位连长，包你们满意！”

“好！一定要找到。找不到，就是你来当！”

李坚同志和赵强同志不约而同的说着。

肖健同志到村东头的一间小学里去找蒋方华同志。

蒋方华同志在长征时，曾当过红军的连长，战斗经验非常丰富。肖健同志要请他当“战斗连”的连长，蒋方华同志考虑了一会，就很郑重的说道：

“老肖，我是很希望能在反‘扫荡’大战斗中，尽一点力量的，但是要我领导这个连，却有很多困难：第一，他们是两个不同的部队编起来的，难免有许多问题——像作风不同，指挥不一致，生活情绪不一样等等。第二，我又跟他们一点也不熟悉，现在要去当他们的指挥员，这就更成问题了，所以我考虑了大半天，觉得很为难。现在我也不再推辞了，这也是我应负的责任，但是有几个难题，却要你帮着解决。第一，我现在还在‘抗三团’受训，我现在去当连长，学校是不知道的，是不是学校什么时候调我，我就马上可以回去?”

“那可以的!”肖健同志连连的点头答应着。

“第二，这部队在战斗中，如果有损失的话，由谁负责?”

“大家负责!”

“第三，要全体战士服从指挥，对待我像上级委派来的一样。——这并不是我要抖抖威风——要不这样，要是他们把我当成帮忙的，那么一切指挥、纪律，就没法执行，部队就失去了战斗力!”

“是的! 这我都可以代表他们完全答应，现在他们大家都希望你赶快过去，咱们走吧!”

一个崭新的、生气勃勃的战斗连，编组起来了。

连长是蒋方华同志，副连长是赵强同志，李坚同志仍旧担任指导员。林风清、周启应仍旧是一、二排排长，三排排长是由前游击队的田连狗同志担任。

深夜的时候，肖健同志从战斗连的连部回到民兵大队部里，伸一伸腰，把盒子枪从肩上取下来，放在炕头，刚一歪身躺在炕沿，游击组长刘大马就进来了。

“肖同志，村东面发生敌情了！”

“离这里有几里地？”

“三里多地！”

肖健同志正要问下去，门咿呀的开了，进来一个穿军装的战士：

“报告！”

那战士立正着，递过一张条子，在暗淡的灯光下一照，上面写着：

“肖同志：

今晚加强警戒，敌人可能合击这村子。‘巩固’三连陶光祖即。”

“你们是独立团吗？”

“是的！”

“好吧！”

那战士立正，敬礼后，就匆匆的出门去了，肖健同志把纸条再放灯下仔细看了一遍，就对刘大马说：

“老刘，今晚上你们要紧急警戒，要加班！对东面的敌人继续监视，要是向这村子来，就赶快来报告。”

刘大马接了命令出去了。

四、民兵和主力兵团

刘大马把肖健同志摇醒时，天已经大亮了。

肖健同志从炕上跳起来，揉着惺忪的眼睛：

“怎么了？”

“独立团到这村子了。”

“到了吗？——那好极了！现在情况怎样呢？”

“敌人从大直腰、深泽城，都陆续出动，向我们这里来。”

“好！就这么着，你们收拾收拾，准备打仗！”

肖健同志把炕头的盒子枪拿起来，斜套在肩上，就上了大街。

连部里很热闹，肖健同志一进去，就看见一大群人站起来招呼着，有独立团的王团长，有团总支书郑明智，三连连长陶光祖、民兵第五区队区队长刘博。再就是蒋方华、李坚、赵强、林风清等人。李坚同志正在谈着他们的战斗经过，大家听得默默的，看见肖健同志来，还笑着说：

“多亏肖健同志帮助，要不我们就真是拖也拖垮了！”

大家都笑起来！又谈了一会，肖健同志问王团长说：

“现在敌人已经来合击我们，打不打呢？”

“打是要打的！”王团长说，“这次敌人兵力不很多，战斗连打村落战是呱呱叫的！今天我们的战士也好跟你们学学这一手！”

“行！打吧！”李坚同志狠狠的拍了一下手掌，又问肖健同志说：

“你呢？跟我们一起吧？”

“我还要带着民兵到村外搞一些玩意儿，斗一斗鬼子，你们先打，我们等会儿就来！”

“指挥民兵游击战也是有趣的，”王团长说，“肖健同志还著了一本《平原民兵游击战术》的书，这一手他可真有办法，哈哈！”王团长笑着，把军帽抓下来，扇着胸部。大家都心痒痒的要肖健同志谈“民兵战术”，肖健同志没有空，商量了一些具体的作战布置，就急忙地回到民兵大队部里。

一大队的日本兵，从大直腰据点里出来，走不到半里地，就停住了。

一个汉奸喊着说：

“前面的土很松，八路军埋了地雷！”

一个日本军官的声音说：

“喂喂，这里，这里的开路！”

敌人果然不走大路，向我们设伏的地雷火线进来了。

肖健同志领着三个民兵，伏在这条小道两旁的高地里。待敌人进了地雷埋伏线，肖健同志看得真切，“啪”的一枪，向敌人打去，前头的敌人停住了。后头的敌人向前挤，三十多个敌人正在无头无脑的时候，“轰轰”的两声，脚下的地雷爆炸了！

肖健同志领着三个民兵，又跑到刚才敌人拐进来的道口的斜对面的高地上。

敌人被地雷一炸，未死的就连忙往回跑，刚跑到道口。“啪啪啪”的又来了三枪，一个鬼子倒下。

肖健同志带着三个民兵，又很快的转到村里袭击深泽城出来的敌人去了。

在深泽城北他们埋了一个“地雷网”，也叫“爆炸群”。就是好多地雷埋在一个地方，用一条火线牵引着，敌人一中了我们这“爆炸群”，那就要大大的倒霉。

等了一会，敌人没有经过这个“地雷网”。他们又转开。

这时已经是中午，白庄的战斗正打得最激烈的时候。

在村外向村里望去，只听见“轰”的一声，敌人的炮响，村里就有一大团黑烟或黄烟升起。

猛一看，那白庄好像一个人也没有，静悄悄的。日本兵“呀呀呀”的喊着，向那南面的村口冲去了，快冲到街口的时候，我们战斗连放出一阵密集的机关枪声，敌人又像潮水一样的退下来，接着就有一批新的日本兵的尸体，移放在谷地里，用白布罩盖着。

白庄的许多房子，都在炮弹下炸开，土墙都崩裂了，烟和火在冒着。

大队的日本兵，又从四周各个县城里调来。汽车“呜噜呜噜”地，载一车活鬼子出来，换一车死鬼子回去。

田野里，民兵们望着村里的主力兵团在那炮火中跟敌人苦战，兴奋极了，他们就在白庄的周围，热闹的打起“麻雀战”“黄蜂战”“冷兵站”“爆炸战”来。

肖健同志跑得满头大汗，指挥着许多游击小组，躲在道沟里、树林里、坟堆后，偷下手，放冷枪，他们听见哪里土枪响，大家就向哪里包围，像黄蜂一样的拥上去！

看看太阳偏向西南了！肖健同志找到了刘大马，问他白庄村的情形。刘大马是从白庄的地道里出来的，对村里的情形很熟悉，他只顾称赞说：“嘿！真棒！真是战斗连！打得挺棒！”

肖健笑嘻嘻的，心里也很高兴，但是村子四周围敌人总是不断的增援，于是他就急忙带了一个民兵游击小组，从一条地道进到白庄村里。

太阳斜照着白庄，白庄的房屋和树林都静静的。村四周围的日本兵，攻击了大半天，都疲惫的躺在田垄上，大炮也发呆地抬着头，望着白庄。日本的指挥官们，站在一片树林后的高地上，不住的拿着望远镜向白庄观察，不住的伸缩着镜头，但总没有看见一个人影。

“怎么一个联队多的人马，攻了大半天，还攻不下这个村落呢?”晋腾联队长非常焦急，他心里想：“这村里的八路军，一定是大大的有！一定的!”于是他就秘密的传下命令：“总攻击，一定要冲进村去!”

傍晚，大炮又像巨雷一样的轰鸣起来，白庄的烟尘飞滚着。各线的轻重机枪，翻天搅地地叫嚣着。扫射了有一刻钟。全线的日本兵都“哇哇哇”的向村子冲。

晋腾联队长为了鼓励士气，就跟着队伍通过了炮兵阵地，到了机关枪的阵地上，离村子的街口只有百米多远。他挥舞着指挥刀，前面步兵向前冲，但是现在村里一点动静都没有，直冲到街口，也听不见机关枪声。他们害怕八路军有什么新计谋，不敢继续前进，卧在地上了。

晋腾联队长看见这种情形，就咆哮起来，大声喊着，向前面冲，走到一块高地的前面，日本兵突然听见这土枪声，正慌乱着，而晋腾联队长，却已经被这土枪击中了脑袋，向前扑倒在地上，大声地嚎叫，手在地上乱抓着。

这晋腾联队长躺的地方，正是昨天肖健同志和民兵们修的“地下堡垒”。刚才肖健同志进了村，就派了三个民兵从地道里钻到这“地下堡垒”来，放冷枪扰乱敌人。想不到却遇到这位冀中“真渤特区”的司令官来送死。

晋腾联队长被打死后，敌人就非常慌乱，同时也就更加疯狂，各中队的敌人继续攻击，冲进村子里去了。

我们村里的部队，都进了地道，向北转移着。

地道里人拥挤着，独立团的战士们，由刘大马领路，从靠东的一条地道转移了。战斗连却被别的部队挤断了联络。肖健同志和林风清排长带着一个班，夹在中间。空气憋得很，他们在地道里走着走着，突然前面堵着不动了。

“喂，喂，闷死人呀！快点走！”

只听见声音，看不见人影，地道里黑漆漆的。敌人已经进村子找“八路”，到处找洞口，但是这队伍就挤在这洞里，前进不得，后退不得。

“怎么不走哇！”

“前面洞口有敌人呀！”

“有敌人也得冲出去！”

“还是在洞里熬时间。敌人走了再出洞吧！”

“不行！敌人会放毒气，会挖地道呀！”

“喂喂！闷死人，不要喊叫呀！”

“不要喊叫不行，前面操他妈的，赶快走！”

肖健同志被夹在中间，脸都气得发青了。

“一定有汉奸混进洞里来捣乱！”他心里想，就不管三七二十一的，用力的挤着前面的人。有些段地道很窄小，他就躺着身从人们的身上爬过，弄得他满头满脸都是尘土。他拼命的向前滚着，渐渐的望见前面洞口的白光，他的快要爆炸的心，才宽舒了一下。他刚从两个战士的身上爬过，洞口就有两个穿便衣的人喊叫起来：

“喂！喂，别动呀！洞口有敌人呀！”

这两个说话的人，没有看清楚洞里爬的是谁。肖健同志从洞里望出去，望得清清楚楚，认出这两个是深泽城里的汉奸。他气得手都抖起来，掏出了盒子枪，“啪啪”的两声，汉奸中弹倒地。他再爬了两步，就挨近了洞口。

“洞外有没有敌人呢?”

肖健同志踟蹰起来。这洞口是斜的，从洞里望出去，可以看见洞口的正前方，右方，左方——都没有敌人，但是洞口的后面，那就没法判断了！在这个紧张的时候，第一个要出洞的人，的确是非有最大的勇气不可的。

肖健同志慢慢地向前爬着，到了洞口，他谨慎地把头伸出去，刚一伸出，就赶紧的回转头望着洞口的后方，他宽舒了胸中突跳着的心，就继续伸出上身，爬出洞口来。

这是一个空大的院落，——是离白庄二里地的周村东头的一间大院。夕阳正斜照着东面的半块土墙。他走出大院，跑到大街上一望，街上没有人。回转来，就看见李坚、赵强，还有他们带领的两个排的同志都出来了。只有蒋方华同志的一个班还没有出来。

“走吧！到王家庄去！赵强同志带路吧！”

肖健同志把手一挥，就急急忙忙的又跑回院子里去，刚一跨进院门，就遇着敌人在烧堵洞口。肖健见没法再去接蒋方华他们，就迅速回头出院，追上李坚他们去了。

蒋方华、郝赞、胡瞪眼和全班的战士们，正在地道里又焦又急的时候，突然看见前面的队伍向前移动，都高兴起来，跟着前进着。走了有几十步远，队伍又停下来。郝赞端着机关枪，生气的叫喊着：

“喂喂！前面走哇——！走哇！——”

但是前面仍然黑漆漆的，不能动。

这时敌人已经将两头的洞口堵塞，向洞里放瓦斯弹。闷人的气息渐渐的浓郁起来了，人们喧嚷着，挣扎着，窒息得人们的胸脯都要爆炸了。

连长蒋方华同志，已经扑倒在洞里，用手指强力的撕着胸脯，他继续的向前爬着，到一处“气眼”里，这气眼是通到水井里去了，他咬碎了牙齿，用手指把气眼挖了一个大窟窿，就向外面伸出身子，向井里一跳，死在水井里了。

随在蒋方华同志身后的还有一个战士，也跟着跳下井死了。

机枪班长郝赞同志和胡瞪眼，嚷了一阵，前头仍然走不开，他们就全班拔出刺刀，向头上泥土拼命的挖着。土块

“沙啦啦”的崩裂下来。

郝赞头上的地皮最薄，而且他的力气也大，挖了一会，就被挖开了，他端着枪从洞里跳出来，像疯了一样，满头满脸都是土，嘴里大声喊着：“战斗连的同志们用机关枪冲吧！”

敌人发现了他，都“哇哇哇”的向他围来，郝赞仍旧大声的喊着：

“战斗连的同志们，跟着机关枪前进！”

后面的胡瞪眼他们也出来了，一齐地喊着：

“同志们，跟着机关枪前进！”

郝赞一面喊，一面就让机枪射击起来。全班的同志，就跟着他向这东北角冲，天色已暗，他们走了一阵，敌人也不敢来追。回头看时，白庄已被烟火燃烧着，熊熊的火舌直冲上黑色的天空。

敌人在村里火烧房子。

五、“要勇敢，更要团结！”

深夜里，从白庄地道里突围出来的战士们，都到王家庄集合了。

连部里，连长蒋方华同志牺牲了，战士们都公推李坚同志当连长，赵强同志当指导员。

李坚同志当了连长以后，他仍然沉醉在战斗里，他忘了疲劳，忘了一切自己身上的事。自他 19 岁参加了八路军以后，就觉得自己所流的血汗，都有着光荣的代价，他觉得为革命事业而献身，是再愉快不过的事。

赵强同志平常很少说话，精神不如他在游击队当政委时那么活泼。有时战士们去找他商量一件事情，他总是说：

“找连长去吧！连长有办法！”

肖健同志刚从县里回来，弄着一大车的新便衣和鞋子，一进门，看见赵强同志站在院里发呆，就喊着说：

“老赵，好消息，我的任务完成了！”

赵强同志只略略的一笑也没说什么。

连长李坚同志在屋子里听见肖健的声音，就跑出来，笑嘻嘻地说：

“怎样呀！都完成了吗？”

“高兴的事情多着呢！路上我还碰着几个老乡，给咱们送三口大猪呢！”

大车上的东西都搬了来，战士们把衣服领去了，大家洗了澡，穿上新衣裳，一个个都是棒小伙子。

郝赞同志脸上虽然欢喜，心里却实在懒透了。大家高高兴兴的唱歌，谈话，胡瞪眼还在石碾旁边跟老乡们大说大笑，他却老抱着那挺机关枪，坐在院子的石阶上，翻弄着。他的机枪，自那天从地道里冲出来后，因为灌进了许多泥土，把他弄成“半个哑巴”，只能“哒……哒……哒”的发单发，不能“哒哒哒”的连发了。

这个损失比任何损失都使他痛心。他过去修起机枪来，是蛮有把握的。这次不知道怎样修来修去了大半天，总是修不好。

“真倒霉透了！真倒霉透了！”他暴躁的叫着。

肖健同志和李坚同志从屋子里出来，看见郝赞同志在院子里弄这机关枪，就开玩笑地说：

“喂！老郝，你怎么和机关枪搞得这样热？一分钟也舍不得分开？”

“嘿嘿！这家伙生病咧！”

“怎么，坏了吗？”

“不能连发了！”

“啊！那赶快修吧！”

他们正谈着，一个老乡在旁边望了一会，笑着走了过来，问道：

“这机枪不好使吗？”

“不好使了！你能修理吗？老乡。”

肖健同志开玩笑的问。

“能！我们这里有‘修械所’呢！”

“真的吗？”郝赞同志快乐得跳了起来，要老乡赶快带他去修理。那老乡引他到一间“修械所”里，把机枪修了。但是因为这里离敌人太近，不好试用看究竟修得怎样，那老乡就引他到一个大地窖里去试了一下，“哒哒哒”的连发了，而且比以前还顺当。他一出地窖，就喊着：

“又是一挺好机枪了！又是一挺呀！”

同志们正在兴高采烈的开着“军人晚会”，看见郝赞同志端着机枪走来，嘴里喊着“又是一挺好机枪”，知道“半个哑巴”的机枪已经修好，都快活极了。

大家热烈地，齐整地，合唱起一首新的“行军歌”来：

深夜里呀！我们的队伍在挺进！
在战争的苦难的日子里，
我们爱护身体，爱惜武器，
手和手要拉得更紧。
敌人大合击，我们要突围！
小股的敌人，我们要消灭！
空虚的据点，我们要袭击！
子弟兵团和民兵游击队，
要密切配合作战，在有敌人的地方，
架起机关枪，埋下那地雷！……

歌声像一股粗犷的暴野的河流，在呼啸着，在奔流着。歌声从高空中突然的跌下来，又继续轻捷而坚毅地唱着：

在战争中我们唱着歌，

这歌声洗净了疲劳。

全国大反攻的胜利就在前头，

深夜里呀！我们的队伍在挺进！

歌声刚停止，就爆发出一阵狂烈的笑声。

天已大亮，大家都惦记着林风清同志和赵强同志。

林风清同志率领着一排战士和一个民兵小组，带着我们全连剩下的五十颗手榴弹，在半夜出发，到乌家屯附近，强袭修筑堡垒的敌人。现在还没有回来。

赵强同志在昨天下午，就到独立团去交涉补充手榴弹和刺刀的事，现在也没有回讯。万一我们连要和敌人发生战斗那就只有靠步枪发挥威力了。

周围各据点的敌人，都在强抓民夫，要粮要草。

连长李坚和肖健同志在各个街口巡视着。

村口都埋伏着我们的“突击队员”。这“突击队”是临时组成的奋勇小队。他们的任务是一发现零星的敌人汉奸进村，就必须把他们活捉住，不许开枪，又不许他们跑掉一个。这样敌人才不会发现目标，我们可以继续休息，等候着弹药的接济。

中午，太阳懒洋洋的晒着田野，天气闷热。

有一个穿蓝布衫，戴瓜皮小帽的小伙子，从大直腰据点里急速的走出来，眼睛向四野探望了一会，就向我们这连休息的村子走来。进了村，在大街口停了脚步。

胡瞪眼和李五宝正躲在一座矮墙后，看见这个“便衣”进了村，就从矮墙后轻轻地跳出，闪到那人的背后，一把把他抱住。那人“哎呀”一声，胡瞪眼再用劲一搂，那人就不再大声叫喊了，只低声的问道：

“呀呀！怎么回事？”

“怎么回事!? 你这汉奸王八蛋!”

“我不是汉奸!”

“管你是什么，反正不会是好人！走!”

胡瞪眼正推着，那人却望着右手的小巷里苦笑着说：

“肖队长，你们怎么把我捉住了!”

胡瞪眼回头一看，右边的小巷里，连长李坚和肖健同志正向这里走来。

肖健同志走近前仔细一看，是民兵崔有福，就笑着对胡瞪眼说：

“哈哈，捉了自家人了，他是咱们的模范爆炸手呢!”

胡瞪眼想争辩，但李坚同志已开始问崔有福话了：

“你刚从哪儿出来的?”

“从大直腰。”

“那里情形怎样?”

“鬼子都开走了。”

“开到哪儿去?”

“听说——到南边去合击，今晚下半夜才能回。现在大直腰炮楼上只有二十来个伪军。”

“真的吗?”

“我刚到那炮楼上送饭，那伪军们可心焦呢!”

“那好!”李坚同志用力地拍了一下手掌，对肖健同志说：

“喂，今晚摸一下吧?”

崔有福听见李坚同志说要“摸”，就自告奋勇说：

“你们摸，我领路!”

肖健同志点点头。崔有福回去了，我们连的同志们，继续严密的警戒着。

白天很平静地过去，夜已经到来。

林风清同志和赵强同志都回来了。林风清同志他们在乌家屯附近强袭了敌人的一座未修成的堡垒，缴获了许多手榴弹和枪支。赵强同志也带回来一百颗手榴弹，但刺刀却没有弄到。

赵强同志进了连部，见了李坚和肖健，就很生气的说：

“操蛋！弄不到刺刀!”

“弄不到不要紧，”肖健同志低声地说，“明天我再去交涉!”

“赵同志，今晚 11 点钟，我们就去摸大直腰的据点!”李坚同志说。

“怎么要去摸大直腰？情况弄清了吗?”

“详细的情形还不大了解。”

“……”

赵强同志没有继续问下去，很疲倦地闭上眼睛，躺在炕上。

十点钟的时候，队伍就集合在院子里，要出发了。

连部里，赵强同志很激动的声音在说道：

“不行，没有派侦查员去侦察好，就要去摸，我不同意!”

连长李坚同志急得话都说不出来，好一会接着说：

“我没有见过这样的指导员，队伍已经集合好，才提意见!”

“你独断独行，没有跟人商量就要去摸据点，我实在不敢负这个责任!”

“我在常胜旅当了三年多的指导员，从来也没有和连长吵嘴过!”

“好吧！我不配当指导员，我搞不了！我不搞了!”

突然“嘭”的一声，一个什么东西摔在桌上了。

肖健同志在院子里集合着队伍，听见争吵声，就急忙跑进屋子里。

赵强同志正伸手拿他摔在桌上的手枪。

“啊！现在是什么时候了！”肖健同志沉重地问着，“你们都要平静一下，现在战士们都在院子里等着，要去摸敌人的营，你们却在家里吵嘴，那是错误的！赶快出发吧！有话回来再说！”

连长李坚同志没有说什么，拖着脚，出了屋子。

赵强同志拿起手枪，眼睛含怒的望了望肖健同志，他跟着走出屋子。他用力的把沸腾的心胸抑压下来，他愤然的望着夜空。停了一会，就走到队伍前面。

他的声音忽高忽低，滔滔不绝的，谈着今夜行动的端倪。他说明着配合民众展开交通破击战，袭击据点，是我们主力兵团在反“扫荡”中不可少的任务。他再详细的说到袭据点时应注意的事情。他的内心还被刚才争吵的气愤充塞着，他不管连长是怎样的焦急，他正要使连长更加焦急，时间已经到了十一点半，而他的话还在继续着。

队伍到了大直腰村外的时候，已经是子夜一点。

夜色包围着大直腰，村里的房屋黑压压的。

崔有福在哪儿呢？

崔有福刚才在村外等了一个多钟头，现在已经离开这里了。

第二天晚上，一个非常严重的会议，在连部里举行。

主席是肖健同志，他的永远快乐的心情，永远活泼的举止，今晚是收敛起来了。在一盏摇曳的灯光前，他的浓厚的眉毛紧紧的锁结着，他被一种难言的痛苦所缠绕，两只手使劲搓着。他把今晚上开会的意义谈了以后，就默默的望着跳跃的灯光。

赵强同志首先站起来，望了望到会同志，——三、四排的排长和政治战士都到会了，他郑重的说道：

"同志们！刚才主席的话，我完全同意！"

"我首先讲明白，我在昨晚执行任务时，不管连长的命令怎样，我是不应该争吵的。同时，队伍要出发的时候，我作政治工作时间太长，耽误了作战计划的实现。这都是我的错误。我完全承认！"

他不断的咳嗽着，继续说：

"但是，李坚同志在没有详细侦察好敌情以前光凭热情，就要去袭击据点，这是不妥当的！同时又没有和我商量，就独断独行，我是非常不满意的！我个人觉得：连长在平时管理工作上，也多是命令的，很少解释，方式上不很讲究，不管人家接受不接受，命令了就算了！连长同志的脾气是有些暴躁的！"

他的眼睛闪着亮光，把声音提高：

“同志们，在忠诚为革命献身这一点上，在坚决杀敌，为民族解放流尽最后一滴血这一点上，我也的确需要检讨一下自己的，我自参加战斗连以来担任了指导员的责任，但工作一向是怠工的，搞不起劲！心里非常苦闷，这是我本身的严重缺点。而连长的工作却非常负责，非常热情！这对我们战斗连的贡献是很大的。他虽然有着独断独行的缺陷，但是我本身应很好的和他商量，以往我总以为我们是两部分，不好商量。我不能积极地向党负责。这是我的耻辱！”

赵强同志坐下来，会场上一阵沉寂。

连长李坚同志也站起来说：

“同志们！刚才赵同志的意见，我完全接受。赵同志说我只晓得命令，这点以后应该改正！以后要多开会，大家把意见商量好再执行！我的脾气真急，我又非常喜欢打仗！我一听说大直腰只有几个伪军看守，我只知道这是一个很好的机会，就决定打——不顾别的什么了。我实在恐怕失去了这个机会！我们是革命的队伍，人民的武装，如果我们不能抓紧这个有利时机打击敌人，来答谢老百姓对我们的期望，我心里实在过意不去。这点希望诸位同志谅解我！”

最后，肖健同志也站了起来，郑重地说道：

“同志们，我们要勇敢，更要团结！为了战胜残暴的敌人，为了我们伟大的反‘扫荡’战争的胜利，我们应该痛恨着昨晚上的错误，坚决的抛弃成见，我们要像今天晚上这样的坦白无私，团结得像一个人一样，我们才会战胜敌人！”

散会后，赵强同志和肖健同志继续着谈话，他把积压在心头的话都倾吐出来，全身感到格外的舒适。

李坚同志没有预料到会有这样不幸的事情发生。他深深的悟到：按着自己的思想感情来推想任何人的思想感情那都是不成的。他整夜的立在院子里，有时昂头望着繁星密布的夜空，有时用掌摸着他自己消瘦的肩膀。他低着头，一连串的往事，涌上了他的脑际。

他徐徐的移动着脚步，在战士们睡觉的屋子外徘徊着。他深深的感到双肩上的沉重，感到对党的惭愧，对人民的惭愧，不由得热泪从他的胸膛里直涌上眼眶，他的心，在胸膛里慢慢的胀大着，沉重起来……

六、南宋庄在鏖战里

营长林辉文同志，自武家铺战斗冲散了以后，他的身边只跟着一个特务员和一个战士阎兵兵，他们向东北突围，走了一个多月，到了安平县的地界。在一个村子里，找到了团长和总支书，营长谈了这个连在武家铺的战斗经过之后，就问道：

“你们打算怎样办？把他们找回来，还是怎样？”

“不用找回来了，”团长说，“我刚接到独立团的电报，说他们已改编成战斗连，在白庄一带活动，以后叫他们就近和左团联络一下，配合行动就行了。”

当下团长写了一封介绍信，营长带着特务员和阎兵兵就回到了白庄一带来找战斗连。

那天早上，他们到了王家庄，就看见战斗连的同志们，在一个麦场上上课。战士们看见营长来，都欢呼着。

营长看见战士个个都衣服整齐，精神旺盛，而且还能继续坚持学习，心里非常高兴。会见了赵强、李坚、肖健等同志，大家介绍认识之后，就谈着别后的经过。

下午，我们的战斗连，就照着上级的指示，开去七汲村和左团汇合。

左团的团部里，左团长把眼镜戴起来，昂着头，读着营长带来的介绍信。

左团长读着信，笑呵呵的望着林辉文同志说：

“咱们明天就配合打个仗吧！”

“打吧！嘿嘿！”

营长笑着。

“你们全连的人，都到了吗？”

“都到了！就在村里的大街上！”

“那赶快号下房子吧，先好好地休息一下，一会儿咱们这里要打仗啦!”

夜里，没有月亮，也没有星光。

周围的敌人都出动了。

左团长指挥着我们的队伍也在漆黑的夜里静悄悄的，开进宋庄布置阵地了。

宋庄有两大片的房屋，分成北宋庄和南宋庄。北宋庄和南宋庄之间，只隔着一块百米来远宽的平地。队伍分配了战区，左团在北宋庄作战，战斗连就在南宋庄。跟战斗连一起作战的，还有一支游击队，约有三十多人。

天微微发着青光，战士们都忙着修筑工事，搬运土坯石块，把村子的各个街口和空隙都堵上。沿着围墙和靠街的房屋的墙壁上，都挖好了枪眼。屋顶也修了一些工事。

在南宋庄南口的阵地上，胡瞪眼和李五宝忙着抬了几个大水缸，放在阵地旁，里面盛满水，又在围墙旁边支起两口大锅，烧水做饭。

工事弄完以后，天还没有大亮。战士们都一个挨一个的躺在玉茭秸上，休息着。

刚刚朦胧地睡去，就听见北宋庄的机枪响了。

过了一会，一百多个敌人，从北宋庄向南跑来。

我们的机枪也响了。敌人惊叫着，四散地溃退着。一股向北，逃到北冶头，一股向南，逃到深泽城去了。

“哈哈，他妈的，没有打就跑！”

“不跑怎么样？留着等死？”

排长林风清同志，正在观察着四周的地形，回头一望，见谈话的是胡瞪眼和郝赞，就低声地警告道：

“别焦急，大战斗还在后头！”

指挥部的通讯员小黑来了，要排长马上到指挥部去。

林风清同志到了指挥部里，赵强同志笑着迎上来。

“林排长，今天我们接到上级党关于反‘清剿’的指示，现在要抽空大家研究一下，你们排里的战斗准备，都弄好了吗？”

“搞好了！他们都吃了捞饭，睡大觉呢！”

“好！同志们！”赵强同志招呼着大家：“人已经到齐，马上就开会了！”

正在热烈地讨论着，远远地，传来了一阵急促的马蹄声。

林风清同志回到南口的阵地上。

胡瞪眼拍着郝赞的肩膀，挑战似的说：

“老郝，那马跑得多么快呀！恐怕连神枪手也打不中它吧！”

郝赞抬头向外一望：一队敌人的骑兵在平阔的田野里风一样的奔来，在离他们有五百米远的地方，就拐向村北面去了。马蹄扬起的尘土，像早晨的炊烟一样，低低的一滚，就渐渐的平伏下去。田地里的庄稼被马蹄践踏过后，有的还用力的昂着身子，摇晃着。

郝赞斜了斜眼睛，好像对胡瞪眼说："等会你瞧吧！"

九点钟的时候，敌人开始向我们南宋庄攻击了。

最前头是三十多个敌人，分成两班，向南口围上来。郝赞望了一望，没有言语。机枪仍旧歪放在一旁。胡瞪眼要放枪，被班长张春文阻止着。

那前面的十八个敌人，渐渐的近来，到了街口，就叫喊着向前冲。郝赞看得真切，把机枪刚一扶正，"咯咯咯……"的一阵机枪，所有冲上来的十八个日本兵，都像滚萝卜一样，滚在地上不动了。

胡瞪眼望了大半天，看见后头的十几个日本兵不敢上来，前头的十几个日本兵都直挺挺的躺着，心里正在高兴，郝赞却伸过手来，要借用他的步枪。

"老胡你看见那沟里，还有一个没有死的日本鬼子吗？"

郝赞有趣地问着。

"哪儿？"

"你瞧，那钢盔不是一动一动的。"

"呵呵！是的！那家伙从沟里打算伸出头来！"

"喂！瞧着吧！"

突然一声枪响，胡瞪眼就哈哈笑起来。

“真漂亮，刚露出头就完了！”

随着这步枪声响过，大队的敌人又向南口冲上来。排长林风清同志，命令大家不许放步枪，把手榴弹准备好。

敌人冲到离我们阵地只有三四十米远的地方，一阵手榴弹的爆炸，敌人第二次的冲锋，又被我们打垮了。

胡瞪眼望着阵地前与平地上躺着的许多日本兵，就想要出去弄回两杆枪。他跳出围墙，在平地上爬着，敌人的机枪手，发现了他，就密集地向他射击。

他伏在地上，不动了。但是敌人的机枪还不停的向他打着。

他急忙往回爬，一颗子弹打进了他的大腿，又爬了两步，又一颗子弹打到了他的手掌，肉都崩裂开来，胡瞪眼躺着不动了。

“糟糕，这下胡瞪眼完了！”

“我出去拖他回来吧！”

“呵！他没有死，他还在爬呢！”

胡瞪眼没有死，他咬了咬牙根，回转身，又向敌人的尸体爬去。

敌人的机枪继续的扫射，子弹“出出出”地打在他的身旁的地上，击起许多小灰团。他不管三七二十一的，在日本兵的尸体上拉了两支“三八大盖”，就迅速地往回爬。

李五宝跟到围墙旁去接他：

“老胡，我当你回不来啦！”

“哈哈，这两支三八大盖，准保好使唤呀！”

胡瞪眼先把枪递给李五宝，自己一翻身，就滚进墙里来了。

战斗在激烈地进行着。

到了中午的时候，敌人就开始用排炮，向我们的阵地轰击了。

我们没有做低洼工事，炮弹一落在阵地上，爆炸开，灰土就弄得人们睁不开眼睛，炮弹片飞击着墙头和水缸，叮叮当当的发响。

守南口的这一排，胡瞪眼被炮弹炸伤了肩膀。李五宝被炮弹片把半个额头的皮肉都炸裂了。排长林风清同志的腿上也中了一块炮弹片，把裤管都撕了一个大窟窿。

“喂！李三儿，你到老乡家找一些干净的布块，给大家包伤口！”

林风清同志吩咐着。

李三儿用手捂着手臂上的一个伤口，急忙转出院子，到一家老百姓家里弄了一些白布条，伤员们自己互相包裹着，然后都到指挥部休息去了。

林排长还留在阵地上。敌人的排炮又密集的向这里射击着。林排长刚喊着：

“注意，敌人马上就会冲锋……”

他的话还没有喊完，一颗炮弹正落在他的面前，一股黑烟正在他的面前涌起，他倒下了，左腿已经炸掉，胸腔上也击碎了，肉、血都沾着黄色的灰土。胡瞪眼把林风清同志的驳壳枪拿下来，交给郝赞同志带，自己就同李五宝把林风清同志的尸体抬着，放在就近的一家老乡家里的灶旁，用玉茭秸盖着。

指挥部里知道林风清同志已经牺牲，马上就派赵强同志来这南口指挥。

这时只听见村外敌人阵地里的一片嘈杂声、喊叫声、号啕声。

我们的阵地里是一点声响也没有的。受了重伤的战士，在一旁躺着休息。轻伤的战士们，忙着在一旁烧水，烙饼。没有负伤的战士们就继续英勇地防卫着。

连长李坚同志，带着周启应这一排，守着东口。

东口的第一道围墙，已被敌人的排炮轰成一溜凹凸不平的低地。我们已退守到第二道的工事上，这是靠近围墙的两大溜平房。战士们都守着墙壁上刚挖的枪眼向外射击着。

刘炳龙同志满头大汗的射击着机枪，敌人一排排的，在他的枪弹下栽倒，又一排排的向他进攻。

“哎！糟糕，卡子了！”

刘炳龙急忙的搬动着机枪，总是搬不动。李坚同志也过来，帮着修理，也没有修理好。

“你到指挥部修理吧！”

李坚同志命令着刘炳龙。

“这里没有机关枪怎么行?”

“你问指挥部看看，是不是别的口上可以调来。”

“不行，别的口上——你听，不是也打得很紧吗?”

“去吧！修好了再来！”

敌人的机枪声密集的叫嚣着，大队的敌人，又向我们冲上来了。

“扔手榴弹！”

李坚同志命令着，但是战士们都没有动静。

“扔手榴弹！”

“手榴弹用完啦！”

“用步枪射击！”

“步枪都太热了，不能打啦！”

这怎么办？敌人已经到了第一道工事的凹凸不平的低地上，离我们只不过三十米远了。

正在万分危急的时候，我们的阵地上，突然发出了一阵急促的机枪声。

郝赞同志满身都是汗水和灰土，蹲在李坚同志的身旁，低歪着头，沉醉地向外射击着。他是临时被指挥部从南口调到这里救急的。

他拉了两梭子弹，就气喘喘的对李坚同志说：

“这里不要紧了，南口紧得很，我得赶快回去!”

他端起机枪，跑步向南口的阵地上去了。

指挥部设在村里靠近西口的一间大院里。

指挥部里只剩下肖健同志、三个通讯员和两个警卫员。

营长林辉文同志，到北宋庄去找团长，要手榴弹和商量新的作战计划。

左团派了一个班，运了五十几颗手榴弹，送到南宋庄来。在通过南宋庄中间的那块平地的时候，敌人用四挺轻机枪和两挺重机枪的密集火网封锁着。

左团的两个战士被击中，牺牲了。

但是手榴弹都全数的运到南宋庄的指挥部里。肖健同志正忙着给伤员们料理着许多事，接到了左团送来的手榴弹，就急忙分送到南、西、东三个口上去。

各个口不断的有伤员回来，不断的有战士们回来报告着紧急的消息。

南口的战士胡瞪眼跑步回来，见了肖健同志就喊着说：

“肖同志，怎么办？我们南口只剩下一挺机枪，许多大枪都打热了，坏了。机枪也没有油！”

“来，”肖健同志挥着额上的汗，说道，“来，这里有一大瓶棉花籽油，你们分半瓶去用吧！”

胡瞪眼拿着半瓶棉花籽油，匆匆地走了。

东口的战士陈大灿回来报告说：

“肖同志，我们东口机枪已经卡了子弹，在这里修理，剩下十五个战士，都是带了彩的，人太少了！”

“好吧！我给你派两个人补充！”

肖健同志望了望躺在院子里的伤员，又回过身来，叫通讯员李荣贵和郑宝说：

“喂，你们去吧！”

李荣贵和郑宝，正在忙着给伤员裹伤口，一听见肖健同志的话，就急忙的放下布条，扛起枪，跟着陈大灿走了！

南口的胡瞪眼又回来报告说：

“我们只剩下八个好人了！怎么办？”

肖健同志迟疑了一下，躺在地上的李三儿、阎兵兵，已经站起来，对肖健同志说：

“肖同志，我们去！”

“不行，你们的伤口还在流血，看你们的裤管！”

“不要紧！我们可以去！”

他们两个拿起身旁的步枪，跟着胡瞪眼一步一拐的走了。

敌人的排炮又继续的轰击着。村里的房子不断的塌，火烟和尘土，一团一团的涌起。炮弹落在村里的大槐树上，槐树枝一大片的炸断了，树叶沙啦啦的飘落着。有些炮弹落在屋顶，屋瓦都炸得四散飞开。

西口的战士左俊义气喘喘的，满脸都是土灰地跑到指挥部里，见了肖健同志就说：

“肖同志，不行了！我们不能再守，土墙、房子都坍塌了！”

守西口的是田连狗这一排，还有一部分游击队员。

“好！你先回去！我们马上都上去！”

左俊义还在踟蹰着，肖健同志指着他的肩膀说：

“回去吧！我们指挥部的人，马上就都到你们西口！敌人是冲不进来的！”

左俊义走了。村外敌人的冲锋喊声嚣张起来。

肖健同志马上叫警卫员和伙夫们都停止做饭，到各个口与口的中间，巡视着。如果有敌人要偷爬墙，就打两枪。又吩咐在修理着机枪的刘炳龙同志说：

“刘同志，我到西口，这里的伤员你照顾一下！”

他说着，就带了一个通讯员，出了指挥部的院子，在一条小巷里走着。对面敌人的子弹就像蝗虫一样的飞来，打在土墙上，土墙像蜜蜂窝一样，散着无数的窟窿。他们也顾不得怎样躲闪才好，只低着头，向西口走去！

他们快走到西口，就看见五个战士撤下来了。肖健同志一急：

“喂！干什么的？”

“撤——”

“为什么撤?!”

“守不住！”

“还上去，剩最后一个人也要坚决打！”

他们正嚷着，游击队黄队长已经带着战士们全线地撤下来了。

“怎样!? 赶快还上去！”肖健同志向前冲着。

一个战士嚷着说：

“不行！敌人放毒气了！”

肖健同志还要向前走，冲进西口的敌人四十多人，已经拿着机关枪，向他们直扑过来。

他们急速地转入右手的一座院子里。

敌人发现了他们，就把这院子包围着。肖健同志拿着盒子枪，对准大门口，低声的喊着说：

“上房去！上房去！”

十几个人都上了屋顶，肖健同志也上去了。

敌人已经进了院子，用机枪向房子里扫射。

这屋顶的北面，就是那块通北宋庄的平地，肖健同志看看没路可走，就拉过通讯员说："你赶快设法通知李坚和赵强两同志，叫他们马上到北宋庄汇合！"又招一招手说，"同志们，跳吧！向北宋庄转移！"

战士们都从两丈多高的屋顶跳下去，一齐向北疾奔着。这里敌人的机枪手因为发觉西口已被破，就都调到西口来冲，没有预防到我们会跳屋顶。待敌人发觉时，肖健同志和所有的战士们，都跳进北宋庄的阵地了。

守南口的赵强同志和守东口的李坚同志，正在和冲锋的敌人搏斗着。战士们精神愈战愈旺，大家都说：

"他妈的，打到这个时候了！就得坚决地干到底！谁还说丧气话！"

正打得热闹，他们发现村里有了机枪声。李坚同志急忙带了两个战士，奔向指挥部里，正碰着机枪班长刘炳龙从指挥部里跑出来，一面跑一面还用刚修好的机枪向指挥部里扫射着。李坚同志急忙的问道：

"老刘，怎样了？"

刘炳龙看见了连长，声音都哑了，只摇摇头说：

"被包围了！"

"肖健同志呢？"

“不知道！”

“指挥部里还有人吗？”

“没有——伤员们我都掩护着向北面撤了！”

李坚同志一听见肖健同志不知去向，心里更加焦急。正要回头去带队伍，指导员赵强同志也带着两个战士从南口来了，碰见李坚同志，就问道：

“指挥部被包围了吗？”

“是的！被敌人占了！”

“肖健同志呢？”

“不知道！”

“那——我们不能坚持了，敌人已经进了村，我们突围吧！”

“是的！”

李坚同志走向前一步，拉着赵强的手说：

“在王家庄会见！”

“好！”赵强同志用左手揩着额上的汗珠和污泥，紧紧的握着李坚同志的手说，“坚决地打出去吧！”

他们正要分手，东口周启应排长，带着战士们也都撤下来了：

“连长，我们的房屋都塌了，敌人冲进来了！”

“好！我们一齐向南口冲吧！”

话刚说完，大队的敌人已经开进了南宋庄。

整个南宋庄就落在鏖战里了。

七、连长回来了！

夜已到来，白天的紧张的战斗，现在暂时的平息了。

转移到北宋庄去的肖健同志和营长林辉文同志，望着烟火连天的南宋庄，又不见李坚他们过来，心里不安起来。跟随在他身边的小战士，也都非常难过，觉得同志们在一起共患难了那么久，今天却有许多同志不知是怎样了。

深夜十二时，北宋庄的左团，决定突围了。

村子的四周都被敌人密密的包围着。各道口不断的有机枪声和熊熊的篝火在燃烧着。

营长和肖健他们从东南口突围，他们先是静静的匍匐着爬出了第一线道沟。天色黑黑，他们只管在许多日本兵的尸体上往外爬，爬出了一百多米远，远远就跳出道沟，向敌人的封锁线冲去。

作战一整天的疲惫不堪的敌人，发觉了我们突围的部队，就用机枪扫射起来。

肖健同志跌在地上了，营长急忙地去搀他，一颗子弹从他的头上飞过去了。肖健同志膝盖上受伤，但马上站起来，举起了盒子枪，继续的向前冲着。

敌人没有料到在这里突围的只有这么几个人，敌人以为后头还有大的部队，所以机枪就只管封着沟口，只用步枪追击他们。他们走了半里多路，就听见村庄的四面八方都响起了“二起”炮，“碰——叭”的一响，一朵朵白花一样的亮光，直冲上夜空。这是我们突围胜利的信号。

肖健同志取出了一颗“二起”炮放了。一行十个人，就急速的向北去了。

天快亮的时候，他们到了定县的阜财村。这村里驻着吴团，正在修工事，准备天亮后防备敌人的袭击。他们进了大街，在一个临街的大门前，有一个中年的军人在站着，望见营长和肖健同志，眼睛只是紧紧地盯着。走近了，那中年军人就从门前的石阶上跳下来，像见了亲人一样的热烈，他紧紧的握着林辉文同志的手说：

“啊！营长！你怎么也到这里？”

营长起初看见这人很面善，等到他问了这句话以后，他就难过起来。他记起这是战斗连原来的连长杜镇远同志。

“啊！杜同志，你怎么跑到这里来啦！”

“唉！”杜镇远同志叹了一口气，摇摇头。待了一会，问道：

“李坚同志呢？”

“不晓得他们突出了南宋庄的围没有？”

“这是哪一位？”

“啊！这是肖健同志，呵！咱们进屋里谈吧！”

连长招呼着跟在营长后面的几个战士，看见这些战士都蒙着疲劳的神气，人又这么少，心里就冰冷起来。

连长杜镇远同志自在白庄南十里的中央村突围被冲散以后，就在附近各个村子里寻找着自己的连队。那天在罗家村碰到这吴团，团长觉得现在部队行动非常无定，找也不好找，就叫他留在团部里一起工作。如果在路上碰上他的队伍，就可以马上回连。

他在吴团里，跟在他的连队里一样，领导着战士和敌人进行了无数次的战斗。现在听林营长说到他们连的遭遇，谈到肖健同志的尽力帮助与配合作战，他的眼泪就盈溢着眼眶，非常感激地握着肖健同志的手说：

“呵！你真是第一个爱护我们革命武装的人！我自己是这连队的连长，但是太不幸了！我……”

杜镇远同志把头沉沉的低下来。忽然他昂起头来就向团部里走去。

“团长，我马上到宋庄去，找我的连队！”

他无头无脑的说着，就去收拾他的东西。

团长见了营长和肖健同志，知道他们连的遭遇，同时又看见杜镇远同志很难过，虽然今天就要进行战斗，就需要他，但也没有说什么的就答应了。

肖健同志低声的安慰着杜镇远同志说：

“我们现在不用难过了，我们虽然受了挫折，但是我们始终是胜利的。这次大队虽然被敌人包围在南宋庄，但是我想：我们有李坚同志和赵强两同志的坚决领导，有郝赞、刘炳龙两个勇敢而善战的机枪手，而且每个战士都久经战斗的，他们一定不会当俘虏，而且也绝不会被歼灭的！我想他们一定会突围！我们还是回去看看！”

“是的，我们马上就去！”杜连长说。

“那你这里的事怎么办呢?”

“这里可不必管了！”

“好吧！”肖健同志非常同情杜连长，就对营长说：

“林同志，你跑了一整天，现在就留在这里帮助他们打一仗，我地理熟，带杜同志和战士们，回去看看！”

营长沉思了一会：

“好吧！你们路上多注意一下。”

敌人在宋庄打扫了两天的战场，收回了九百多具“皇军精锐”的尸首。

肖健他们到宋庄的那天，已经是下午三点一刻的时候了。

他们远远地就看见许多战士们，在南宋庄的南口上，用铁锹铁镐在刨土。这些战士正把战斗连牺牲的二十五个同志埋好，就好像在同一的瞬间，都看见了肖健同志和杜镇远连长。他们都把铁锹和铁镐抛在地下，向他们迎来。

民兵刘大马，排长周启应，机关枪班长郝赞，还有胡瞪眼、李五宝——他们一共三十多人，都高举着手，大声地喊着：

“肖同志！杜连长！”

“肖同志！杜连长哪！”

他们都拥在一起了。肖健同志忙问着周启应同志说：

“李坚同志呢？”

“李同志牺牲了！”

“赵强同志呢？”

“也牺牲了！”

“你们的机枪呢？”

“机枪全带出来了！”

他们再不晓得该谈什么了。刘大马是带着三个民兵来找肖健同志的，现在也和战士们一齐的拥集着。村里的老乡们也都出来热烈地招呼着。

在那战斗最紧张的一倏那，在那敌人冲进了东西两口的时候，我们的李坚同志和赵强同志，带着全体战士，急速地向南口转移。背后敌人的机枪子弹像蝗虫一样的飞击着。到了南口的第一道围墙边，李坚同志就挥着手：

“同志们，让我们的机枪先出去！”

于是在一座半人高的黄土墙旁，赵强同志领头，先出去，背后郝赞、胡瞪眼也翻出去了。李坚同志和刘炳龙断后，围墙里和围墙外都有敌人的枪弹在飞击着。

李坚同志最后送出了刘炳龙同志，他才爬上了黄土墙。他的右腿刚跨上了墙顶，忽然全身一软，就滚在墙根。

李坚同志被敌人的机枪弹击中了背部，无力再爬起来。

刘炳龙同志看见李坚同志跌到墙里，不管敌人的子弹横飞直窜，就急忙把机枪交给一个战士，又从墙外爬进来。刚俯身要来抱李坚同志，一颗子弹击中他的脑盖，他就覆倒在李坚同志的身上了。

赵强同志领着郝赞他们，冲进了道沟的时候，敌人的火力太强了，机枪声震动了整个大平原。

“喂！李坚同志呢？”

赵强同志回头一望，着急的问着。

“没有跳出墙头！”

“老郝，你们坚决的冲出去吧！”

赵强同志说着，急忙回身要来找李坚同志，但是敌人已经从村里冲到了围墙旁，他的心非常难过，回转身，追上了郝赞他们。他的额上流着血，眼睛里冒着金色的火星，他望着全排的同志们说：

“同志们，跟着我来吧！我们宁死也不当俘虏，我们要坚决的冲出去！”

他的手一扬，像一阵风一样，就向正面敌人的轻机枪阵地冲去。

当敌人的子弹击中他的胸膛的时候，他已经把三颗手榴弹猛烈的向敌人的机枪阵地抛去，一阵爆炸声过后，敌人正面的轻机枪都哑然无声了。而我们的赵强同志也倒下来……

神勇的机枪手郝赞同志，他端着机关枪当后卫，敌人发现他是机枪手，火力都集中着向他射来。他已经忘了是在战斗，他端着机枪瞄着两旁敌人的机枪阵地扫射着。一会儿东边敌人的机枪不响了。

他正在兴奋的射击着，突然两只手向他的脖子上抱来。他想转回头看，但是转不了，他低头向地下看，有两只大皮鞋在移动着，他猛然的觉得他是给敌人活捉了。

但是郝赞同志没有放下机枪，他始终端着机枪的！他急忙的伸出右手，到腰间抽出林风清同志牺牲时留下的手枪，把它举到自己的耳边，向敌人的头部一击，马上一股热的血流顺着他的肩上直淌下来，又是一击，搂着他的脖子的手臂，像断了绳子一样松开了，附在他身上的敌人的躯体，也就像一摊烂泥一样的溜下去了。他回头看看背后，道沟里和田地上，已经有好几个战士和敌人紧抱着，在地上打滚，他晓得他是在和敌人肉搏了，他把手枪装好，就大声地喊道：

“同志们，冲破一切难关，跟着机枪走吧！”

他端着机枪，像一个神兵一样，踩过了田地上敌人的尸体，坚决的向东南方冲击，战士们也都随着郝赞同志冲出来了。

现在，杜连长和肖健同志都回来了，同志们是怎样的高兴呀！

第二天，天刚微微地露出青光，营长林辉文同志也从定县赶回来了。他接到团部的电报，说今年夏季反“扫荡”大战已经告一段落，战斗连可以就地休整一下，准备迎接新的战斗了。

1942 年 10 月 15 日—22 日《晋察冀日报》

仓夷的长篇报告文学《纪念连》发表以后，《晋察冀日报》展开了热烈的讨论，就文章的选材、写作技巧等方面各抒己见。这对编辑、记者、各地通讯员业务能力的提高，起到了很好的作用。

《通讯往来》的编者，请沈重、仓夷以及其他记者介绍采访、写作经验，仓夷说：“我在采访时很注意谈话人的风度、语言和他隐藏在话后的思想，通过被访人谈话时的种种表现，大体可以确定他所谈的真实程度。比如李勇在谈话时的特点是：老实、不夸张、不空泛。所以，我们就无所不谈，并且我断定他谈的都十分真实。事实证明也是这样。村里的干部、老乡们谈的都比李勇自己谈的要生动，而我认为最珍贵的还是李勇自己谈的材料。”

关于如何拿出“精制品”，仓夷说：“材料相当齐全了，可我还不急着动手写稿。因为我还是一个阅历经验不多的新闻工作者，对这些材料的认识也不够深刻，如果把许多材料仅平铺直叙地写出来，不能提炼素材的精华、结合当前的斗争形势，写出有针对性、观点鲜明的稿件，那就绝不会给读者一个强烈的明确的印象。”“我的写作还不简练，没有把上级意图明确地表达出来，这只有以后改进了。”

《纪念连》获晋察冀边区鲁迅文学奖后，仓夷的另一报告文学《无住地带》获得了“七七七”文艺奖。这是一九四四年晋绥边区为纪念全面抗战七周年而设立的奖项。

《无住地带》反映了一支游击队在日寇制造的“无人区”里、在条件极其恶劣的环境里开展的艰苦卓绝的斗争。朴素的文字将我们的民族和人民是在难以想象的困难中进行英勇奋斗才得以获得解放和新生的经历进行了生动的演绎，它会激起每一个读者的崇高的爱国主义情感。这篇文章曾经在敌寇核心区的北平传播，极大地鼓舞了敌占区人民坚持斗争的决心和意志。

无住地带

这里是伪满洲国热河省的边境，敌人用残酷的烧杀所造成的“无住地带”。

敌人实行着“集家并村”的政策，把沿长城线数十里的地区，大小村庄全都毁灭了，连搭在深山险谷里的小草棚，也都被放火烧掉，田地里不许耕种，让它荒芜着。把人们——大人、小孩、妇女，鸡狗，都往平川的“人圈”里赶去。村子烧剩的破土墙，也不让它立着，把它推倒了。村里的一切用具：锅、碗、瓢、勺、炕席、扫帚，全被用大车载走，或者放一把火烧了。黑夜里这大山谷里吹出来的风，都带着焦臭味……

我们的队伍，就在这样艰苦的地带里坚持着抗日战争。

敌人集中着很大的兵力，夜以继日地追击着我们，要把我们消灭。

曾经有一个时期，我们的队伍没有吃到一粒米，没有喝到一口热水。

我们被敌人包围着，在一座大山上的树林里。

战士们饿了，就在树林里找果子。这时是夏天，杏子还没有成熟，只有小指头那般大的青色杏子，放在嘴里一咬，连牙根都发酸。吃的多了，口里就要不断地吐酸水，而且嘴角都裂了。可是我们再找不到什么别的东西可以充饥。战士们只好都用袖筒子装满着杏子，当作食粮。从小指头大吃到核桃大，从生吃到熟。杏子熟烂了，不能吃肉，就捣杏仁吃。每个同志都胃痛、吐酸水，也没法不吃它。环境好一点，弄到一点小米，也不能到山下取水做饭，只能在早晨打一点树叶上的露水，在小饭盒里煮，盒子小，水少，不等煮熟水就干了。结果生一半，熟一半，战士们也狼吞虎咽地吃了。

到了冬天，有了粮食了，上山打游击时，每人都能带上干饭团，但是山高水冷，饭都冻了，成了冰团，饿了想吃，就拿出来吹去上面的尘土，咬了咬，格达格达，咬不动，光伤牙齿。不想吃了，又把它装到袋里。

在最饥饿的时候，团长骑的一匹每天能走七百里的骏马，也让战士们拉去杀了。

在敌人的包围圈里，我们的队伍天天都得行军，二十里，三十里地流动着。到一个地方，不管怎样疲劳，都得拿上镰刀斧头，上山砍伐树枝蒿草，搭盖草棚，不搭盖就没有地方住。下大雨，草棚顶上漏，下头是地上流水，战士们就在这上下是水的中间铺上一层茅草睡觉。冬天，树木都落叶了，野草都枯萎了，土地都封冻了，下着大雪，敌人还在追击着我们。我们不能找到隐蔽的温暖的地方，就在大山腰里，每人扫出一个雪坑，蹲在这坑里。大雪飘落着，把战士的身体都覆盖上雪花，战士们都成了雪人了，塞外的凄冽的北风吹打着，树木都冻得哔剥地响，我们的战士动也不能动，脚冻痛得实在难以忍受，而且有些麻木了，就只有用手掌心的一丝暖气，去暖一暖那冰冻得发痛的脚趾。

这种苦难的战争生活，大家共同在一起忍受着。我们平时说话很少，队伍整天不息地流动着。巨大的、代表了整个队伍心里要求解决的问题是：

"我们这倒霉的日子要到哪一天才完呢?"

但是团长说的话，大家都记着的："为了反抗日寇的侵略！为了我们自身的解放，我们应该有勇气来忍受这一切！我们不能放下武器！现在……咬紧牙关，渡过这黑暗时期，胜利一定要到来的！"战士们就学团长以及其他干部们的行动，团长和其他干部们能吃这苦，我们也能吃这苦。

在最寒冷的时候，有一个通讯员，把老乡放在半山坡里的破羊栏的木头栅栏，弄到连队里烤火烧了。团长发觉了，就把全连集合起来。团长严正地告诉大家："我们是人民的军队，吃苦耐劳要站在人民的前头，宁愿受冻挨饿，也不能侵犯老乡一针一线的利益！这是谁干的事，应该受处分！"全连的战士都低着头，谁也不愿说出那偷栅栏的通讯员的名字，而愿全连受罚立正。因为这是全连同志这样干的。他们知道这是错误了，对团长的批评完全甘心情愿地接受。

今夜，我们的队伍宿营在石片坡，战士们都舒舒服服地躺在这大山谷的小草棚里睡着，蒿草发着温暖的热气。

半夜里，团长带着两个排，出发到金牛岭去打伏击。

留在石片坡的一个连，还有地方干部勤杂人员几十人，都交给营特派员葛华同志负责带领。

葛华同志安顿着团长他们出发以后，就再没有睡着觉。在蒿草铺的地上翻覆着，身上发痒，嘴唇干渴，躺了一会，就又爬起来，到伙房里去看炊事员们做饭。

大山谷里今夜特别黝黑，站在小草棚的旁边，都看不清小草棚的轮廓。葛华同志摸索着，找到杨新同志睡的地方，用盒子枪的枪把子敲着小草棚的棚架，低声喊着：

“老杨，老杨！……饭好啦，早点开饭吧。团长走时，叫咱们一早就转移。”

“有了情况吗？”县长杨新同志已经从蒿草堆上坐起来，敲打着火石，点红了烟袋。

“没有，团长说，这里目标大，一百多号人，住了五六天，敌人一定发觉，转移一下好。”

杨新同志敲掉了铜烟袋里头的烟灰，扣紧军装衣扣，从草棚里探出身来，随后和杨新同志睡在一起的卫生队长、供给处长都醒了。杨新同志抬头望一望夜空，问葛华同志说：

“转移到哪里?”

“到东坡。”

“很近，才十里地，何必这样早就开饭。天气还早哩!迟会儿开饭吧!太早了，都吃不下。等会白天有战事，战士们又得喊肚子饿了。”

草棚里几个人也喃喃着:

“没有情况迟会儿开饭吧，天黑漆漆的，早着哩!”

小草棚里的麻油灯光灭了，在大石隙里临时架起的军用灶里的火也灭了，大山谷黑洞洞的。

黎明前，小草棚上凝冻上了一层稀薄的银霜……

葛华同志老担心着要发生什么事变似的，躺在蒿草上怎么也睡不着。以前他也带过许多队伍，作过许多次的战斗，但都没有像今晚上这样担心:“的确，应该迅速转移了，队伍在一个地方住上五六天，还不移动，真是头一次，笑话!真是缺乏敌情观念!”葛华同志这样思索着，就疲惫地合上眼睡着了。

黎明了，大山谷里弥漫着乳白色的浓雾。

突然，从金牛岭方向，传来了隐约的机枪声。

葛华同志第一个出了小草棚，侧耳仔细听这嗒嗒的机枪声。不像是从金牛岭发出来，而像是在去金牛岭的半道上发出来的。他心里怀疑起来，准是团长带的队伍，在半道上和敌人遭遇了。他命令第一班，迅速上北梁上警戒，就吹哨子叫炊事员马上开饭。草棚强烈地摇晃着，人们在忙碌着。

早晨的雾很大，三步左右就看不见人，人们像站在云彩里。第一班的警戒才爬上一个斜坡，山上的军事哨就打出了一个手榴弹告急。葛华同志又派了一个班，叫他们赶快上山。他正在集合队伍准备转移，山梁上的机枪响了，敌人把我们上去的两个班都打垮下来，而且用猛烈的机枪火力，向我们集合好的大队扫射。葛华带领着队伍，让一个排在后面作掩护，向东坡转移。队伍沿山弦徐徐地向东转移。穿过一片树林，前面的人喊着："前面有敌人了！怎么办?"队伍正要向南穿沟下去，沟口也响了枪声。部队开始混乱，勤务人员向四处乱跑，葛华同志站在斜坡上叫大家不要乱跑。

"有枪的集合！有枪的集合!"

葛华同志尽量使自己头脑冷静，他要把所有有枪的人都集合起来，"集中火力，打击一路"，选择一条路猛冲出去。

"我带头，有我活也有你们，你们跟我冲，把不必要的东西全埋掉!"

队伍又慢慢地连结起来，在树林里穿行着，枪声叫嚣着，因为浓雾还没有散开，敌人并没有十分清楚的目标可以射击。我们的队伍迅速地向东转移着。四月的天气，大家都穿着棉袄，跑了一阵，腿都出了汗，把棉裤贴在腿上，碍手碍脚的。我们正走着，山坡上又有人在喊：“在树林里，在树林里！”四周的机枪声又开始叫嚣，子弹穿过树林，树叶扑扑扑地响。

我们担任掩护的一个排，就在树林旁向我们最近的一处山头上回击。

但是我们的子弹很缺，不能够放胆地大量地射击。一颗山炮弹落在树林里，爆炸开来，树杈子飞溅到半空，有几个战士负伤了。

葛华同志和一个排在一起，向敌人抵抗，掩护着大队退却。大队退出了树林，就是一段悬崖，有两丈来高。电台的背夫满脸大汗珠，张着嘴巴喘息着，他不假思索地解下了背带，把电台机子顺着悬崖一溜，自己也跳下了悬崖，后随的勤杂人员，也都随着跳下崖去。

供给处长年纪大了，眼角堆叠着皱纹，下巴下飘垂着胡子。他站在崖顶，踌躇地望着崖下的深沟。他参加革命很早，是吉林宁古塔人，在东北参加了义勇军，后转业到绥远垦区去，管财政，经济手续一清如水。站在他身旁的矮胖的卫生队长，年纪也大了，近视眼，夜里行军都有人扶着，过去在东北军里当医长，度量宽大，从来没有发愁过，伤兵们最喜爱他，因为他会讲故事，会唱，会学狗咬和猫叫，会说笑。现在他们两人都很疲累，坐在一块大石头的背后，手里都握着盒子枪。卫生队长今日脸上有着忧愁，他对供给处长说："今日敌人来包围，一定人数不少。我为革命服务了十余年，现在年纪也老了，我倒不可惜性命的牺牲，只可惜活着进步太慢——我还不是一个共产党员！"

供给处长坐在地上出神，听见卫生队长说这些话，就眨眨他那被风一吹就掉泪的眼睛，安慰着说：

"我们一定会找到一条路冲出去的！你要是腿酸，我扶着你走！"

杨新同志的脸孔发青，拿着一杆三八式的步枪，伏在一个土坑里向山坡上射击。他的脸额上有一道伤痕，那是敌人的流弹打伤的。他望着那被太阳驱散着的浓雾，对着葛华同志说：

"坚决地干吧，子弹打完了，我们再跳下这段悬崖！"

一会儿，浓雾消散了，我们这片树林，完全暴露在敌人炮火下。四面的敌人都向我们猛攻，排里许多战士都跑到葛华同志的面前：

"特派员！我的子弹打完了。"

"上刺刀！"

葛华同志愤然地站起来，向机枪阵地走去：

"向北面冲下来的敌人猛烈射击！"

机枪风一样地呼啸着，冲下的敌人都倒栽滚下来，西面斜坡里的敌人，已经进了这片树林，南面的也上来了。卫生队长和供给处长两人背靠着背，握着盒子枪向冲来的敌人射击，一颗小炮弹飞过来，落在大石上，一阵碎石和烟雾，把这两位任劳任怨的老人给炸死了。敌人已经三面冲进了树林里，树林里已成了白刃混战的场面。一个战士的枪没有子弹，就抛了枪空手向敌人扑去，抱着敌兵，一同滚到悬崖下去。机枪射手的两腿受伤，被敌人捉住，杨新同志也被敌人捉住了。

战斗结束了。在树林里，躺着我们许多阵亡的战士和敌兵的尸首。杨新同志被敌人绑着，押下山沟。他一路走一路在探寻着葛华同志。他心里非常难受：为什么今早不早些转移？他的脑子飞轮一样地旋转着。他知道现在自己只有一死！但是自己牺牲了，没有什么难过的，只是我们的队伍从此垮台了，长城上的人民，将依靠谁来保护呢？敌人的队伍陆续地在树林里会齐了，也都顺沟下去，搜索这段悬崖底下所有跳崖的人。但是一个也找不到，只有那个抱着敌人跳崖的战士，两手还抱着那个摔死的敌人在石块旁躺着，瞪着两只充满血丝的眼睛。

晚上，在这“无住地带”里，老乡们都忙碌地救护着我们白天作战负伤的战士。

在半山腰一道大石缝里，燃着一盏豆般大的麻油灯。一个满身穿着破烂衣服的老汉，在石缝前的一片小平地上烧水。葛华同志就躺在这大石缝里。葛华同志跳崖时摔伤了腿，被这里的老乡救回来，他不想喝水也不想吃饭。他身体发烧，反复地问这老汉说："是不是你亲眼看见的？没有错吧？"

"没有错，县长我还不认得吗？送冬衣，发救济粮，开会，哪里没有他。他额上有一道伤痕，矮个子，大名叫杨新同志，是不是？他也给捉住了，弄到我们村子前面，把他的头齐脖子根砍了，尸体放在大石板上，脑袋给提着走了！他妈的，鬼子就不是人，简直是禽兽！"

葛华同志只低声叹息一下，没有说什么话，老汉却愤恨地骂了几句。

小锅里吱吱地叫着，小柴枝的火苗冒到锅的四周。老汉像回忆起什么似的也叹了一口气，对着躺在石缝里的葛华同志说："特派员，县长死的真叫可惜，我到山里给县长送山药，他还替我搭驮，替我倒山药，还叫我到炕上坐，给我倒茶，端水，我这样大的年纪，就没有见过这样好的县长。"

"敌人要杀他，他没有说什么话吗？"

"没有。跟他一起的一个战士却说了话。那个战士两腿受伤，坐在地上，敌人把机枪驾着，对着他说：'你们都是坚决抗日的八路军，除了死，你们是不会投降的。现在就要打死你。你把被子蒙起头来，免得害怕。’这个战士，嘿，他站了起来，指着那机枪说：‘我用这家伙消灭了许许多多的禽兽，我是八路军的机枪射手，我不害怕它。我们八路军战士，只有大大方方地死在枪弹下，决不会动摇变节的！你们打吧！我就站在这里……’听说这个战士是个很好的机枪射手，姓什么，我忘了。我心里很难受，八路军的同志就是这样好，又偏偏死在鬼子手里！”

老汉声音有些颤抖，停了一会，他又说下去：“自从来了八路军，鬼子就零丢了，今天丢几个，明天丢几个，鬼子，越闹越少，慢慢就会把鬼子打出去。我的儿子今年开头干这个（当八路），我可不愿意，整天找他，还想打断他的腿呢！哼！现在，我明白了！当八路军的全是好小子！我看破这世界了！”

葛华同志两眼含着泪珠，铁石的心肠都碎裂了。老汉给他端进热腾腾的米汤，他怎么也喝不下。

葛华同志参加革命队伍十三年来，这是第一次的落泪。他心里越想越难过。我们的队伍从小小的游击队伍慢慢地拉长成主力兵团，根据地也由漂浮无定而慢慢地扎下根。我们用多少同志牺牲的代价，建立起这块“丰滦密”根据地（丰润、滦县、密云的联合地带），使我们的冀东解放区和平北解放区联系起来，使我们向东北挺进有着稳固的前进阵地。

现在呢？我们受了重大的损失！

十三年来，葛华同志亲身经历过许多大大小小苦难的世事，都没有这样难过。在随着工农红军从湖南出发长征的日子里，他还是一个十六岁的小孩子，红军里嫌他年纪小，不要他，他又不能回家，因为国民党正在苏区残杀着人民，他就在队伍的后头悄悄地跟着。没有鞋，他一路拣碎布，到一地方休息，他就到小河里冲洗，晒干，捆成小捆背着走。到一地方休息，就自己打草鞋，穿着它又跟着前进。他随着红军过了七十多条大河，冬天河水冰冻了，他的脚都冻黑了，生了许多小疮，走不了路，别的红军战士，架着他的手臂走。饿了，见东西拿起来就吃，困了，见地方就躺，有时就睡在泥粪堆里。过草地的时候，都要按路标走，一走错就要陷到大泥坑里去。只露一个脑袋，谁也不能去救，张嘴喘气一会，就会死去。半夜里常有几个人靠树烧火烤手，这是病号，第二天这地方也有人死去。过秦岭的时候，每个人都得带一把草，岭很高，上了岭，下大雪，找不到住家，就在雪地里睡，第二天被子都被雪封冻了，谁都起不来，用镐把雪刨开，人们才能起来……

所有这一切自己的苦难，自己都可以忍受，但是革命的损失，他感到莫大的痛苦。在这石缝里他整夜没有睡，他盼望天赶快地亮，他盼望着老汉的话最好不是事实，在石缝口刚露出一点灰白的光亮的时候，他就把老汉叫醒，领他去找县长杨新同志等人的尸首。一夜的时光，他显得更加瘦削与孱弱了。脸孔发青，眼角凝聚着黄色的眼屎。他们到了村里，看见杨新同志的尸体还放在石板上，就叫老乡把这尸体埋了，又沿着山沟走，一路上尽是被撕破的衣服、砸碎的枪支零件，还有一些撕成碎片的日记本。在一个大石板底下，摔死了十多个战士，旁边还有一堆子弹，有几个战士正在那里埋人。葛华同志要去看看，老汉说不必看了，就领葛华同志到一个破毁了的小庄上。

休息了一会儿，就到近村的一片树林里去找团长。团长带着一个排，在半路上和敌人遭遇以后，就转移到这里。

葛华走到树林里，见到团长和所有的战士，眼泪就滚滚地滴下来，他难过地说：

“县长、供给处长、卫生队长、干部、战士，都大部牺牲了；我没尽到责任！我实在太麻痹，太大意，没有照你的话迅速转移，我愿意受任何处罚，哪怕撤职枪毙我都可以！”

“同志，你太激动了！”魁梧的浓眉大眼的团长立起来，嘴唇颤抖着，面部在痛苦地抽搐，他咬了咬牙，望着葛华的眼睛，“同志，老虎也有打盹的时候，失败，用不着难过，也用不着灰心。我们大风大浪不知渡过了多少次，我们打过不少胜仗，消灭过不少敌人！这次损失是个意外，是个大意，不是真正坚持不了这个抗日根据地！这个大意的过错，责任应该由我来负，我不该让队伍在这里住得这样久！”

葛华同志坐在大石头上低头沉思，想张嘴说话，又不知要说些什么，他的脑子里许多问题在飞转着。

团长派了一个侦探员下山去侦探山下敌人的动静，以后，就自言自语似的说：“我还有信心在这里坚持下去！敌人要把这个地方造成‘无住地带’，我们就不能让他！多少艰苦我们没有受过？这一小小挫折，吓不倒我们！”

有几个战士背着枪，走进了树林，他们把牺牲的同志都埋好了，在卫生队长和供给处长的坟堆上，还特地立着没有字的碑石，作为临时的标志。

团长把大队集合起来，向大家讲了讲话，鼓励大家。团长说：“今晚上我们就宿在这片树林里，看天气就要下雨，大家找一些石缝躲一躲，明天我们再搭草铺。”战士们都饿着肚子，爬进那阴冷的石缝里，石缝都占满了，还不够住，有些战士就躺在树荫下。

团长每到紧急困难的时候，就更加爱护战士，态度特别和气。许多劳作，都是他自己干的。而战士们每当遇到挫折的时候，就更加感到亲密，对于团长，那是只要团长叫做什么，就做什么。他们都懂得怎样来分担彼此心情上的负担。团长自己在树林里找到了一大堆干枯的松枝，点着熊熊的篝火，借着火光，他开始写信。他把写好的信交给葛华同志，声音低沉而严肃地对葛华同志说：

“我的头有些晕，自己写了什么，都不知道。这是给平北分区司令部的报告书，报告这次事变的经过，你给念念，看有没有写错字或念不成句的地方。”

葛华同志接过信，在火光的照耀下，读完了它。他读着的时候，手都颤抖着。他觉得团长自我责备非常严格，而没提到一句责备别人的话。葛华同志折好了信，装到信封里，交给团长说：

“团长，这次事变受损失的责任，应由我来负，是我的粗心大意。我愿意今后拿更大的努力，来换回这次损失的代价，你相信我：我会在这里坚持到底的！”

东南角的山后浓云雾风涌着，峡谷非常阴暗。雨点开始下得浓密，树林里雨点滴答着。战士来找团长和葛华同志说：“下了雨了，你们到石缝躲躲雨吧！”团长说：“你们都躲下了吗？你们先躲好，别挨雨淋着，我们就在这块石头上睡吧！”

四野的雨声渐渐大起来，天也更加阴暗下来，树林里遍地都是雨水，衣服鞋子全湿了，团长和葛华同志躺在一块大石板上，头上盖着一块唯一御雨的油布，全身就让大雨淋着。在“无住地带”里，我们的队伍就这样顽强地和敌人搏斗着……

一九四四年四月记于晋察冀边区

在这篇作品里，仓夷坚定地站在抗日的立场上，以充满着对敌寇的仇恨、对牺牲者的同情的笔触，用文字把我们的民族尊严鲜明地表现了出来。

五、《爆炸英雄李勇》与《李雨》

前面提到的《纪念连》和《无住地带》，是仓夷报告文学方面的成果，这里讲的《爆炸英雄李勇》与《李雨》，则是仓夷在通讯方面取得的成就。

我们在这里看到的《爆炸英雄李勇》，与《新华社 70 年新闻作品选集》中的《反“扫荡”中的李勇》的篇幅是不同的。

《爆炸英雄李勇》是一九四三年五月仓夷在《晋察冀日报》上报道的李勇对敌爆破的事迹。一九四三年十一月，仓夷又报道了《李勇在反“扫荡”里》。

《爆炸英雄李勇》报道了满腔仇恨的李勇机智勇敢地带领游击队员克服重重困难，运用地雷杀敌，最终取得重大胜利的事情。

为了写好李勇的事迹，仓夷与李勇同吃同宿，一起参加对敌爆破。为此，仓夷还参加了晋察冀军区爆破训练班，学习爆破技术。通过报道，李勇的事迹广为传扬，在晋察冀边区掀起了唱李勇、学李勇的运动。仓夷对李勇的报道，推动了对敌爆破的进一步开展。仓夷共发表了《向李勇看齐的刘振玉》等九篇对边区学李勇运动的报道。之后，仓夷重新整理了《爆炸英雄李勇》，将《李勇在反“扫荡”里》融入其中。

《新华社70年新闻作品选集》中的《反“扫荡”中的李勇》，则是新华社一九四四年一月十四日发往延安《解放日报》的电讯稿，该作品的着眼点、取材、篇幅与《爆炸英雄李勇》略有不同。

爆炸英雄李勇

一、爹死得好惨

在沙河流过的地方，有一片苍绿的树林，树林里隐藏着一座小村庄，沿大道的麦田，都围扎着很结实的篱笆，水渠纵横地灌溉着庄稼，爆炸英雄李勇同志，就住在这座村子里。

李勇是一个23岁的农村青年，他和爹、娘、兄弟，一共8口人，佃种着5亩水地，3亩旱地，按着季节，辛勤地耕作，生活非常贫苦。

1941年的秋天，收获的季节到了。沙河两岸的谷子，黄澄澄的，人们正在收拾镰刀和草耙，准备收割了，却遇到敌人7万兽军的大举“扫荡”。区自卫队大队部里，捎下一封信，要李勇参加区基干游击队，去袭击敌人，保卫秋收。这是一个紧急的战斗任务，李勇是村自卫队中队长，上级来信调动他，自问不能推却，可是，他家里的人都病倒在炕上，自己地里，谷子又没有人收割，这怎么办呢？

李勇非常焦虑，最后，他答应区干部说：“三天以后便去。”在这三天里，他拿起镰刀、绳索，腰里揣着手榴弹，黑天白日地一股劲就把地里的谷子全收割了。第四天，他疲累极了；但是他一到了自卫大队大队部里，就接受了区大队部的任务，带着两个基干游击队员，到王快镇去侦察敌情。

在鬼子大“扫荡”的时候，一个刮着大风沙的夜晚，李勇回到他娘逃难的小山庄里，刚一踏门，就看见全家的兄弟躺满了一席，病了。娘只说了一声：“小成子（李勇的小名），你爹死得好惨！”就呜咽地哭泣起来。李勇的爹被鬼子刺死了，仇恨燃烧着李勇的心，他没有再说第二句话，就回转身带着两个同志，走进许多深邃的曲折的山谷，走进谷地和苇丛，去找寻他父亲的尸体。在一个深山沟里，他见到张家的闺女黑妮子，被鬼子戳了六七处伤，躺在血泊里呻吟，看见枣树枝上有许多血迹，还看见散落在沙滩地上的他爹的烟锅、镰刀；但是却没有看见他的爹。他饿着肚子来回地奔跑着，眼睛血红，上了火，病倒了。躺在山坡上，不能动，起先还能说：

“我们不找他了，快去找敌人吧！”后来，他只能微微地伸露着粗笨的舌头，说不出成句的话来了。

“李勇，你怎样了？”

“走吧！不找了，去找……敌人吧！”

“你病得很重，我们抬你回家吧！”

“不用不用，我自己起来，我起来，……唉……，我怎么动不了，头这么沉重呢？”

到了晚上，有一个人走到李勇跟前，哄着他说：“你爹回来了！”

“真的吗？”

“可不是，他从王快跟我一同跑回来，已经到你家里了，他叫你不要去看他，要好好地打鬼子，给他报仇！”

“好！好！”李勇笑了，从地上坐了起来，心头像有一块冰块照到太阳，溶解着，溶解了，过后他晕沉沉的，病又转重起来。等到他病好的时候，才知道他爹确实是给鬼子用刺刀刺死的。他刨开一个埋他爹的大坑，只看见爹的衣服、头发、鞋子和骨头，尸体全化了。

二、不要难过，要报仇

“小成子，不要难过，要给你爹报仇！”

区里和村里的干部们，都是这样的叮嘱着。

李勇的爹死后，家里遭到鬼子的抢掠破坏，生活就更加困难了。爹在世时，常在邓家店卖“粉面”，他一手赊出去了几百块钱，也不晓得谁欠的，在村里的荒滩上，本来是合股出工修堤，李勇因为不能按时出工，短了几十个工，垫出了一石稻子，家里就没有什么存粮了。这一切的困难，李勇都记得清清楚楚：是“东洋鬼子”给造成的。1941 年冬天，他被五丈湾村选成自卫队中队长，撅枪（一种土造的手枪）从没有离过他的身。1942 年区里中心村游击小组大检阅的时候，他打靶枪口最准，是全区的第一个好射手。家里生活虽然很困难，但是他忍受了，他始终积极地做着自卫队的工作。

5 月初，敌人“扫荡”边区东线，敌情很紧张，李勇兴奋得很，整天留在村里，等待着敌人长途奔袭时，以便来得及埋地雷。去年就因为他不在家里，敌人奔袭过阜平后，失去埋地雷的机会，给他很大的刺激。

到了 11 号那天（阴历四月初八），正是邓家店的集日，李勇家里没有现粮，他不得已赶着一头毛驴，驮了 130 斤“粉面”，要到集上换几升玉茭子。刚走到平阳，路过区大队部的时候，碰到了大队长。

“李勇，你快跑步回去，敌人已经到邓家店了！”

“到了邓家店吗？好，我就回！”

“回去赶快把游击小组集合，把爆炸准备好！一定要给敌人一个打击！”

“好！就这么办！”

李勇只恨背上不长翅膀，好飞到五丈湾，他嫌毛驴走路太慢，就把它寄到老乡家里。他飞跑着，到村里把队员们集合好了，派出了坐探，把地雷的“雷口”“触发箱”都检查了一遍，才回到他的家里，从炕头拿出撅枪，装到口袋里，就对他娘说：

“你们先把东西坚壁一下，有什么搬不了的，叫村干部们帮帮忙，有敌情时你们就向大山上转移，我今天还有任务，不回来了。”

他的娘没留他，因为她知道自己的儿子，素来是把村里的工作放到头一位，在战争的时候，最忙的。

三、要忍受困难

情况越来越紧张。

晚上，李勇把游击小组带到村东的小哨棚里，让游击组员们都休息了，他一个人在哨棚口守卫。夜里没有月亮，只有微弱的星光和沙河河水的闪亮，河旁的树林阴影模糊，风吹着蛙声咽咽咽地响。

敌人到了郑家庄。

他们按着预定的计划，开始用撅头迅速地挖起“雷坑”，哪个坑埋哪个雷，也都分配好。

挖坑的时候，都按规矩把土沙倒到远处去，把脚印都扫平，把“触发箱”和“地雷”都摆到坑里，试验到深浅合适，才不再挖了。

过了午夜，还不见坐探回来报告消息，李勇焦急地在哨棚前踱着。他想敌人只离这里30里路，如果继续前进，就快到王快，那王快的坐探就该回来报告了。他一个人在想着，就对棚里的王小甲说：

“你快到王快中队部联络一下，探听着敌人到了哪里。”

王小甲走了许久，回来报告说：

“中部队转移了，找不到。”

“敌人到了王快吗？”

“没有。”

“那他们不会转移，你大概是走到半路就回来吧？”

“我走是走到了，就是找不到。”

“那还得再去一次，一定要取得联络才行，转移了也要找到。”

哨棚里冷得大家都挤在一块，抱着几杆土枪，躺在铺了一些麦秸的有些湿气的地上。他们是一早就集合来的，忘了带水，一整天了没有吃饭，饿得肚子咕噜咕噜地叫唤。

“李勇，我们回去吧，饿得呛不住，支持不了。”

李勇还是一个人站在哨棚前，听见棚里有许多人讲话，就爬进半截身子：

“忍受一下吧！好好地躺着睡，睡着就不饥了。现在咱们不能分散的，分散了发生情况集合不起来，上级给的任务就不能完成了。咱们谁家不是困难，有困难就要克服！”

李勇说着，就回转身看看天气，擦了擦疲累的眼皮，把单衣紧了紧，又接着说：

“同志们！天快亮了，王小甲还没有回来，我看情况不一定松，爆炸组他们带地雷，专管埋设地雷的，可以把地雷放到坑里，把‘触发管’都上了保险针，‘荷叶式’的不要拉上线，埋好了再派两个人看守着，别让自己人踩上了。游击组他们带上土枪，专管掩护与警戒的，可以到村里找村长，先借些米做点饭，——可是大家不要回家，回家就要受处分！”

爆炸组把地雷埋好的时候，东边的天际已经涌起了稀薄的青光，黑色的大河滩也渐渐地透明了。

四、掌握着队伍

明亮的早晨终于到来了，紧张的消息也传来了，村干部带领着老头、妇女、小孩，都离开了村子，转移到大山上去了。

游击组员们吃了早饭，爆炸组员还没有吃，碗又不够用，李勇虽然一天一夜没有吃饭，又整整地奔跑了一天，脸色都发青了，可是他让大家先吃着。最后他端起碗的时候，王小甲已气喘喘地跑步回来，说敌人已经到王快，向这里来了。他就急忙把手里的一碗饭递给王小甲说：

“来，你跑了一夜，吃这碗饭吧！”

“李勇你吃吧！你也累了！”

他俩正在让着，就听见“轰隆”一声，村东的手榴弹炸了，这是村东哨兵报告敌人来的信号，游击组和爆炸组的同志们都瞪着大眼睛，机警地四处张望着。又是一声手榴弹，接着又是一声，声音为什么这样紧迫呢？人们就顿时忙乱起来，游击组与爆炸组员们因为初次遇到这样紧急情况，都有些手脚失措，有的丢了枪就跑，有的忘了带地雷也跑起来了。

“同志们，不要乱动，各带武器，快带武器，快随我来！”

李勇大声地喊着，把手一挥，就把队伍掌握起来了。急促的跑步声，从村子里一直响到村东的土岗上。到了前面的哨棚附近了，李勇怕哨兵粗枝大叶，把自己的队伍当成敌人，就派了张庆珠再去“雷前”观察，一面就吩咐游击小组长说：

“你带小组快到黑山口掩护老百姓，没有我的命令不许打枪，免得暴露目标！”

跟着李勇的游击组员们，都伏在土坡上，向东瞭望着，他们鼻孔里喘出来的气，都把土坡上刚出芽的小草吹得呼扇呼扇的。他们看见一大队的“东洋鬼子”，穿着黄色的军装，有戴钢盔的，有因为走路嫌热而把钢盔背在背上的，分成两路纵队，摇摇摆摆地走来了。李勇望着大家紧张的脸色，就低声地说：

“大家要听命令，说打再打，不要乱打枪，转移的时候不要乱跑！”

五、快枪和地雷结合

眼看着敌人走近了第一个“雷坑”，但是都摇摇摆摆地从雷坑上走过去了。

李勇伏在山头上，额上的汗直流着，脸色顿时深沉起来，他想他选择埋雷的地点是不错的，为什么敌人从上面走过去会不炸呢？莫非地雷里的火药潮了？他实在心里不甘愿让敌人安安稳稳地从他的村子通过。他吩咐游击小组监视敌人，自己就带着黄国良、张庆珠，向接近敌人的第一道山梁冲下去。那里离敌人只有三百米远。

敌人走过了一段黄土墙的小夹道，前头有几个穿便衣的，也走过了第三个雷坑，没有炸。

“来，把快枪给我！”

李勇嫌撅枪有效射程不远，就把撅枪换了一杆步枪，向大道上行进的敌人瞄准着。

“不行！不能打！”

有一只手拉了他一下。

他大怒了：

“一定要打，不打鬼子蹬不上地雷！”

“叭——”

随着他的枪声，子弹飞啸着。大路上敌人的队伍里的一个鬼子身子一歪。他又打了一枪，敌人的队伍就停住。又一枪，这突然的近距离的连续射击，使敌人的队伍就愕然地骚乱起来，狼狈地向后溃退着，把夹道挤得满满的。

“呜隆……”

路上涌起了一团黄沙，沙土坠落后，一股白烟才升起。

后头的鬼子看见前面地雷炸了，不敢站在路上，右手是山坡，左手是河滩，有一道土堤的缺口通到河滩里，于是拼命地向这缺口挤着，又“呜隆……”一声，李勇兴奋得眉开眼笑了。

“打枪，向那密集的鬼子打枪！”

地雷炸过以后，鬼子有躺在地上的，有挽着胳膊“哎呀哎呀”走路的，有被抓着一条腿，在地上拖的，啼哭的声音，像狼嚎一样地难听。李勇装了第二排子弹的时候，刚好有一个日本军官，骑着一匹大洋马，从队伍的后头赶上来。他瞄准放了一枪，马受伤向半空中一纵，把军官掀倒在地上。马凶野地向广阔的河滩上奔跑去了。

敌人慌乱了一阵，队伍就五零四散地走着。敌人不敢在大路上走，拐到河滩上，涉着水，踏过麦田。在麦田里都是踩着麦秆子走的，不敢走两行麦中间的泥土，吱哇地叫唤着，大队拖拖沓沓地，拐到村西的杨树林里，就歇下来。

“糟糕，鬼子敢是要来搜山了！”

“不怕！我们有一个小组在黑山顶守山口，要是敌人进这条山沟，我们打手榴弹，老乡们会转移的。我们要转移的时候，就不到黑山顶去。你们看：那鬼子是在包伤口吧？”

李勇机警地又伏下身子，望着沙滩上休息着的鬼子说：

“喂！那地方要埋上子母雷（子母雷是触发一响，其余周围还有几发全响，炸密集的敌人威力最大）就好了！”

“呀！你还要打枪？！”

“不要紧，打他狗日的！”

砰的一声枪响，沙滩上一个站着抽烟的日本兵，歪着身子倒了。又是一枪，全沙滩上坐着休息的日本兵就哗然地全站了起来。

在沙河的南岸有一阵急促的、清脆的机枪声响着。这枪声是子弟兵团射击过来的，游击组员都兴奋地竖着耳朵听。

沙滩上的敌人顿时忙乱起来，架着炮，向发出机枪声的地方，茫然地射了四炮。停了一会，看看河对岸没有动静，就把大炮口，转向李勇他们这个山头来。

“不要慌，掩蔽好！”

李勇像平日招呼人一样，把手一扬，他的黧黑的额上，青色的短褂上，都被汗水湿透了。脸孔被太阳晒得黑亮亮的，他的矫健的身躯，充满着自信的力量。他望着大家的脸，笑着问道：

“敌人大炮口朝着我们，我们要掩蔽好。大家先歇歇吧。都累了！看样子鬼子不会来搜山，我们东边路上还有几个地雷没有炸，要是有咱们追击的部队随敌人的屁股后赶来，恐怕会把他们炸了。我和黄国良、张庆珠下去到道上看一下，你们就留在这里，掩护老百姓，要是鬼子从大道上往回翻，就甩手榴弹，我们好走！”

李勇眉毛一扬，三个游击队员，都跟他大踏步地向东面的山坡下去了。

六、检查和追击

坡下的路上和滩上，炸了两个大坑，坑边淤积着一大摊血，田埂上，掉着许多碎布片子和骨头渣子；道旁的扁豆里烧了一堆布灰，还有一只黑色的大皮靴，烧了半截，靴里装着腿。李勇巡看了一遍，把没有炸的雷都挖起来了。向东面的河滩上瞭望了一会，河滩上只有几只“老渔翁”在觅食，别的都是水和麦田。他派了一个哨，看守着村东头，自己就带着两个游击队员穿过杨树林，向村西走去，一路上看见沙地上画有许多大圈子，圈里都丢着一张纸条写着“地雷”两字。到了村西的大河滩上，敌人已经走了，地上丢着十几个药包，擦血的棉花，许多纸烟盒，还有一摊摊的血迹。

李勇兴奋地笑了，他感到不满足，又带着队员继续向东追去，拐了一个大山角，山头上有人喊着：“李勇快回来!”他才记起这里已经越过自己的地雷界（村与村间画一界限，不能越过界限埋雷，便于检查看守，免误炸了自己人）。他摸不清哪里埋着地雷，不好走，就拐回来。

第二天，有两个被敌人抓去的民夫跑回来说：五丈湾的地雷炸死了8个鬼子，炸伤了25个，用枪打死了一个日本小队长，打伤了两个日本兵。死了的鬼子有装进麻袋里的，有绑在驮子上的，伤轻的都是挽着胳膊走路；鬼子伤的死的都不让民夫们看，民夫一看就挨打，但是人们还是看得清清楚楚的!

七、向李勇看齐

五丈湾地雷战惊人的战绩，很快地传遍了全阜平；路上的行人，都在眉飞色舞地谈论着李勇的爆炸故事，因为这是晋察冀边区人民坚持抗战6年来，民兵爆炸战的第一次大贡献。

第五天，阜平县武装部的同志特地找李勇谈这次战斗的经过，并且当面奖励他的刻苦耐劳和精明英勇。我赶到五丈湾调查这次战斗经过的时候，李勇已经赶着毛驴，到邓家店卖“粉面”去了。第二天才回来，戴着大凉草帽，个子略矮些，脊背像常年挑着担子，压得有些驼了，但是他说话平和慎重，举动朴实。告诉他我的来意，他很不过意地笑了笑，沉默了半晌，望了我一下，才低声地说：

“我们村里统累税正忙着改算分数，我先去呈报一下，一会儿就来。”

他匆忙地走了。

后来他和我详细地谈了上面的故事。共产党北岳区区党委知道了这件事以后，特地给五丈湾村支部一封奖励信。晋察冀军区聂（荣臻）、萧（克）正副司令员通令嘉奖，武装部也奖他两杆步枪，并号召全北岳区的民兵，开展李勇运动，每个爆炸手应该向李勇同志学习。

八、天兵天将

很快地到了秋天，敌人集中了数万大兵来“扫荡”边区。

反“扫荡”斗争越激烈，关于李勇的传说越传越多，特别是逃散的敌人的民夫，把李勇和游击组描绘成天降神兵。

据民夫们说，他们亲眼看见大批的日本兵挨炸了，山头上就出现了李勇在喊话："炸得好不好!"日本队伍里的翻译官吓得直哆嗦的连忙答道："好!"就急忙地往后退。山头上的李勇喊道："来，再炸一个!"嘿，可不是吗？又一个地雷，从翻译官脚下滚起，把他炸飞了。还有的传说：敌人在五丈湾驻扎时，李勇扮作民夫，进到敌人的厨房里，把大锅的大米饭扛走了，还说，"这大米是我们这里的，不能让鬼子吃!"敌人曾宣布要以牺牲100个"皇军"的代价活捉李勇，但是怎么能捉得住他呢？据说相距一个小山头，敌人追一截，李勇就退一截，埋下地雷，敌人追上就炸了，连追三个山头，都挨到地雷的炸，也没捉到李勇。

在我们走过的村子里，游击组员们，也都争着打听李勇的消息，他们把李勇当成一面光荣的大旗，要跟他开展爆炸竞赛呢！这一年——一九四三年，是晋察冀边区战争最残酷的一年，也是民兵们最善战的一年。他们每天都侧着耳朵听"是不是地雷响!"

九、看不见李勇

当这次大规模反"扫荡"还没有开始的时候，李勇就离开家，把全部精力都用到游击组的领导上，敌人离五丈湾才十几里地，李勇就领导游击组把地雷埋好了，可是敌人总是不往上走。游击组在路旁坚持了三天三夜，在蒙蒙的细雨中淋着，吃的是北瓜稀粥，但是他们都忍受着，像猎户们在等待着野兽。

9月底的一个早晨，村东蔡家坡的岭上敌人才算露了头，可是就不见往这村里走，李勇提着大枪追到蔡家坡，才发现敌人是往北走着，听见三岔口的敌人喊着："地雷的，找！找！"走到三岔口的敌人大队停住了。李勇怕敌人挖走埋在三岔口上的地雷，在坡上连打两枪，有两个敌人躺在地上，动弹不得。敌人慌乱的向两旁卧倒，地雷炸了，敌人怕我们往下冲，密集的向山头上扫射着。枪弹打到李勇的身旁，刚下过雨的泥土，都成块成块的被打得飞起来，有无数颗子弹落在李勇背后的山沟里。李勇转到另一个山头，敌人的机枪还不停地叫。很快又来了一架飞机，从高空中向这一带山头栽下来，盘旋着，飞得那么低，几乎要和李勇碰头了，可是它还是看不见李勇在哪里。

第二天，西面王林口大队的敌人顺沙河下来。李勇带着游击小组在村里布置好地雷阵，忽然接到侦查员的报告说"王快的敌人也来了，已经到了庙南村"，他就急忙带领了张金珠，到东头监视。敌人的尖兵，总共有20多人，已经走到小庙旁。领头的拿着旗的把旗一歪，队伍就停住了。歇了一会，拿旗的将旗一摆，队伍又起身走着。李勇的两只眼睛，光等着地雷冒烟。突然，敌人领头的大旗倒了，轰的一声，那队日本兵倒的倒，跑的跑。李勇兴奋地问张金珠："炸得好不好?"张金珠点头说好。李勇就大声地喊着："好！好就再来一个！"话刚喊完，就听见村西坡头有了枪声。

他们顺着山梁向村西移动，村东边的大队敌人已经上了山。李勇回头打了五枪，敌人的掷弹筒也向他们射来。

李勇告诉我：这一天是最"红火"热闹不过了。他们在这一带的山头里游转，光听见地雷的爆炸和鬼子的哭叫声，2000个敌人被地雷炸得乱作一团。村西的敌人在大路上挨炸了，大队敌人就顺着路旁走，工兵在地上爬雷。日本兵认为走路旁保险，只得怀着惊奇的心情挤在一块，没提防脚下的地雷爆炸了，爬雷的工兵爬不着雷，不小心却被炸个稀烂。敌人到村里到处找门板抬伤员，门上的雷也炸了，炸伤了两个抬到山坡上，横是炸死了，也放到死人堆里烧着，直闹到太阳快落山，王林口的敌人才回王林口，王快的敌人也从原路回王快。李勇带着游击组去检查的时候，得了一面日本军旗，上面写着"祈武运长久"五个大字，旗旁是日本士兵的白骨灰、布片、皮带的碎段、皮鞋的碎块。

十、巧妙灵活的地雷

李勇和游击组员们，不让每一个杀伤敌人的机会错过。敌人在这条线上来往，每次都挨炸，同时都是炸得一些出奇的地方，有狭窄的道口，敌人注意的地方，他们弄了一些虚虚实实的地雷阵，而在敌人不注意也不好伪装的地方，他们却要大大的招呼敌人一下。每次敌人经过的地方，他们还要迅速检查一下地雷的埋设，如果是踏翻雷没有响，就把雷起了，如果没有踩上，就得研究敌人走的规律，是拐弯，是改道，就得重新埋设。有一次，大路左旁埋了个雷，敌人从大路上走过了，没有炸，他们就下去检查，发现路左离雷不远的地方，被敌人划了两个大圆圈。敌人远远看见圆圈，就不敢走左边了。他赶紧把圆圈擦掉，又在雷的右边画两个圆圈，画得大大的，这里还用脚踏了鞋印迹，就上山。果然后来的敌人踏响了。敌人开始是走村旁的大路，后来慢慢移到村南的菜地里、稻田里、水渠里，后来一直移到沙河的岸边，差不多已经走出十几条路，可是怎样也不行，吃不住李勇的活动地雷。

有一条路是日本兵从王快上来的，中午在河滩上放心的休息喝水，以为是个偏僻的地方不会有雷，民夫们也在河旁饮牲口。李勇的游击组员在山头上瞭望，半个钟头以后敌人开始集合，二十几个鬼子挤成一片，一个军官刚跨过小路，就看见在人堆中冒起一股巨大的蓝烟，军官和鸟飞上空中，轰的一声，地裂一般，顿时这滩上的人和牲口看不见了，一片蓝烟慢慢上升。李勇他们在山头上的要向下走，不料王快的敌人汽车上来，把炸死在沙滩上不能动弹的日本兵全弄上车，连炸死的一只黑骡子也驮走了。

敌人不断的集合“清剿”他们，爆炸组长张连同志带着雷，在山头上等待着集合来“清剿”的敌人，山头上群众很多，早埋会出危险，只有等敌人迫近时才可以埋。李勇交给张连这个任务，要他炸剿山的敌人，不准损伤一个老乡，自己就带领游击组员们下山，在河滩里检查地雷。这时情况已经很紧急，当他们走近河旁边时，南山头上的民兵，就喊着：“不行，北山梁上有敌人了，快走吧！”李勇回头一看，果然从刚下来的山坡上已经有敌人了，他立在河旁瞭望着，河南岸的民兵又喊着：“不行，快过河来，北面有敌人了！”他即渡过大沙河，回头一看，就离他们过河不远的地方，有三十几个日本鬼子在田垄上坐着。因为隔着一块高粱地，没有碰上，可是这时候，北面的山头上“轰”的一声，地雷炸了，雷声离敌人上来的山梁还有一段距离。李勇心中忐忑不安，担心是会炸到转移的老乡，敌人退走后，看见张连才知道另一股敌人追赶张连时，在山头上挨炸的，炸伤了3个。鬼子用门板抬着抬着就死了，就在山坡上点火烧成灰烬。

十一、带病抢收

在敌人连续“清剿”五丈湾北山的地区，李勇同志因为连日过度疲劳不幸病了，病得很厉害，一粒米一滴水都进不了口，高度发烧，就是恶性疟疾，游击组员用门板抬着在大山上和敌人打游击。在这周围数十里都有敌情，但他不肯向外转移，可是游击组员们非常爱戴他，用全力来保护他。他在病中，常常问地雷爆炸的情形，鬼子活动的规律，村里有没有受损失，没有一时一刻忘记自己的工作。

敌人开始抢沙河滩里的稻子了，汽车已经从五丈湾的村旁开过。李勇听到这个消息，就带病从门板上爬起来，领导游击组员们连夜担任警戒，在冰冻的沙河里蹚水，掩护民众抢收。人们不敢去或不愿去的地方，他就走在前头。很快就把五丈湾的稻子全收了，成为沙河北岸抢收成绩最好的典范。为了爆炸汽车，他曾冒了很大的危险。有一次他带领张连、张金珠、甄作仁到汽车路上埋雷，把坑打好了，警戒不小心，敌人的汽车临近了才发现。张连他们急忙抱着笨重的大号雷，跳下很深的石阶，没有损失地雷。李勇病还是刚好，心里一急，眼睛发花，河滩、汽车路、玉茭秆、山野全都旋转起来，他向沙滩跑了一阵，扑倒在地上，可在汽车过后，他们又坚持把雷埋好了。

第二天敌人的汽车又上来，李勇他们在山头上看见敌人的汽车被炸了。四十几辆汽车停下来，头一辆汽车上下来3个人，恰好踏上路旁的地雷，炸死了。又下来一批日本兵，围着汽车转动，有两个卧倒在路上，全钻进汽车底去修车。有几个人把死人抬上汽车里，人们就全上了汽车转回头开走了几步又走不动了，又下来修，天黑才走了。

前两天在齐家坟附近爆炸了一辆汽车，这是李勇和张连他们下去埋的，刚埋完上了山冈，从王林口下来了 30 辆汽车，满载着日本兵，第一辆过去没有炸，第二辆就炸着了。30 辆汽车马上停住，几百个鬼子都下了车，把路旁的一片苇地包围起来。草丛里摇晃着，像有什么东西藏着躲着，李勇他们在山头上看的也很奇怪，敌人却只管吆喝着“捉活的!”“游击小组！游击小组!”可是没有人敢进苇丛。日本兵围着苇地闹了半天。那领头的大汗淋淋，突然有什么东西从苇丛里窜出来，日本兵忙乱的开枪。原来是两只黑狗，连跳带蹦地追赶着又钻进另一片苇丛里去了。日本兵都哈哈苦笑起来，有几个爬上了小山顶上张望了一会，无精打采的上了车。30 辆汽车全开回王林口去了。

李勇他们在坡上瞭望着，光等着敌人会在苇地旁中雷，不想闹了半天没有踩上，大家就相对着大笑起来。李勇说：

“便宜了他们，下次再看吧!”

十二、英雄的光荣

在反“扫荡”里，爆炸英雄李勇的旗帜是永远招展着。

李勇知道边区的游击组员都愿意和他竞赛，而且有许多新的英勇的爆炸能手出现着。他笑着对他的游击组员说：

“听见吗？大家都要和咱们竞赛，咱们得更加努力呀！

大家有什么困难，可以提出来，大家想法克服，有新的技术也可以提出来研究，无论如何，我们的地雷一定要响！要把鬼子炸个人马稀烂！”

三个月艰苦卓绝的反“扫荡”斗争胜利了。全边区的党政军民，都卷进了庆祝胜利，控诉日寇暴行，拥军拥政爱民的洪流里。从边区到专区，到县、区、村，都在开大会。千百万的子弟兵英雄们、爆炸英雄们，被人们爱戴着。在边区党政军民召开的盛大的“群英大会”上，全体英雄模范决议赠予李勇同志以“晋察冀边区爆炸英雄”的光荣称号与银质奖章，号召全边区民兵在杀敌自卫的大旗下，更加广泛开展李勇爆炸运动，向李勇同志看齐！

为鼓励群众武装和生产的密切结合，边区政府并奖给李勇同志一头大骡子，希望他在生产战线上也成为一个劳动的英雄！

一九四四年二月记于阜平

如果说《爆炸英雄李勇》和《向李勇看齐的刘振玉》报道的是抗日根据地民兵的抗敌事迹的话，那么《李雨》则是对中国共产党领导的抗日武装工作队在游击区和敌占区开展抗日斗争的真实写照。

从《李雨》的开头我们可以明显感到游击区与根据地气氛的

不同："我们提防着和日本兵、特务相碰，走路都是小心地前进。全身的每一条神经，都注意在观察周围的情况。交通员把他的驳壳枪端在手里，有时就挟在腋下，伸长着脖子走路，我背着一个背包跟着他，在这几个村子里找李雨同志。""我"要到平北去采访新闻，路过怀涿县的游击区。"因为李雨同志是这一带的群众领袖，有他保护渡过永定河上敌人的封锁线会比较安全。"然而，找李雨费了不少周折。找到后，我们晚上睡觉没有脱衣服，因为李雨说"不脱比较妥当，我们不脱衣服睡觉已经两年了"。夜里为"我们"放哨的，居然是杀过我们八路军同志的人，这是怎样一个复杂的局面？

文章通过李雨的叙述，让我们看到了敌寇的"华北五省自治运动"对我们的民族造成了多大的伤害！也从另一个侧面为我们提供了抗日斗争"艰苦卓绝"的佐证。

在这里，我们通过李雨的语言，看到了一个真正的共产党员、一个坚定的抗日勇士曾经面对死亡时灵魂深处的想法："想到家庭、老婆、个人前途……问题严重地摆在自己眼前了。死了吗？太可惜了，自己还年轻。这几天当中，我都不能很好地睡觉，脑子里斗争得可激烈啦！最后，我猛然对我怀疑起来，我是不是真诚参加革命呢？我怕死吗？……可耻！可耻！"

文章最后通过广大贫苦农民觉悟起来、组织起来，挺身而出斗争地主豪绅的事情，让我们看到了武工队在敌后开展工作的成果，看到了抗战必胜的坚实基础。

这是宝贵的史料，是敌后武工队工作的真实写照。

文章是这样的：

李　雨

一

7月间，我要到平北去采访新闻，路过怀涿县的游击区。

我们经过了大灵山。山坡和峡谷都生长着丛密的杏树林，大颗的黄杏熟得都裂开了嘴，掉得满地。高山岭上还有一排排的葱郁的青松和矮桦，远远地望去，像大队的骆驼群，在云端里走着。

出了这座大山，就是那树林繁茂的下营川。川的东头是桑园，西头是矾山，中间是一条20里长的汽车路。敌人占据两头，汽车、特务，经常在这条路上走。顺着这条川向东望去，是一片广漠无边、海洋一样的大平原，一横道一横道灰蓝色的烟雾，像天边的晚霞，像村落的远景，铺陈在这广阔的洋面上。北面远处的山麓下，有一湾银光闪闪的水光，水面上隐约有两行白色的柱，交通员指着那地方说：

“看见吗？那是永定桥。”

我们坐在山岗上休息了一会，观看平川的动静，在太阳快落山的时候，才下了川。

我们走过袁家营、蒋家营等几个村子，村村都在敲锣打鼓地求雨。家家户户的门口都插着杨柳枝。我们提防着和日本兵、特务相碰，走路都是小心地前进。全身的每一条神经，都注意在观察周围的情况。交通员把他的驳壳枪端在手里，有时就挟在腋下，伸长着脖子走路，我背着一个背包跟着他，在这几个村子里找李雨同志。因为李雨同志是这一带的群众领袖，有他保护渡过永定河上敌人的封锁线会比较安全。

但是怎么说都找不到他。村干部不是说“不知道”，就是说“已经很久不来我们这里了”。交通员怕他们误会，对他们解释说：

“你们别怕，我们是从县里来的，不是日本特务化装的。”村干部还是不告诉我们实话。

交通员着急地说：“再找不到我们就在这里住下了。上次我找区长，区长在你们村里，你们说不在，害得我白跑了好几个村子。”

其中有一个穿长袍的，30来岁年纪的村干部，端详了交通员一下，眼睛巡视了四周，才低声地告诉我们说：

“听说上午来的，在村东庙里审问了一件女特务案子，中午就走了。敢是回了杏园？小李住处很不定，一天会跑好几个村子呢！”

我们再三调查结果：李雨同志确实是在杏园。从蒋家营到二堡子，从二堡子再到杏园，共有十五里路，中间要爬过一座山梁。沿途狼特别多，白天有狼群在路上走，所以白天妇女在田地时锄苗，都是背上背着孩子，不敢把孩子放在家里或地旁。晚上人们走路，都得带上铁锹，准备打狼。我们找到两个老乡，叫他们给我们带路，乘着黑夜凉爽的天气，顺着二堡子的北沟往里走。起初我以为是一座小山，放心地走着，可是爬上了山坡，转来转去，总到不了山岭。深谷漆黑，越爬岭越陡，天又那么黑，连山道都找不到，走走就走岔了，找不到道，又翻回来重新爬坡。我们都小心翼翼地迈着脚步，爬到大山腰，已经满身大汗，冷风吹得全身都打了寒战，肩上的行李也汗湿了。交通员心里过意不去，老是抱怨着自己没有很好地完成任务，所以一路上更加照顾我，怕我累了，还鼓舞我说："慢慢走，别摔了，过了这岭，就找到小李了。"

约莫是在夜里9点钟的时候，我们才爬到山岭上。我们坐在山岭的石头上，喘气休息，用手巾擦着满头满脸的汗。在这山野里，黑夜是一片漆黑，简直是黑沉沉的一片黑色的大海，看不见一点光亮。在这紧张的游击区里走路，这样的黑夜倒使我们放心，觉得不会出什么危险的。在山岭上看不见哪里有村庄，听那山脚下汪汪的狗吠声，好像杏园就在顺这条山沟下去的沟里。

到达杏园，村里正在热闹。青年们都在民校里唱歌、排戏。游击队员在村口放哨，看见黑影，远远地就喊开“口令!”我交出了介绍信，他才引我到“值日”那里。“值日”是一个光着肩膀的20来岁的农民，盘问我从哪里来，和李雨认识不认识等。我觉得他这样过分地怀疑我们是否“真正抗日”的态度，有些损害了我们的自尊心，但是他随即很客气地对我们解释说：

“这里环境特殊，不小心会上日本特务的当!”

他领我在村里的几个黑暗的小巷里转着，上了一个斜坡，到了一个院里。院门关着，“值日”的在门口咳嗽了两声，院里就有脚步声。门咿哑地开了，一个中年农民的声音问着：

“来了吗?”

“来了，这位就是。”“值日”回答着，指着我。我进了门，门又关上。我在根据地里工作习惯了，在根据地里一切都放心大胆地来往，而来到这里，看见老乡谨慎小心地把门关上，我就感到空气有些紧张了。

二

李雨同志住在这家，房东是村里的武委会主任，40多岁的农民。他看见我半夜里才到他家，没有地方睡觉，就自动帮我摘门板搭睡铺。旧门板凹凸不平，他还把自己家里盖的被子拿出来给我垫着。我疲累极了，同时又衣服汗湿，想脱掉衣服睡觉。李雨同志笑着说：

“不脱比较妥当，我们不脱衣服睡觉已经两年了。”

李雨同志把文件包包好，当做枕头，把驳壳枪的背带，套到手臂上，吹灭灯的时候，他低声地告诉我：

“晚上要是发生情况，从这院里向后走，有一个地洞，从那里进去可以转移到后山上。”

他的话当时很引起我的注意，可是一睡下，就什么也不觉察了。

夜里狗吠，岗哨上发生误会，村里的干部们都转移了，只有村武委会主任，独自留在村里守卫我们，他怕我们疲累还没休息过来，所以没有把我们叫醒。只自己一个人，背着大枪，伏在屋顶监视着，又到岗哨上巡查，直到天亮，他还没有睡。他的黄瘦的脸上皱纹很深，眼睛暗黄无光，看他的脸容和对待我们的真诚，很可以断定他是一个贫农。然而，李雨同志却很沉痛与严肃地对我说：“这个贫农，曾经杀过我们八路军。”

“谁？他吗？”

我非常惊奇，我仔细端详这武委会主任的脸容。李雨同志说：

"这并不稀罕的。"——原来我们这块游击根据地的建立，曾经经历过一段很艰苦的斗争过程。

去年冬天，敌人残酷地"清剿"这个地区，特务很多，三五成群，到处游转，一发现我们猛打几枪就走。骑兵到各村庄奔袭，我们干部在村里至多待两个钟头就得转移。白天我们不敢到村里，只能在野地里躲着，黑夜才到村里工作。工作到后半夜，不管风多大，雨多大，都得离开村子，到野地里去睡。在十天的中间，就有七个干部被敌人捕去。杏园也在这武委会主任的领导下，反抗着我们，这武委会主任原是这村里的民团团长，他领导村青壮年，在抗战前曾抵御过数百股匪的进攻。现在他也把八路军当成股匪一样的看待，率领全村青壮年来反我们。他还没有认识八路军是人民的队伍。有一天，我们有一个过路的军人，在他村里住宿，竟在黑夜被暗暗地杀害了。

干部们到各村，"上层们"在街上立着，冷眼一瞟，鼻孔里哼出一股冷气："看这些鬼们，快收拾了它吧。"

有些村子，我们的干部去七八次，老乡每次都不肯和我们见面。他们说："快进山去吧，这里不好待，年轻轻的，死了不值得。"

我们每个干部日夜颠沛流离，个个又瘦又脏，全身生满了虱子。开会时，干部们常常因彼此诉苦而全场落泪。先小声哭，再大声哭，都说："这地区恐怕不能坚持了！"

这时候，李雨同志才20岁，严格地说，还是个小孩子，但是他从没有掉过泪。他在共产党的教育、领导下，已经学会了许多和敌人斗争的本事。他带领着游击队和敌人坚决地斗争。他常对游击队员说："敌人要消灭我们，我们就要坚决地打。宁在战场上死去，决不当敌人的俘虏！"

他常问区干部们说：

"自己革命的人生观确立了没有？如果怕牺牲可以回家……目前困难是暂时的，咬紧牙关，困难一定可以克服。"

游击队被他领导起来了，到处打击着小股"清剿"的敌人，区村干部被他团结起来，坚持着工作。即使在最冷的冬季，四野里地净场光，没有大的树林，没有矮的草棚得以藏身。漫天盖地地飘着"白毛旋风"（风夹着雪），他们在村里开完了会，还得回到野地里去。没有铺的没有盖的，只有在寒冷的看葡萄园的小屋里冻着。眼睛熬红了，可是他们没有怨言，没有疲倦。

有一天晚上，这已经是他们在这地区坚持了半年多的时间，他们的工作渐渐地在农民中建立了威信，游击根据地已经有了基础，杏园的老乡，也认识了八路军和抗日人员真正是为人民服务的。那天，李雨同志和区里的几位同志，在杏园开完了会，已经夜深了，他们才离开村子，在大人小孩正在热炕头熟睡的时候，他们却躺在看葡萄园的冰冷的小屋里。屋外刮着“白毛旋风”，他们冻得实在无法成眠，他们在这寒冷的夜里，常常挤在一起取暖，谈着明天所要做的事。正在这时候，小屋的门忽然吧嗒地开了，进来一个老乡，全身飘满了银亮的雪花，肩上搭着一叠被子。他轻轻地把被子上的雪拍落在地上，然后递给李雨他们。他咳嗽着，好久才说出下面的话：

“给你们抱来盖的被子，你们放心地睡吧！把衣服脱掉，好好地睡一宿。我负责给你们看夜，有我在，就有你们在。你们为了什么，受了这许多罪，还不是为了我们老百姓！?”

以后这个老乡，就一直忠诚地保护着他们。这个人，也就是今日我所见的村武委会主任。

因为有这么一段故事，使我对这武委会主任的一切行动更加注意。他的言谈举动很迟缓，脸孔上微露着不安的神气，早晨李雨起得很迟，他扫地的时候扫帚轻轻地着地，生怕把李雨吵醒似的，屋外下着雨，天气有些凉，他还把门窗都很好地关上……

三

吃过早饭，天还下着雨，我和小李凭窗对坐着，望着窗外烟雨迷蒙的山色。

小李在抗战那年，才十四岁，小学刚毕业，参加了村里的儿童团，后来到“联大”去学习。

来这地区工作，只两年多的时间。但是他经历过死的危险，已经有十二次。他很坦率而又慷慨地说：

“我在机关里工作和在学校里读书时，总觉得自己很纯洁，很坚定，没有什么缺点似的。可是一到斗争最残酷的环境中，才知道，要犯错误，真是太容易的事。”

在我们的漫谈中，李雨同志，认为在紧张尖锐的斗争中是考验干部的最好机会。他包起他的笔记本，玩着驳壳枪，很熟悉地叙述着他自己思想的变化过程。他说：

“我遇到危险虽然有十二次，但是只有头三次给我的刺激最深，考验也最严重。生死问题的被我注意，还是在这一次遇险以后才引起的，以前觉得自己并不怕死。但是自从我在郝窑子遇敌，从死里逃生出来，就苦恼起来了。我被六个敌人用枪比着，相距只隔一道矮墙。敌人喊着‘王八羔子，你跑！’声音听得清清楚楚，我头嗡的一声，土地都旋转起来。自己手里拿的驳壳枪‘顶门子’（进了膛的子弹）都上了，就差一钩火，子弹就会射出去，但是心慌了，忘了自己手中有枪，心想这回没命了，就急得骂起来：‘我操你娘，你打吧！’我向夹道里猛力窜去，敌人子弹在背后追赶。跑出了村，两条腿就再也迈不开步了。平常十几步就可以上去的小土岗，这回跑了百来步才能上去。我一气跑了十几里，也不敢歇下。胸口热腾腾的，像吃了辣椒一样的难受。躺在地上口里一直流酸水，心里难过起来，可怜极了，想到家庭、老婆、个人前途……问题严重地摆在自己眼前了。死了吗？太可惜了，自己还年轻。这几天当中，我都不能很好地睡觉，脑子里斗争得可激烈啦！最后，我猛然对我怀疑起来，我是不是真诚参加革命呢？我怕死吗？……可耻！可耻！”

小李谈到这里，脸孔红赤起来，带着当时激昂的神色。他停顿了一会，侧着头抽烟，接着又谈下去：

“第二次遇险，是在寺儿沟。两个鬼子已经上了房，追两个游击队员，把我堵在院里。游击队员向敌人开火，叫我快跑，我举起驳壳枪，射出三颗子弹，就向村外冲。腿虽然还有点不得劲，但进了庄稼地，顺着渠道跑还快些。这次战斗牺牲了一个游击队员，但自己对于生死问题，就比较看得开了。第三次是在九营，敌人进了第二进院，要来买猪，我在第三进院。如果是在第一次，我会慌张得不知怎样才好，可是这次我不慌张了。我把子弹顶上，在屋里等着，敌人进来我就打死他。村干部也安慰我说：‘不怕，我不会让你受害。’说着就开了柜，拿了一沓钞票，把买猪的鬼子‘支应’跑了。这以后我不断地和敌人碰头开火，群众也逐渐看得起我，进而拥护我了。”

李雨同志侧着身子坐在炕上，说到兴奋的地方，就坐正起来，眼睛炯炯地闪着光泽。他静思了一会，又谈下去：

“一到下层工作，情况就复杂多了！打仗勇敢，还要经济上不贪污。在下边工作，到处是钱，譬如动员征兵的时候，就有一家地主请我吃饭。吃完饭，那地主立起来，双手捧过两千元钞票对我说：‘指导员，咱们一家人，有什么话不好说。你挺困难，送点给你零花。’我明白他是贿赂我，打算免了他的儿子的兵役。于是我严厉地拒绝了。但是这个地主还以为我是嫌他钱少，于是就改了口吻说：‘我看八路军不爱见财，还是把这五麻袋烟叶驮去抽吧！’我说：‘我什么也不要。你的儿子参加抗日军，是应尽的责任，不应该逃避的。’我回到区里，就把这件事的经过，向全体区干部说了，大家都记住这一教训。后来，又有一位区干部下乡去扩兵，动员到一家地主家里的侄儿，那地主白天当众满口应承地说：‘行啰，我保证他走就是，抗日的事我决不落后。’可是当天夜里，我们这位干部办完了工作出村时，看见路旁黑暗里，有一点红亮的烟火头。

‘干什么的?’这干部把枪口对准这火头，怕这人是拿刀来暗害他的。‘你拿着什么，不答我开枪了！’

黑暗里拍拍空手：‘空着手，你还不认得我，你还听不出来，是我，嘿嘿，有点事情候你呢！’

走近前去，那人就把一叠东西塞到这干部的手里：‘你给区长拿这一千，给你一千，我一定保守秘密，在这黑夜里，鬼知道，你把我侄儿免了兵吧！’

这位干部愤怒地推开这地主的手，严厉地责备他说：‘别错看了八路军，我要爱财，早就拿着枪当土匪去了！’”

小李谈到这里，下结论似的说道：“一个干部如果能在经济上贪污，那就是政治上的动摇，须要很好警惕。”

窗外的雨已经小了。屋顶、街道，到处都潮湿，在院墙上，立着羽毛美丽的公鸡，在作雨后的啼叫。平屋间的烟囱也冒出淡淡的白烟。村干部们都冒着小雨来找小李，谈求雨与耕种的事。村干部们围坐满了一炕。他们有许多问题，找小李谈。小李问他们：“这场雨下透了没有……”村干部说：“雨还下得不够！还没有下到四指深，老乡要到龙王庙去求求雨，是不是可以？”小李思考了一下，就答应说：

“村里老乡要求雨，我们不禁止，但是干部们是不应该参加求雨的！雨不是烧香可以求到的。咱们还是组织拨工组，要是雨落透了，就赶快轮流集体耕种，要是再不下，那我们就得想办法，做点买卖了。”

村干部说：“我们也不信鬼神，但是现在老乡要这样闹，不这样也无法子呀！”

街上已经敲起咚咚的锣鼓声，有许多农民都头披绿柳枝，赤着脚，抬着神轿准备出发到夹河去求雨了。

四

听说下了这一场雨，河水有些发涨了，恐怕今日过不了河。

我们先到永定河南岸的一座大村子——夹河，顺着夹河大街到村外去看河。永定河的上游——洋河和桑干河的汇流处，就在不远。河面有一里多宽，黄浑浑的河水，急速地奔泻着。河的对岸是一马平川，一片被雨水洗浇过的清爽的绿树丛密的小平原。小平原的北面则是千层万叠的无尽的山峦。夹河的河旁没有牢固的河堤，洋河的河口正对着这个村，河水已经把土堰冲成很高的断崖，临河的一排房子都有被冲塌的危险——现在已经没有人敢住了。

夹河村很富庶，风景也好。村前村后都是葡萄园，葡萄藤已经上架。前几天虽然下了一阵雹子，砸坏了一些葡萄藤，但是远远望去还是那么生气勃勃的一片绿色。除了葡萄园以外，还有各种果园：苹果、沙果、大杏、海棠、槟子。刚下过雨，老乡们都忙着收拾果园，锄草，剪枝，以及摘那开始成熟的沙果和槟子。站在河旁向南望，无边无际的碧绿的果园中，点缀着黄的、红的累累的果子，别具兴致。果园里散发出来的芳香，在路上就能闻到。沿街的老乡都认得小李，都微笑地招呼着说：

“指导员来了，到家里坐吧，尝尝我们新下的果子!”

小李微笑着，不断地向他们点头。

我们进了大街，经过一段高墙。小李指着那高墙里的屋尖顶说：

“这里就是三区有名的恶霸高永海的家，我们三区发动群众，就是从这里开始的。”

我站在大门口瞭望，院里花草很多，只是看不见一个人。

小李解释说：“过去我们不注意发动群众，工作搞不起来，从斗争这个恶霸后，工作有了大的转变。”

高永海霸占的夹河村的政权已经有十几年的历史。事变前他当村长，规定买地不能零买，要买至少得买三石租（约30亩）的地，这样小户买不起，尽他们几家大户买地。村里修庙，他贪污了大批公款，把修庙的柏木椽子都弄去盖他的私宅。村公所比县衙门还难进去，人们有公事进去，高永海也要骂。不高兴时，就拿茶壶茶碗打人脑袋。“这是三爷的庙（这一带都把村公所设在庙里，所以也把村公所叫作庙），你们进来吵什么?”

打坏了茶壶，还得叫挨打的人赔。全村160多户，没有不受他欺侮的。事变前有72户联合起来，和他打官司，打到北京。结果高永海有钱有势占了便宜，72户都“栽了沟”

（失败），从此人们更不敢惹他了。

有一年天旱，村里唱戏祈雨。高永海从沙城回来："这还成吗？不得三爷许可就随便演！"他气冲冲地骑马到沙城去了，叫来一班保安队，把戏子们抓起来。自己却派人到张家口去请名角"盖天红""九岁红"来演。一天得花五百元，那时钱还管用，三元一石小米哩！开销这样大，群众拿不起钱，他就戴着墨镜，拿着文明棍，带上小洋狗，站在街中心，把八字胡子一吹：

"妈的皮，三爷派的款，谁还敢违抗不摊？"

敌人占了沙城，高永海的侄儿，当了伪村长。村里有六个站岗的自卫队员被敌人抓去了，高永海不管。有一个自卫队员被敌人打伤了，没有钱没有药，自己卖田去地，来治病，他们照旧理也不理。后来敌人把他家的一匹马两头骡子拉去了，这下他家才着了急。高永海的儿子进沙城，亲自拜见了日本指挥官，给敌人送了两万元款，才把骡子赎回来。这两万元款，是出在村款开支的账上的。

老百姓的肚子都气得快迸了！

但是高永海谁敢惹他呢？高永海又在街上吹开大话了：

"哼，打天下的不坐，坐天下的不打，看我们这个肚腹，还怕扎不过你们！"

小李他们来到这村里，知道群众都在仇恨高永海，但是有些人心里犹豫：

“八路军帮助我们翻身是好事，就怕八路军占不长，八路军走了，人家会和咱们算蔚州账！”（蔚州人在这里经商，年终结账回家，都要债务人本利一下还清）

有些人说：“敌人来，咱们跑不了，又没枪又没刀。”

“咱们死榆木头，干巴一块，斗不过人家。”

小李先在农会的小组会里动员了一次又一次，在野地里开会，一宿一宿地不睡，一开就开到天快亮，农民们都熬得双眼通红了。

“有八路军给我们做主，咱们手拿把攥，要提意见一起提，异口同声，不怕斗不过高永海，敌人咱们也不怕，他有几只眼，咱们有几只眼？有个风吹草动，咱们就把他先解决了。抓了我们的干部，我们全村负责，拿钱赎去？”

“行，开斗争大会去！”

农民们一经鼓动起来，火焰般的热情都熊熊地燃烧着。

“开斗争大会，我同意，可是我心笨，有理有嘴就是说不出话！”

“慢慢来，咱们开演习会吧！”

于是，半夜里，在野地里，斗争的演习会开始了。

化装的高永海，低垂着头，站在大家的面前。

农会都分开了小组，组长站在中间，发号施令。

化装的司仪宣布开会后，会场就骚动起来。吵嚷了一阵，就听见一个曾经被敌人拷打受伤的自卫队员说话了：

“主席，今天我得说说，高永海你好好听着，你是什么心肝，我站岗给敌人刺伤，你不给我买药，你家那头骡子被敌人拉走了，就开支了两万元公款！”

“他把我们穷人当成这样下贱，比牲口都不值钱！”

说这话的人两肩挤动，所有的农民都随着喊着：

“对呀！对呀！”

有的把手一拍，也是全场“对呀对呀！”的助威。

演习会开得很热烈，发言的人很多，假高永海一面辩驳着、推托着，终于没话可说了。演习了一段，主席就修正了几处发言的措辞，于是就告诉大家说：

“开正式斗争大会，就这么说，别走了板！”

“对，就是这么个来派！”

第一次的斗争大会，农民们胜利了，罚了高永海一万五千多元，农民们的斗争的信心提高了。

“把高永海这大恶霸打倒了！”

消息很快地传出去，村里就有更多的人，提出要和高永海算清粮账（资敌的粮，算出他贪污了一百多石高粱米）改造负担，很快的就有十多个村庄的农民也都学着夹河农民起来斗争了。群众进行了斗争，坏人的权势被打倒了，基本群众发动起来，村里岗哨加严了，民校开学了，治安稳定了。我们的工作就在这些村子里，生下了根。

小李说："工作做好了有群众拥护你，心里实在痛快！你半夜里转移，不管天多冷，夜多深，只要一作声，一动暗号，老太太就会很快地开门。老太太留着鸡蛋，留着挂面，自己都舍不得吃，光盼着我们到她家里去。她一见我们就高兴地说：'你可把大娘想坏了，这几天尽在那一片工作了！多会不见你啦！'不管她的家里多么穷，他们都会想办法，使你多吃他们一点东西。老乡真是真心真意地爱护我们！"

小李是《晋察冀日报》的模范通讯员，时常给报纸上写稿，报道区里的情形，在桌上我还看见一篇他还没有写完的通讯，内容是报道关于这次抗敌剧社到涿鹿附近演剧的良好收获……

谈话之间，天色已经将晚。我因为赶着要过平绥铁路敌人封锁线，到平北解放区去，不敢再详细地和小李长谈了。小李把区游击小队集合起来，唱了几个歌，就送我过河。这时，河水稍落，但河面很宽，深的地方到了腰部。游击队员和我手拉手地过河。河面上布满了稀薄的雾气，到了河的对岸，我回过头来，还能看见李雨同志在河沿的柳树枝下，作送别的摆手。

一九四五年九月记于张家口

《李雨》脱稿于一九四五年九月，所记述的事情发生于一九四五年七月。

一九四五年七月，我国的抗战形势还未明朗。从这些文字里，我们看到了我党坚持敌后抗日的艰辛。抗日战争的胜利，是这些中国人民的优秀儿女、无产阶级的先锋战士在极其恶劣的环境里拎着脑袋干出来的。

这个时期，《晋察冀日报》与全国抗日军民一样，走过了一段伟大的历程。

一九四五年六月，新华社晋察冀分社成立。

一九四五年八月十日深夜，《晋察冀日报》社的报务员收到八月九日毛泽东的声明《对日寇的最后一战》；接着就是新华社十日急电：日本宣布无条件投降。电台的同志们立即四处奔告，消息迅速传开。当晚，根据地顿时成了狂欢的海洋。

一九四五年八月十五日，邓拓奉命率领报社部分同志随军向北平出发，途经曲阳、唐县、完县、易县、涞水，准备接管北平敌伪新闻出版机构。由于蒋日伪合流，日伪拒降，报社人员未能进入北平，途中又奉命转往张家口。也就是说，《李雨》脱稿时，仓夷是在张家口。

平型关战役后，八路军第一一五师的一部两千余人，在聂荣臻的率领下展开游击战争。一九三七年十一月，八路军建立了以五台山为中心的晋察冀军区，创建了第一个敌后抗日根据地。接着，日军组织两万多人进行“扫荡”，八路军迎头反击，歼敌两千多人，粉碎了敌人的第一次围攻，收复了晋东北十二个县、冀西二十个县、察东四个县。

一九三八年一月十日，晋察冀边区军政民代表大会在阜平召开。大会选举晋察冀边区临时行政委员会作为边区政权的最高领导机构。之后，随着游击战争的进行，晋察冀边区进一步扩大——西起同蒲路，东至渤海，北起张家口、多伦、宁城、锦州一线，南至正太、德石路，包括山西、河北、察哈尔、热河、辽宁等五省之各一部，面积四十万平方公里，人口两千五百万，县治一百〇八个，成为华北敌后最大的抗日根据地。

由于地处华北敌人的心脏地带，晋察冀边区战略地位十分重要。在十四年抗战中，根据地军民与日伪军作战三万两千余次，毙伤日伪军三十五万余人。

在抗日战争相持阶段，共产党领导的军队和地方武装与百分之六十四的日寇和百分之九十的伪军进行了艰苦卓绝的斗争。然而，在我们取得了来之不易的胜利以后，蒋日伪公然合流！日伪公然拒降！这为日后解放战争的爆发埋下了伏笔。

人民要过上和平生活，必然要再次进行斗争。

第四章　为了新中国

从抗日战争胜利到解放战争开始前的这段历史，是中国共产党团结其他民主党派努力争取国家独立、民族解放，努力争取人民幸福生活的历史。

我们说，今天的幸福生活，是千千万万革命先烈用鲜血和生命换来的。

革命先烈，不仅指在炮火纷飞的战场上不怕牺牲、英勇杀敌的人民战士，还指在其他战线上同样不怕牺牲而英勇献出生命的英雄。仓夷就是这样一位革命先烈。

一、呼唤和平

在抗战相持阶段，国民党军队大多退回西北、西南地区，后来日寇投降，蒋介石却下令日伪不得向共产党八路军缴械投降，只能向国民政府派出的接收大员投降，而这些接收大员趁机大捞一把，所以老百姓愤怒地称他们为“劫收大员”。也因此才有“以蒋介石为代表的大地主大资产阶级篡夺抗日战争的胜利果实”这个说法。

由于日伪拒绝向坚持敌后抗战的共产党八路军投降缴械，邓拓他们未能进入北平。随着张家口解放，报社在张家口驻扎下来。

接下来发生的历史事件，就是重庆谈判。

蒋介石三次电邀毛泽东到重庆谈判，是因为国民党军队抗战期间大多退回西北、西南地区，谈判可以拖延时间、调拨军队。如果共产党不去，蒋介石就可以说共产党拒绝和平谈判，从而发起内战，把责任推到共产党身上。

而毛泽东去重庆谈判，也是尽一切可能争取国内和平，希望可以实现和平、民主的建国目标。

从一九四五年八月二十九日至十月十日，经过四十三天尖锐而复杂的谈判，毛泽东用他的大智大勇促成了《双十协定》的签订。

从日本投降到一九四五年底，国民党军在美帝国主义的支持下运送了八十万大军到华中、华北，仅在晋察冀边区周围地区就集中了四十三万人。抗战大反攻以来，共产党领导的军队从日伪手中解放了许多中小城市，但后来有不少城镇被国民党军所夺占。

此时，有的伪军在国民政府的庇护下，摇身一变，竟被列入国民党中央军的序列，逃避应有惩罚，而且还继续将枪口对准自己的同胞。

这些曾经为虎作伥的伪军，尽管已经获得中央军的番号，但人民对他们曾经的丑恶面目是看得清清楚楚的。于是，冲突是不可避免的。

一九四五年十月十二日，毛泽东为中共中央起草的给各中央局并转各区党委的电报指出："和平基本方针虽已奠定，但暂时许多局部的大规模的军事冲突仍不可避免，除粤、鄂、豫、浙及苏南等地顽军正在向我进攻外，沿平汉、津浦、同蒲、正太等路顽军正在向我大举进攻，争夺北宁、胶济、平绥三路的战斗亦将到来，我方必须提起充分注意，战胜这些进攻，绝对不可松懈。"

为了结束国共两党领导的军队爆发的冲突，经过国共双方商定，一九四六年一月十日"在全国停止军事冲突"，毛泽东与蒋介石同时发布了停战令。一九四六年一月十四日，全国停火。

一九四六年一月二十一日刊登在《晋察冀日报》上的《和平实现阳高学生作街头宣传》是这样报道的：

拥有近 3 万人口的晋阳高城，本日上午全城学生举行游行宣传，组织霸王鞭，秧歌队街头讲演，解放日报社论《和平实现》印成传单和黑板报用红白色粉笔，记载停战消息。举城欢腾，锣鼓喧天，以庆祝这全国和平的到来，而对13日大同国民党军向丰镇，阳高，浑源的进犯，却表示抗议。他们说：“既然订了停战协议，就要守信义，老百姓就看谁守信义又就赞成谁。”他们说：“谁挑起内战就是人民的罪人！”目前全城商人，知识分子也将开座谈会，深入宣传和讨论今后的新局势，以及繁荣商业发展文化教育等问题。

这篇消息虽然很短，给我们的信息量却不少：

一个是一九四六年一月十三日大同国民党军向丰镇、阳高、浑源进犯；一个是人民对国民党发起内战的态度——“谁挑起内战就是人民的罪人”；再一个就是人民对和平的期盼：“既然订了停战协议，就要守信义，老百姓就看谁守信义又就赞成谁。”

这里，既有老百姓的期盼，也有仓夷的期盼：终于打败了日本侵略者，人们可以过上和平的生活，与未婚妻的约定可以实现了，可以回新加坡与亲人们团聚了！

根据《停战协定》，美国应中国的国民政府之邀，到中国参与国共双方的军事调停。于是，美国总统杜鲁门特派遣前任陆军参谋长马歇尔五星上将为总统特使，来华进行军事调停。

马歇尔抵华后，促成三方成立了一个负责进行军事调停的，由国民党代表、共产党代表、美方代表组成的“三人委员会”。

美国代表就是马歇尔；国民党代表起初是张群，后改为张治中；共产党代表是周恩来。

为了避免国共双方的军事冲突，一九四六年初，“军事调处执行部”（简称“军调部”）在北平成立，办公地点就设在北平协和医院。军调部只对“三人委员会”负责。

军调部由三名委员组成，国民党、共产党、美国各派遣一名代表，由美方代表担任主席，一切事宜均须三名委员一致通过，三名委员均有否决权。

军调部中，共产党委员是叶剑英，参谋长是罗瑞卿；国民党委员是郑介民，参谋长是蔡文治；美方委员是罗伯逊，参谋长是海斯。

军调部下设三十八个执行小组，而这些小组的任务是分赴各地执行停止内战的任务，禁止双方军队的战斗接触，妥善处理双方军队的相处与整编问题。仓夷是在赴北平参加军调部第二十五小组的工作途中被国民党特务杀害的。

中国共产党党中央就是利用这样一个时机，决定继重庆的《解放日报》后，在国民党统治区公开发行第二张报纸。再办的这张报纸，就是北平的《解放》报。

关于《解放》报三日刊的创办，于光远、张沛、孙政的《百天战斗：北平〈解放〉报从创办到被查封》中这样提道，一九四六年一月初，李克农对筹办这张报纸的于光远有一次谈话。内容大略是：日本投降后，国民党中央政府从重庆搬回南京，我们党的《新华日报》也要跟着搬去南京。日本投降后我们党中央不能一直耽在延安，也要搬出来，很可能搬到北平来。北平城外四周都是解放区，城里我们党的力量也很强，党中央搬来后，北平就会成为以我们党为主的一个全国性政治中心。这时延安《解放日报》就搬到北平来发行。你们办这张报纸就是为延安《解放日报》搬来做准备。因此，这张报纸也不用另外新起的名称，就叫《解放日报》，报头也就用延安《解放日报》的那几个毛主席写的字。

党中央做出办报决定后，就很快从延安、张家口、重庆、山东、东北各地调集熟练的新闻工作干部到北平。由于北平四周是晋察冀解放区，晋察冀中央局还专设北平城市工作部领导北平市委员会。中央局把这张报纸视作自己的报纸一样来关心和出版。

仓夷就是在这个时候调到北平《解放》报社来的。

刚到北平，仓夷就因病住院了。出院后，他立即给邓拓写了封信，介绍北平工作情况，并且提出了扩大《晋察冀日报》社发行的书籍、杂志在北平的影响的建议。从信中，我们可以看到仓夷对此时工作的关注点：

邓拓同志：

我到北平已一月，因病未很好工作。现已差不多恢复健康，可以开始工作了。此间各解放区来的书报很多，特别是山东，几乎每次飞机都带来大批书报，有旧的，有新的，再由北平分社负责向各解放区送去，或在本市销售，如我们日报在北平，就影响很大，有出三千元联钞买一份的，但我区来的书籍杂志太少，北方文化已出版，此间都盼能见它，而未能即见。我想请你计划一下，每种书刊都能寄来，对北平影响很大。现北平市民对我了解太差，我在病院中，能几乎天天都有人在问我关于解放区的情况。所以我们应下些本钱，多供给这座城市一点书报才好。北平执行部美方虽曾对我寄书报事提出意见，但交涉结果，他允许寄给各解放区派到北平的特派记者的书报，我想这里有我在这里，当可负起这一工作，你考虑看如何处理。

特此敬礼！

仓夷三月七日

在北平《解放》报工作期间，仓夷着手整理了一个小册子《幸福》。

在“写在《幸福》前面”中，仓夷是这样说的：

这本小集子里的几篇文章，是我在“晋察冀边区”服务七年间，一些当时当地的零星纪事。所写的都是实地、实人、实事。因为这几篇文字比较轻松些，所以就从我几年来所写的通讯报告中抽出来，编成一本小书，献给对“晋察冀”生疏，然而又时刻神往的读者们。这几篇纪事，虽然都是粗枝大叶的素描，但它是忠实的记载。希望读者能在这些简单的文字中，引起对一个新的光明的社会生活探讨的兴趣。这也就是作者出这本小集子的一点用意。

书名叫做《幸福》，是我的偏见，因为我认为人民能按照自己的理想来自由生活，那就是“幸福”。而这本书里所写的人物故事，正是表现了这种生活的几个侧面。

这里提出“对‘晋察冀’生疏，然而又时刻神往的读者们”的说法，是有缘由的。从仓夷的《在医院里》一文中，我们可以窥其端倪。

在《在医院里》一文中，仓夷先对医院里的众生相进行了全方位扫描，然后笔锋一转，将笔墨集中到医护人员身上：

我躺在这样的医院里养病，这是第一次。我是个老病号，常常生病，但过去生病都在解放区里，那里有我们自己的医院，那里没有这样的军官，没有这样的穿红旗袍的、常责问“你明白吗?”的女医生。那里虽然药品缺乏，但是医生是认真看病，看护热心照顾，能使我很安心地躺在病床上。而在这个医院里，我却实在不愿待下去。下午看护给我验体温，我冒昧地问了她一句：

“烧退了吧！”

她瞪了我一眼，笑了笑点点头。我说：

“烧要退了我明天就出院。”

她说：“你给医生说说，我不负这个责任。”

我再没有说什么，就是盼望老余和小沈会来看我。他们都很忙，住得离这里也很远，但是老是想见他们。他们两天就来看过我一次，告诉我一些同志们的工作情况，我们的《解放日报》快在这里出版了；我们买了一幢楼房，从解放区来了一批工作同志。许多好消息使我精神振奋。他们一来，就问我这几天能吃饭吗？伙食好不好？需要什么东西？我说都不错，就是这个环境不好，看不见咱们的报，外间发生什么事都不知道。后来他们每次来，就给我带来报纸。今天他们该来了，可是没有来。

那个验体温戴白发罩的看护把所有的病人体温验完后，就在面盆里洗手，她回过头来望了我一眼，又低头在洗手。

她站在我的床旁，问我说：

“那个常来看你的是叶剑英将军吗？”

我说：“不是，是我们工作同志，叶剑英将军工作很忙。”

“他也是八路军？”

"唔。"

"你们八路军来北平很多吧?"

"唔。"

"你当了几年八路军呢? 你的家在哪里? 你不想家吗?"

一个细高个看护看见我们在谈话，好奇地站过来。问我这问我那。一个戴金边眼镜态度优雅的看护也站在我的床边，笑眯眯的望着我，指着那西边走廊对我说：

"今天你们的人来了好多，来看病的，都拿着报纸画报，坐在靠椅上等，很守规矩呢！不吵不闹，说话可斯文呢!"

"叶委员也来照X光，叶委员留一抹短胡，可精神呢!"

他们看见我并不可怕，并不像那些报纸宣传的杀人放火的恶魔，就兴致勃勃地围着我问起问题来。他们告诉我：那西院头等病房住着大汉奸王胡子（王揖唐）和东北保安司令杜聿明。二等房间有一位中央军的团长太太养病，忽然说丢了十万法币，把打扫房子的工友提去审问了。她们问我：八路军是不是捉到他们要枪毙，八路军是不是生下孩子自己不养，送给别人。孩子也不认父母，各管各的。解放区好不好? 我们能不能去? 那个穿红旗袍的女医生看见大家都围着我，谈了两三个钟头不肯散，就过来干涉说：

"你们让病人好好休息吧！别谈话多了又发起烧!"

我说："好吧，我不谈了!" 她们也叫我好好休息，并且给我倒了一杯开水，叫我喝。我喝了，躺在床上，一会儿工友、看护，又悄悄地跑到我的床旁，问我八路军共产党的事，而且眼光带着羡慕的神气。一个女基督教徒是最善辩的，但是我没有和她辩论，我只给提示与引导她把问题往全面的深处思考。她很忙碌，一会儿走了，忙了一阵，又回来，弯着腰，右手手指指着左手手掌心，和我谈论，慢慢地是语气缓和下来了。她们向我要了解放区的报纸看，要画报看，给我验体温时，也格外认真似的。听见我咳嗽，就自动给我倒些药吃，她们劝我多住几天院，等身体的烧完全退后再出去。她们想到解放区去看看，问我到解放区去有没有危险，我都耐心地一条一条地告诉她们。

……

此时，美方在文化联络工作中，试图贯彻马歇尔在国共冲突中采取的平衡政策，邀请已经搬到张家口的华北联合大学派遣四名学者到美国一年，作为中美交换学者计划中的一部分。周扬、老舍和曹禺都在这名单中。周扬到北平办理护照，住在翠明庄中共代表团的招待所。

周扬与仓夷他们住在一起，仓夷将书稿交与周扬，请他出版。仓夷牺牲后，《幸福》于一九四七年八月在晋察冀新华书店印行，周扬为之写了“前记”：

仓夷同志是晋察冀边区最年青最优秀的新闻记者与报告文学者之一，他是完全在群众革命斗争的火焰中成长锻炼出来的，不幸于去年八月间被国民党反动派所暗害。

去年我们一起在北平工作的时候，他把他在边区七年所写的一部分通讯报告编成集子，交给我看，并为他出版。作品正如作者一样年青活泼，充满清新朝气，给与人一种衷心的喜悦。他写了人民的新的自由的生活，也写了人民为争取生存与自由的流血斗争的故事。他将他的集子题名为《幸福》，是有深厚的意思在的；他说“人民能按照自己的理想来自由生活，那就叫做‘幸福’”。这不是个人的幸福，而是人民的幸福，是人民自己流血斗争得来的。作者就为这最伟大崇高的目的流了自己最后的一滴血。

正值仓夷殉难一周年之际，我们将他的《幸福》出版，以志永久纪念。

周扬　一九四七年八月

这本原想在北平出版，“献给对‘晋察冀’生疏，然而又时刻神往的读者们”的《幸福》，在当时的形势下未能付梓。

一九四七年八月，《幸福》由晋察冀新华书店印行后，一九四八年十一月，东北书店出版发行初版；一九五〇年，新华书店出版发行；一九五〇年十一月，新华书店华东总分店再版发行。其读者对象已经不仅仅局限于北平当时“对‘晋察冀’生疏，然而又时刻神往的读者们”，而是延及东北解放区的人民、全中国人民了。

二、刀丛采访

一九四六年四月三日清晨，国民党动员了大批军、警、宪、特人员，荷枪实弹地包围了“方壶斋 9 号”，以清查户口的名义，要查封《解放》三日刊。他们毫无道理地强行把当时的副社长钱俊瑞、秘书长马乃遮等一二十个同志抓走，这就是轰动一时的“四三”事件。

邸录申在回忆文章《关于仓夷同志在“北平三日刊”工作期间我所知道的一二事》中这样写道：

> 我记得我们是在 1946 年二、三月间由张家口乘飞机来北平的，当时由郑季翘、马建民同志带队，记者有仓夷同志，工厂有刘志华同志，还有我们电台三个人。同机到达的还有“三日刊”的副总编辑姜君辰同志，听说他是去张家口要干部去的。
>
> 当时“三日刊”的社址在宣武门外方壶斋 9 号（现在这个楼还在）。当时我在电台工作很少出去，只是每次吃饭时与仓夷同志有所接触，经常听他讲在外边采访的所见所闻。

他的活动能力很强，他写的文章很多，总之当时他在“三日刊”是个最活跃的人物。现在回忆起有两件事对我印象最深。

一、爱护报童，保护报童。

当时咱们的报纸（“三日刊”）在北平一出版就震动了整个北平城，因受印刷条件的限制，每期只能印两三万份，而且还是“三日刊”。每天一出版抢购的很多。当时报纸的推销主要是靠报童，实际上是咱们一支群众性的发行队伍。当时报童卖共产党的报纸是担很大风险的，一旦被国民党的警察和便衣特务发现，轻者被痛打一顿，报纸没收，重者就当场被抓走。后来报童采取了很多巧妙办法逃避了国民党的干涉和检查。但有时也难逃脱国民党特务、警察的干涉和殴打、抓捕。仓夷同志每天出去探访，利用记者的公开合法的身份，在街上凡是遇到国民党的警察、特务污辱、殴打报童的事，他都仗义执言地与他们做斗争和周旋，掩护报童乘机逃脱危难。回来后他还专门写文章揭露国民党搞假民主、假言论自由的反动面目。像这样的事很多，每当他回来和我们在一起吃饭时，就谈论这方面的问题。关于他这方面的动人事迹马建民同志知道的可能更多些，因为老马同志当时负责这方面的工作。

二、在“四三”事件中机智勇敢地同国民党特务做斗争，使“三日刊”的大部分同志免遭国民党抓捕。

1946 年的北平城人民处在“等中央盼中央，盼来中央更遭殃”的强烈不满的呼声中，“三日刊”像一声春雷惊醒了国统区的人民。蒋介石立即拆下“出版言论自由”的假面具。咱们的报纸刚出版两三个月，在 1946 年 4 月 3 日拂晓，国民党特务动员了大批军、警、宪、特人员荷枪实弹地包围了“方壶斋 9 号”，以清查户口的名义要查封“三日刊”。他们毫无道理地强行把当时的副社长钱俊瑞、秘书长马乃遮等一二十个同志抓走。留下的国民党特务从楼下到楼上继续搜查抓人。就在这个紧要关头，仓夷同志抓住一刹那的空隙时间，避开了国民党特务，用金圆券买通了把守电话的警察，与军调部中共代表团通了电话。他旋即跑到尚未被国民党警察抓走的同志队伍中去，大声地呼喊着：“同志们要坚持与他们做斗争，斗争就是胜利。”实际上他是要大家争取时间，可是当时其他人都不知道。当时大家在仓夷同志的鼓舞下，人人上阵，对国民党的军、警人员展开政治攻势，伸张我们的正义。(后来听说周扬同志也在队伍中。）几十名国民党的军、警人员在我们的正义言辞的质问和说服下，个个都软了下来，最后把那个背后指挥的特务完全孤立了。这时大家在仓夷同志的带头下，把斗争矛头转向了那个特务。这时我们在大门外，特务在大门里，堵住了他，仓夷同志提出要国民党的军警去抓这个身份不明的人，这些军警无奈地说“我们不敢”。仓夷同志马上就质问他们真正的特务你们不去抓，你们为什么要抓我们这些真正抗日先锋战士。在这时那个特务趁机夹着尾巴从人缝溜跑了，这时仓夷同志又带着我们几个青年追了一阵，最后那个特务被一辆三轮车拉着逃跑了。这时天色已亮，一些年纪大的居民也出来惊奇地看热闹。这时执行部咱们的军代表宋时轮同志已驱车赶到，其他的国民党军警宪人员见势不妙顿时逃走了。

至于在这场斗争中其他方面的场面和仓夷同志和活动事迹我就不太清楚了。总之，当时咱们利用“四三”事件是公开地首次地大闹了一次北平城，仓夷同志也是报道这一斗争胜利极为活跃的战斗一员。

回忆人　邸录申

1982 年 11 月 5 日

“四三”事件发生的第二天上午，北平市政府照例召开记者招待会，仓夷一大早便骑着自行车“单刀赴会”，机智地将国民政府的记者招待会变成了共产党公布“四三”事件消息的渠道。他把“四三”事件现场抢拍的照片分发给到会的记者们，把“四三”事件真相告诉到会的记者们。在副市长宣读完早已准备好的官样文章后，仓夷随即发问：昨凌晨，一批军警闯入《解放》报社肆意捕人，你是否知道？这位副市长支支吾吾说他不知道。仓夷立即当众讲述了“四三”事件的整个过程，揭露国民党当局此举意在破坏国内和平、制造内战的意图。仓夷正义凛然、义正词严的发言，使那位副市长尴尬极了，只好慌忙宣布散会。

为了让全国人民了解事件的真相，仓夷在一九四六年四月五日的《解放》报上发表了《本报临时发行处被搜捕的经过》一文，揭露了国民党特务带着军警半夜抓人的罪行。一九四六年四月十一日，《晋察冀日报》刊登了仓夷的《正义的胜利》，告诉广大关心“四三”事件的人民群众：通过有理有节的斗争，国民党当局不得不释放被捕人员，我们又一次取得了胜利。

在北平三个多月的时间里，仓夷除了参加社会活动、参加记者招待会、跑学校采访外，还陆续在《晋察冀日报》和《解放》报和丁玲主编的《长城》上发表了一些文章，如《古都愁怨》《北平街头》《本报临时发行处被搜捕的经过》《正义的胜利》《审判汉奸战犯观后感》《永恒的哀痛——追悼“四八”遇难烈士大会速写》《学生界的镜子》《受难的和平使者——甘重斗上校来平就医记》《平津寂然无声》《在医院里》《北平在烈日蒸腾下》等。

《古都愁怨》《北平街头》《学生界的镜子》《在医院里》，记录了日寇投降后，物价飞涨，北平人民依然过着苦难的日子，人民看不到光明与希望的事实。

《本报临时发行处被搜捕的经过》和《正义的胜利》揭露了

国民党当局假民主，无理搜查、逮捕《解放》报工作人员的恶行；《平津寂然无声》披露了《解放》报被封杀的真相。

《审判汉奸战犯观后感》通过描写日寇战犯在法庭上的嚣张、跋扈，让我们看到国民党当局的软弱无能、避重就轻；并将解放区审判、惩处战犯的情形与之进行对照，让我们看到英勇抗敌的共产党八路军在解放区审判、惩处战犯的威严气概。

《永恒的哀痛——追悼“四八”遇难烈士大会速写》记录了军调部执行处中共代表团，十八集团军驻平办事处，北平《解放》报、新华分社全体人员，国民党政府和美方的代表，及死者的好友对“这一群不幸的和平民主的使徒”的悼念。

三、烈日蒸腾下的北平

一九四六年五月二十七日，北平《解放》报刊登了仓夷用洪右举的笔名发表的文章：《受难的和平使者——甘重斗上校来平就医记》。文章揭露了军调部枣庄执行小组中共代表甘重斗在枣庄被殴的真相，并指出：“这是在国民党军的驻地，光天化日之下发生的威胁和平的事！枣庄国民党方面已经承认这是他们的‘错误’，而且把‘祸首’枪毙了两个，但是这不足掩盖其滔天的罪恶。一般人士认为：真正的祸首今日还活着，真正的祸首不严惩，危害人民的伪军不解散，谁能保证不会再有真诚的和平使者当第二个甘重斗？谁敢相信反动派会有实现和平的诚意？”

其实，就是在这次事件之前，五月二十六日，中共冀东军区已经截获到国民党进攻的机密命令，内容有："……（一）战区以肃清冀东匪区，以利尔后作战之目的，应先肃清香河、宝坻及芦台附近匪军。开始时间预定为五月三十日晨。……北平区'扫荡'指挥官：三十四集团军总司令李文。……天津区'扫荡'指挥官：九十四军军长牟廷芳。……"

这里的"匪"，是国民党对共产党及其领导的人民军队的一贯的蔑称。国民党军违约进攻冀中、冀东，有计划地撕毁停战协定，中共代表甘重斗在枣庄被殴，只是他们撕毁停战协定的另一种表现罢了。

五月二十九日，《解放》报被国民党北平当局查封。

仓夷在《平津寂然无声》一文中清楚地描述了《解放》报和新华社北平分社被勒令停刊的情况：

> 中共在平津唯一的宣传机关——《解放》报与新华社分社，在5月29日晨二时半，突被平市当局"奉中央电令"勒令停刊，下午8时被查封。同在这一天内，北平还有其他75家报纸、通讯社、杂志社，也被勒令停刊了。
>
> 这是重大不幸的消息。《解放》报和新华分社在平津发刊发稿，是在停战令下，政协决议公布之后，因此它的能够在平津出现，实为全国走向和平民主的主要象征之一。但该

报社在发刊发稿之后，即不断接到特务的恐吓信，撕报纸、打报童、威胁承印工厂、调查订户、逮捕工作人员，事态一天比一天严重。这也正如全国政局一样，自国民党二中全会之后，就再也听不到令人快意的事。现在正当国军决心全部接收东北主权的时候，在平津，当局“勒令”《解放》报与新华分社停刊，并威胁说：“如不自动即日停刊，则将强制执行。”平津人民得此消息，不禁对大局黯然神伤！

平津人民是爱《解放》报和新华分社的。虽然只短短3个月，但该报已与平津人民建立起深厚的情谊与血肉的联系。贫苦的市民们，热情的青年们，开头还多是以陌生的好奇心情，来读《解放》报，来与新华社记者谈话，但是经过短短的时间认识，即成了知心之友。他们把别的报上不能说，而他们心里要说的话，都写成信寄到《解放》报与新华分社。初学字的工友、洋车夫、店员以及大中学的学生，大学教授，都寄来信、稿和各种建议。他们嫌三日刊太慢，建议出大张的日报，并且表示愿意以一切努力来支持。他们建议《解放》要多登解放区的系统的介绍。差不多每日都能收到近百封这样的信件。新华社记者在学生中间，在人民中间，被当成亲切的兄弟一样接待，尽情地倾诉他们的苦闷、要求与远大的希望。读者们在用全力支持这个报纸，《解放》报的全体人员，也在这人民热情的鼓舞下，一直在诚心诚意地为人民做事。连卖报的报童，对于《解放》报也有一种特殊的情感，他们在街头用一种愉快的骄傲的声调在叫卖。而今《解放》报与新华分社被强制勒令停刊，这对平津人民的刺激是重大而不可思议的！人民痛感有所失，痛感平津寂然无声！数日来，平津没有一家报纸不是在当局的高压之下，噤若寒蝉，因为在国民党特务恐怖的威胁下，就不可能有正义的呼吁。这事又将教导人们：没有民主与自由的地区，人民是没法了解今日中国的真正面目。平津今日只有欺骗造谣和污蔑的自由，没有忠诚报道和追求真理的自由。数日来，平津人民因读不到《解放》报，已深感瞎子聋子的痛苦，而在沉闷迷茫的时局中，尽管人民内心渴望和平，也因《解放》报与新华分社的被强迫停刊，而暴风雨来临的预感，已沉重地压在心上。

平津人民切盼《解放》报早日复刊，正如盼和平民主早日实现一样的迫切。正因为《解放》报不能复刊，正象征着和平民主尚无希望！

1946 年 6 月 9 日《晋察冀日报》

《解放》报被国民党北平当局查封后，仓夷在写给王剑清的信中对当时的局势做了基本的判断，即“时局堪虑”：

剑清同志：

我来平已数月，一切均好，因工作忙乱，未能写信问候，歉甚。你近况如何念念。以前同事现都四散各方，我又在平，所以消息很少，不知他们现均在何处。你是否还在贸易公司，还是调做别的工作？李耕涛同志来平时，我正搞外勤，跑学校，未晤，甚为遗憾，否则从他处也可得知你的消息。

我报社已被封，想已知悉，但人员财产尚无变动，安全将无虑。但市内恐怖空气四布，将大捕人，备有大车监。人民感受压力颇重，特务横行，电话中时常谩骂我们，写信恐吓我们。

目前迹象看来，时局堪虑。但我们在此间同志决不悲观，顽强而警惕地干。

我近况甚好，身体虽无大发展，亦不后退。我家中已来信，全家安好。南洋女友亦来信，其态度与前次来信无异，并催我速归，使我大受影响也。我写信叫她来，她父母不依也。

你在平有何急需，我当尽力相助。勿客气。

祝好

仓夷

一九四六年五卅一　北平

在这封信里，我们看到仓夷面临的烦恼：虽然日寇投降了，可国内和平无望，新加坡又来信催他回去结婚，而人民的革命事业却尚未完成……

王剑清与仓夷有过一段非同一般的情谊。在抗战时期那个恶劣的环境里，两个年轻人像一般青年男女一样，也会有自己的憧憬与梦想。他们心心相印，怀有对美好未来的向往。在战争年代，谈婚论嫁有个规定，简称“二八七团”。

“二八七团”规定的由来，缘于越南籍将军洪水。洪水是参加长征胜利到达陕北的极少数外国人之一，曾越雪山并三过草地，后要求从延安去抗战前线工作，被分配在《晋察冀日报》社。他在五台山认识了一位山西抗战妇联干部，要求结婚时，上级请示延安，促成党中央研究决定：二十八岁，七年军龄，团职以上军官，经批准可以结婚。

一九九七年，在编辑出版《仓夷文集》工作过程中，我到北京拜访了王剑清。她送了我一本自选集子《空谷回音》，并特意指着其中的《缥缈的云》告诉我，这是用小说的形式把她与仓夷之间的感情记录下来，留给我们后人：

> 我看见他回来了，他从遥远的地方回来了。他还是那样年轻、潇洒、纯洁、天真。一线阳光洒在他脸上，泛起红晕，他笑了。他忽然阴沉着脸说：“我的眼睛受伤了，我的

眼睛没有你的眼睛明亮。”有人突然说：“他已经死了。”竹林说：“我不相信。”

多么美好的梦啊！不要惊醒。竹林想紧紧抓住梦境，不要放走他。梦醒了，白日来到，他回来了，又走了。

竹林想着，他多么像那缥缈的云，游来游去，时而望得见，时而又远去，捉摸不定。回忆把她引向久远的年代……

1942 年春天，竹林走在云遮雾裹、绿荫掩映的一条迷人的山路上。深山、峡谷、清溪、小径，影影绰绰，曲折幽深，这是大自然赋予的一道天然围屏。这儿有着一个个粗犷的小自然村，居住着强悍、纯朴的山民，像群星围绕着深山的明月，闪现出一轮不灭的清辉。战争的风云、民族的命运、人民的心声，都包含在这小小的山村。深山里响起了马达的轰鸣声，响起收发电报的嗒嗒声。描花手们在剪辑蓝天，剪辑彩云，印制出最壮丽的图景。山村里飞出一张张活鲜鲜的报纸，像报晓的金鸡声声歌唱，送走黑夜，迎来黎明。思进是描花手中杰出的一个，在那间低矮的农舍里，他成天摇动着笔杆，写啊描啊。不时从小屋里、院子里飞出“再会吧！南洋，你海波绿，海云长，你是我们的第二故乡……”“喀秋莎可奈何，无数销魂在眼波……”的歌声。这歌声把竹林吸引到院子里小屋前。她第一次瞥见他那如朝霞般的笑脸上，闪动着一双乌黑的眼睛。思进向竹林打招呼问好，他那铿锵的声音，像小鸟啁啾在树端。从此他们相识了。他们常常在院子里，在山径小道上见面攀谈。他那热情潇洒的性格，像火一样把她吸引。

有几天歌声消失了，竹林看不见思进的人影，心里像压了块石板，透不过气，又像失去什么东西似的。她寻啊找啊，等待失去的他归来。像盼星星盼月亮似的，盼他出现。终于有天他外出采访回来了，又听见他的歌声，看见他的面影，竹林好高兴啊！从此，他们的友谊又进了一步。

疏林碧翠，月洒清辉。在工作的间隙里，他们散步在绿色的田野上、清澈的小溪旁。田野里散发出玉米、谷子、高粱的清香。微风拂来，小溪轻轻歌唱，驱散一天的疲劳，带来他们相聚的欢乐。在夜凉如水的月夜里，他们互叙心曲，像磁石一样互相吸引着，不思离开。可是他们都有神圣的事业去承担，只得暂时离开。思进是报社的记者，竹林是编辑。他时而在灯下挥笔疾书，时而到枪林弹雨的前线采访。他和群众血肉相连，与群众生活在一起。归来时，他写出一篇篇军民团结抗日、歌颂人民战争英雄事迹、生产建设、边区人民新生活的作品。他的作品和他的性格一样，富有清新的朝气，旗帜鲜明地怀着对人民的热爱，对敌人的仇恨。他的作品是鼓舞人民的号角，是射向敌人的枪弹。思进和竹林互相交换看作品，互相研究创作，他给她以帮助和启迪。在根据地经济最困难、饥荒的日子，他们一同吃黑豆饼，吃野菜，一同开荒种地，思进总是拣重活干，他们互相帮助。

反“扫荡”开始了，竹林被分配到基层工作，思进留在报社一面编报，一面战斗，用土枪、步枪、手榴弹、地雷打击敌人。敌人退走了，继续出报。三个月后，反“扫荡”胜利，他们又见面了，久别重逢格外欣喜。这时，小院里像平湖中投进一粒石子，掀起了波浪。人们传说：“竹林在下面反‘扫荡’时，地方上有人喜欢了，要把她的工作调到那里去结婚。”人们指指画画地议论着。这时思进沉默了，他是理解竹林的。他们又一次在月下散步，思进羞红着脸对竹林说：“外面传说你的消息，是真的吗？我该祝贺你啦！”竹林心里像刀绞一般难受。这时她不得不说：“这次下去，是有一位负责同志看见了我，要和我好，托人介绍，我还没有决定，我要听听你的意见。”

思进皱着眉头，沉思半晌才说：“我们好不容易才盼到见面，却带来了这样的消息，叫我好为难啊！”思进向竹林讲起他的身世：

我的祖籍在福建省，清朝末年，祖父因家贫难以度日，便携家人南渡马来亚拓荒，以种植橡胶园为业，过着很艰难的日子。一次祖父被橡胶园中的猛虎惊死，全家经常遭遇野兽的威胁，于是父母带全家迁到新加坡定居下来。我 1921

年生在新加坡，从小跟父母过清贫的生活。我童年很勤快，爱劳动，帮助父母种地、喂猪。小时候爱学习，先念小学，后考进华侨中学。因家贫，一面念书，一面挤时间帮一家店铺写账，挣钱补助学习。由于成绩优异，深受老师和同学们的喜欢。其中有一个女同学对我很好，她很爱我，她家庭经济较富裕，常常接济我家，经双方家庭同意订了婚约。我1937年毅然告别南洋，离开父母和未婚妻，回到祖国参加抗战，来到华北前线敌后抗日根据地……

竹林听完他这一席话后，了解到他的苦衷和为难。她望着他希望他继续说下去。他停顿了一下继续说："她远在天边，你近在眼前，我们这样要好。她与我思想是否相通不知道，可是等她是命运的注定，父母的渴求，我不能与她违约，又不能耽误你的青春年华。这难题该怎样解决啊！"竹林听完他的话后表示理解他，同情他的处境。他们像梦幻般的相聚、残酷的现实摆在面前，他们紧紧地握手，热泪长流。星星慢慢地隐没了，月色失去了清辉。夜深了，他们不得不分手。

传说的事实一天天逼近，风波越来越大了。那位同志逼得很紧，已通过组织同意，派人前来接竹林去他那里结婚。

又是一个月华皎皎的夜晚，他们在月下散步告别。这一次是长别离，他们彼此都肝肠寸断，这是一生中最苦的时刻。思进对竹林说：“我等你又不能负她，眼前的事实又逼得这么紧，我不能耽误你的前途。有情人未成眷属，我生生世世永远忘不了你，但愿来生再结缘。”

竹林含着泪说：“我们不能终生相守，但我们的友谊地久天长。爱情失去了，友情像明月的清辉永照人间。”他们紧紧地握手告别，不愿分离。月儿西沉了，他们依依不舍地惜别，互道珍重。

在村前，一群人为竹林送行，思进也站在当中。她又一次看见他那如朝霞般的脸，但那张脸已蒙上一层阴影，欲哭无泪。两双眼睛对视着，没有语言，像有千言万语说不出来。竹林向大家说了声：“再见吧，同志们！”便含泪上了路。

竹林结婚后，被分配在一个县委宣传部当通讯干事，兼报社特约记者。她每登出一篇稿件，思进都为她祝贺。竹林回到报社开会，又见到思进，他们久别重逢，互叙衷情，格外亲切。

1945年8月，日本投降了，思进被分配到北平《解放》报工作，以新华社记者的身份，揭露国民党反动派的罪行，维护党的尊严。1946年8月，思进作为新华社记者，被派到国共两党谈判地采访，乘飞机行至大同，被国民党反动派暗杀。竹林得到这个消息后，痛不欲生。这时思进年仅二十六岁，便献出了海外赤子的年轻生命。他留下的代表作《幸福》《时代的浪花》将永留人间，永远留在竹林的记忆里。

四十年后的一个秋日，1986 年 8 月，大同县委为思进牺牲四十周年立纪念碑。竹林和报社的同志们一起，站在思进纪念碑前低头默哀。竹林仿佛看见思进的影子又飘拂在她眼前。她默念道："你像天上的游云，游来游去，一丝丝，一片片，一团团，在蓝天衬托下飘飘拂拂。我时而看见你，时而又看不见你。乌云把你遮住了，我看不见你光彩、明亮、飘逸的云影。"你常常来到我梦中，时而清晰，时而朦胧，但愿好梦不要醒来，做一个梦游人。

1995 年 12 月 19 日至 28 日写于北京

1997 年 5 月 18 日至 20 日修改于成都

竹林，是王剑清给自己形象的定位：挺拔、坚韧、活力、纯洁。思进，不用说，明眼人一看就知道：思念贻进！贻进，仓夷的原名。半个世纪后，她的初恋，她的那份刻骨铭心的爱，读来依旧叫人为之怦然心动。

回到张家口后，仓夷进一步把北平人民的苦难与国民党反动政府的丧权辱国的政策联系起来进行思考。一九四六年七月，仓夷在丁玲主编的《长城》文艺月刊创刊号上用"洪右举"笔名发表了《北平在烈日蒸腾下》。文章写道：

今夏北平奇热，午间烈日如火，公司商号，都忙着搭大席棚，街上行人稀少，马路宽荡荡的。黑衣路警躲在凉棚或树荫下，无聊地打着瞌睡……

在烈日的蒸腾下，整个北平城都在昏沉地瞌睡着。往日拥挤不堪的热闹的东单小市，现在空出一片黄土广场，只有靠近马路边的一排，还有少数浮摊在摆着。这些贫苦的小贩，满脸黄尘，在生意萧条的苦况里挣扎着，在闷气热烘烘的布伞下打盹。燕大各分班的学生，都汗流浃背地忙着应付学期的大考。剧场影院里整排整排的座位空着。

这里实行了“夏季节约时间”，按平常时间将钟表拨快一小时。晚九点钟，这座北方第一等美丽的大城，还反照着西山太阳映来的余晖。热气正在消散着，大队蚊虫又嗡嗡地出动。报上虽然极力宣传，说DDT是最好的杀虫剂，但是老百姓很少花得起这笔钱，见面时仍然要彼此伸出被蚊虫咬得长满红疙瘩的手臂，相视苦笑着说：“瞧，我昨晚一宿都睡不着觉！”

炎热的夏季，给市民过多的苦恼。而紧张的和战交缠的时局，更给市民带来了不安与焦躁。在“十五日停战”的初期，有些报纸散布着和平空气，想缓和一下市民紧张激荡的情绪，但是形势的演变离人民的愿望越来越远。从“时局已大见好转”变为“时局不可乐观”，再变为“和战决定于最后二十四小时内！”编者既失去正确把握时局动向的能力，读者就更难判断报纸报道的真假。停战延长八日，蒋介石的命令口气还是很强横的。八日后将下令“继续追击和攻击”。显然，大规模痛心的内战，就要在这一命令下爆发，北平的市民，有些还在哀声企求着和平，有些却在开始对和平绝望而表示沉默了。

北平的市民们非常敏感。他们判断和战局势，就看协和医院里调处执行部的动静。执行部中共代表团，已经处于非常不利的位置。每星期六与星期日游览的假期，中共人员已经对它失去兴趣。战地服务团专给预备的北海的游艇，也在湖边停泊着。星期四的协和礼堂的免费电影，中共人员也很少去看。因为形势不同了，中共派赴各地进行调处的代表，在不断地陷于被杀，绑票，失踪的恐怖境地里，执行部开会，对方人员脸上，已带着不平常的仇视的气色。许多迹象证明：对方正在找寻一切口舌，以便作为新的威胁与迫害的借口。修武郭子祺的误伤事件，对方硬诬为中共有意谋杀，要求枪毙中共分区司令员和新乡代表，还要求赔款一万万元。更准备以追悼郭子祺大会的方式强要中共代表参加，准备重演其特务行凶的把戏。市民们都在惴惴不安，他们目睹这不安的现实，不能不为和平忧虑。

许多奇怪的现象在使市民惶惑，究竟今日谁是北平的主人？北平的市民是看得清楚的。今日在北平安全最有保障，生活最优裕，轧死人不用偿命，拿走东西不用受罚的，不是北平市民，不是中国人，而是美军。日俘、日伪、日侨、德侨，差不多都已遣走了，美国兵却一天天的增多着。华丽堂皇的美军招待所，舞厅，俱乐部，不断的增设着。官方人士都在向他们赔着笑脸，北京饭店面前的仆役，也特别殷勤地向进出的美军军官深深地鞠躬。这些美军除了帮助蒋介石的军事戒备与统治外，对老百姓是只有增加负担的。美兵们是无聊到极点了，他们整天地玩。在女人的首饰店里，在照相馆里，在北海的绿波中，在公园的树荫下，他们无聊地到处游荡。闭着眼睛乱唱，看见女学生就追赶，看见喜欢的东西悄悄拿着就走，开着吉普车到处乱闯，不断轧死中国人。我亲眼看见两个美国兵驾驶一辆吉普车，在东单路中心团团乱转，路警，行人，车辆都惊慌地躲避它。那种景象，是对中国人的一种侮辱！但是官方为着借外力来绞杀中国人民的生存权利，不惜卑躬屈节的把外国人看成至高无上的恩物，外国武装队伍在官方的法律里获得了一切的优越权，他们是今日北平唯一的主人！而北平市民今日不但没有享受应有的主人的权利，相反的却是被奴役、捕捉、饥饿、恐怖所笼罩……这该是中国人民新灾难的本质的写照！

北平的市民处在特务统治与内战的威胁下，痛心极了，忧愤极了！好战者在平郊赶修着大规模的空军基地，青年们被迫着受“自卫壮丁”的军事训练。全市还要进行“肃正运动”，秘密捕人，深夜四城戒严，空际却不绝响着军运的机声。蒋介石正在致力于将这北方第一美丽大城建成他进攻华北解放区的战略基地，这一切都违背了北平人民的意志。现在北平市民正在向四乡逃难。北平人民正像全国人民一样，希望不要再战争，希望永久和平，希望美军退出中国，但是正如炎夏的天气一样，人们希望天气凉爽，甘霖普降，而得到的却是烈日仍然高涨，暑气越来越浓重，窒息着人们的呼吸！

今日，北平在烈日蒸腾下，一切都是沉闷，纷扰，不安。人民一切的希望，都是在追求这痛苦迅速的终结，希望有一个新的安定局面出现！

七月四日

仓夷用“洪右举”这个笔名发表文章，可能与环境险恶有关。“仓夷”这个名字太响了，早已进入敌特们的视线，被列入“黑名单”。

借用第三方的眼睛进行观察，是仓夷的写作特色之一。通过北平市民们的眼睛，我们看到了北平时局的状况：“执行部中共代表团，已经处于非常不利的位置。”原来的“每星期六与星期日游览的假期”，因为时局的不乐观，“中共人员已经对它失去兴趣”，“战地服务团专给预备的北海的游艇，也在湖边停泊着。星期四的协和礼堂的免费电影，中共人员也很少去看”。原来那么一点点的和平气氛已经一扫而光了。

“因为形势不同了，中共派赴各地进行调处的代表，在不断地陷于被杀，绑票，失踪的恐怖丧境地里，执行部开会，对方人员脸上，已带着不平常的仇视的气色。”这里已经提到了“被杀，绑票，失踪”的白色恐怖，国共双方的关系已经剑拔弩张。

在《北平在烈日蒸腾下》中，最引起我们愤慨的细节是关于美国大兵的恶行。文章对美军的愤慨跃然纸上。在这里，这些美国大兵与仓夷一九四四年采访的白格里欧先生截然不同。

一九四四年，美国陆军第十四航空队上尉队员白格里欧先生，在太原附近执行空袭日寇运输队任务中，不幸机身中敌炮弹，被迫降落于太原附近，被我们八路军所救。这次不幸，却使他有了一个想象不到的经历：亲眼看到敌后抗日民主根据地崭新而宏伟的面貌。

仓夷采访白格里欧上尉，陪同他考察了晋察冀边区的学校、医院，参加了晋察冀边区的集会活动，还陪他一起会晤了边区日人解放联盟代表津田秀先生。

在仓夷笔下，这个美国陆军第十四航空队上尉年轻、直率，对晋察冀边区各方面的成就给予了中肯的评价，是一个阳光的青年，是支援我们抗战的同一战壕的战友。

而眼下这些美国大兵，简直就是骑在中国人民头上作威作福的太上皇。

顺着此后七十年中外历史发展的脉络，我们可以清晰地看出，自第二次世界大战暨世界反法西斯战争胜利以后，美国在这个世界上的战略布局都是围绕着如何对全球进行掠夺而展开的；而在中国人民抗战胜利以后，蒋介石国民党政府正着手与美国签订一系列条约，而这些条约完全是丧权辱国的。

在北平，在中国共产党的新闻单位已经进驻的北方中心城市，在国共美三方小组的眼皮子底下，美国大兵尚且如此，那么，在其他地方，凡是被美国大兵的皮靴践踏的中国国土上，中国人民还能有尊严地生存着，享有民主的权利吗？

中国人民要过上和平幸福的生活，再一次付出巨大的代价已经是不可避免了。

四、定格的年华

前文提到，一九四五年中国抗日战争胜利以后，中国内战即将全面爆发。

美国应中国国民政府之邀，到中国参与国共双方的军事调停。美国总统杜鲁门特派遣前任陆军参谋长马歇尔五星上将为总统特使，来华进行军事调停。此后便有“三人委员会”和北平的

“军调部”等执行机构。

仓夷用“洪右举”这个笔名发表的《受难的和平使者——甘重斗上校来平就医记》中所提及的甘重斗，就是军调部枣庄执行小组的中共代表。

一九四六年七月，内战全面爆发，马歇尔不得不宣布调停失败，“三人委员会”“军调部”也都随之解散。全面内战爆发后，参加各地军调部执行小组的中共代表相继撤回。

也就在这时期，一九四六年七月二十九日，河北香河县安平镇发生了所谓“共军袭击美军”的“安平事件”。仓夷作为共方的新华社特派记者，前去参加军调部第二十五小组调查工作，飞经大同时，被国民党特务杀害。

新华社以特派记者的名义派遣记者参加调查采访活动，可见“安平事件”对时局造成的影响是何等重大。

此时仓夷已经随《解放》报撤回张家口。仓夷本不在执行部，因为《晋察冀日报》暨新华社晋察冀分社的采访科已经派不出人手，于是采访任务落在了刚刚外出采访回来的仓夷头上。

因为第二天又要出发，八月七日晚，仓夷来到伊之处，向组织汇报近来思想情况。伊之原与仓夷属同一个党支部，是支部委员。

伊之告诉仓夷，因为组织内部调整，自己已经不与仓夷在一个支部了，按理不该向她汇报的。仓夷认为马上要出发了，大家都在外执行任务，如果要向自己所在的支部同志汇报，现在就无法进行思想汇报了。他说："明天就要出发，有件事需要向组织汇报。"他拿出一张照片和一封信，汇报说，到张家口后，接到新加坡女友的两封信，一封是思念问好，第二封信是要他回新加坡结婚。仓夷说他也去了两封信，一封是告诉她平安的消息和地址，第二封信是刚刚发出去的，告诉她，自己是共产党员，工作繁忙，夜以继日，现在不可能回新加坡……

第二天，仓夷转乘飞机途经大同，牺牲于大同。此中缘由，萧殷在革命回忆录《红旗飘飘》第一辑《桃子又熟了——忆仓夷》中是这样叙述的：

我永远忘不了1946年8月8日那一天。

火红的石榴花，在我眼前开放过十次，也凋谢了十次；南飞的雁群十次在我头上飞过，我又十次看见它们飞回北方。时光的流逝，有如湍急的溪涧，一转眼，竟把1946年远远地抛在后面。然而，时光不能冲淡我的记忆，也无法冲淡我心头的悼念。

就是在这一天早晨，我们乘着一辆敞篷的吉普车，从东山坡向飞机场驶去。初升的太阳，迎面直照过来，我们都眯缝着眼睛，沉默着。一向爱笑爱闹的仓夷，这会儿却出奇地沉静，他正在想着什么心事，把眼睛眯成一条线，凝神地坐在前面。

我没有打扰他的深思，只把背脊贴紧了靠椅，翻阅着当天的《晋察冀日报》，几个炫目的标题立即映入我的眼帘：大同周围的战事正紧，平津公路上的安平镇又发生了所谓“共军袭击美军”的事件；北平军事调处执行部为了这件事，还成立了第二十五特别执行小组……

现在，我和仓夷正要赶到北平去参加二十五小组的工作。事情为什么这样凑巧，2月间，也是我和仓夷两个人，一起到北平去的；我们一起在那里紧张地斗争了四个月，国民党的暗探也整整在我们身后跟踪了四个月；后来，只因《解放》三日刊被封闭了，我们才不得不在6月初又回到张家口来。在解放区里，我们也同样地忙碌着，但是可以自由地走来走去，这儿的一草一木，都使人生爱，甚至天上的白云或晚夕的霞光也会给我们带来特别愉快的感觉；然而，一想到北平那种使人窒息的空气，却要使人恶心……

飞机的嗡嗡声，把我从深思中唤醒，我抬起头，见一架草绿色的飞机斜斜地向机场降落。可是仓夷还是那副架势，沉静地凝视前面，他什么也没有听到。

“怎么啦？”我拿拳头重重地在他肩膀上捶了一下，“有什么心事呀？”

他猛然回转头来，露出那两颗闪光的金牙，微笑着：“我正在构思我那个中篇小说里的一个战争场面哩。”

“这几天，老看你趴在桌上写，快写完了吧?”

“哪里？一半还不到哩。”他兴奋起来，脸颊泛着红晕。“我打算等二十五小组的工作一结束，就回到张家口来，赶快把这篇小说写完，然后，最迟是过了中秋节以后，我就到延安去!”说到这里，他习惯地耸耸肩膀。“你知道，我一直到现在，还没去过延安，也没见过毛主席啊!”

“可能吗?”我问他。

“没有问题，领导上已经同意了。”

我听他说得那样轻松，侧过头，微笑地望着他：“如果美国鬼子不同意怎么办?”

他呵呵地笑起来，好像他已觉察到他自己又一次忽略了对敌人斗争的复杂性。于是，他狠狠地拿拳头向前一劈：“鬼子不同意？妈的，就跟他泡下去！他不让我到延安去过十月革命节，他们也休想回美国去过圣诞节……”

吉普车忽然停住了，原来我们已经过了飞机场休息室的门前。我们跳下车子，在休息室里转了一圈，然后在一张大沙发上坐下来。然而，仓夷并没有安静下来，他东张西望了一阵，忽然像发现了什么稀罕物件，又像被沙发弹起来似的，急忙向水果柜那边跑过去。我抬头一看，已猜到七八分：那里摆着许多水蜜桃，我知道仓夷是很喜欢这类水果的。接着他果然捧来了十几个大桃子，满脸堆笑地走回来，一面还称赞着："你看，这桃子多大！多漂亮呀！"他啃了一口，几乎手舞足蹈起来，"老萧，你尝尝，水真多呀！像这样好的桃子，到了北平就很难买得到啦！"

我一向对桃子没有什么兴趣，经他这么一称赞，就拣了个最熟的啃了一口，水的确不少，但味道并不美，我连忙摇头，表示不同意他的说法。仓夷见我对桃子这么冷淡，就闪出顽皮的眼色，叹息起来："简直是蜜味的，你不吃多可惜，到了北平，你可不要后悔呀！"

这时，又一架飞机，在机场上降落……

我看了看壁上的挂钟，长针已指着"4"字，再过十分钟飞机就要起飞了。于是我望着仓夷笑起来："怎么？你打算把这一大堆宝贝桃子怎么办？通通塞进肚子里？还是带到北平去？"

这时他才发现他那胀鼓鼓的提包，已经达到了饱和点，桃子再也塞不进去了，于是他又咯咯地笑起来："劳驾！劳驾！你的提包还空着不少的地方，与其在这里囫囵吞枣地将这些好桃子啃光，反不如带到北平去细细地来品一品它的蜜味。"

当我刚刚把八九个桃子塞进提包里，翻译同志来了，他说飞机要起飞，叫我们立刻到飞机上去。

走出休息室，翻译同志领着我们向最近的那架飞机走去。一掌半的深草，在我面前展开，青碧一色，一直拖延到远远的山麓和村边。我用力吸了一口气，仿佛第一次闻到这样清新的掺着草花香味的空气……回头再望望远处那些红色的屋顶，依依的别情，就不禁涌上心头：“再见吧！人民的城市！”

我们刚踏上飞机扶梯，一个长着满脸肉刺的美国兵，忽然拦住仓口，用极快的速度吐出了许多“特”音和“斯”音，同时也以同样的速度喷射着大量的唾沫；经过翻译我们才闹明白了，他是说，这架飞机是专到大同去的，他不能把张家口的人载到北平去。

于是我们从扶梯上退下来。紧接着有个通信员背着一大捆的报纸走上扶梯去，那个惯于把唾沫向别人脸上喷射的美国兵，又张开两臂拦住仓口，用奇怪的眼光望着那捆东西；翻译同志告诉他，这是《晋察冀日报》。

他问：“带这玩意儿干吗？北平的报纸有的是。”

“执行部中共代表团需要这些报纸！”

他摊开双手，耸耸肩膀，表示他无法理解这样的事情，但他也不再拦阻通信员把报纸送进机舱里……

于是，我们向另一架飞机走去。

两个美国人正坐在机翼下面谈话，见我们走近扶梯，其中一个红头发的瘦个子，连叼在嘴上的烟卷也未拿开，就含含糊糊地问：

“是到北平的么？”

“是的。”翻译同志回答他。

“几个人？”

“两个。”

瘦个子把我们三个人从头到脚地打量了一阵，然后把头扭到一边，继续吸了两口烟，爱理不理地说：“这架飞机，只能坐一个人。”

“为什么？”

瘦个子站起来，狠狠地拿烟头往身边一摔：“为什么？因为这架飞机上只有一个降落伞！”

仓夷说：“我们不需要降落伞！”

“你们不需要是你们自己的事，但没有降落伞，我不可能把你带到空中去。”

这样谈下去，显然只会闹成僵局，翻译同志改换了语气询问他，这是不是北平—张家口班机？既然是班机，你们当然知道有多少人要搭机到北平去的……

没有等翻译同志把所有的问题提出来，那个美国人竟面红耳赤地吼起来：“不管你有多少理由，现在我既然只带一个降落伞，就只能让一个人坐这架飞机到北平去……”接着他吐出了一连串粗鲁的话。

看情况，即使继续交涉下去，也没有什么结果了；仓夷显然很激动，但他只反复地说：“真没有道理！真没有道理！”

我们之间彼此交换着激动的眼色，最后，翻译同志对我说："萧同志，你先上去吧！"

我望着仓夷。他微微一笑，说："我回头搭那架飞机去，到大同就到大同，多在空中绕个圈子罢了。他还难得住我！哼！真没道理！喂！老萧，你在北平机场等我啊！我估计十一点钟可以到了。"

我走上扶梯，靠着仓口，向他们挥了挥手，他们才走开。我望着仓夷的背影，南风飘起他那雪白的衣襟，那条他最喜爱的红领带却给飘到肩膀上，摆着。他正在指手画脚地跟翻译同志谈论着什么，但忽然，他转过脸来，用双手做成喇叭向我高喊："我……们中午……到东安市场……吃奶酪……一同去……哈哈……哈！"

不久，飞机起飞了。我凭着小窗眼，恋恋地望着弯弯曲曲的清水河和张家口市区的红屋顶；可是，机翼一摆一摆的，只摆了几下，红屋顶和河流都被摆到山群背后去了。于是我回过头来，发现偌大的机舱里，只有我一个人：几只大汽油桶和十来个扁木箱，占去了机舱的一半；顺着往舱顶看，我忽然看见十几个降落伞，整整齐齐地塞在悬架上……

……

谁能料到，一次美军飞行员的刁难、一次短暂的分手，竟成了永诀！

文中，作者将对仓夷那英年早逝的无限痛惜、饱含着革命战友情谊的不尽思念，以饱蘸着血与泪的笔触细细道来，催人泪下！

仓夷搭上飞往大同的飞机后发生的事情，我们可以从郑季翘一九五一年九月六日向中共中央组织部的报告中得知。

郑季翘的报告是这样的：

中央组织部办公室：

前承询问仓夷同志情况，因当时工作较忙，未能早日作复。请谅。兹将仓夷同志情况，简报如下：

仓夷同志原名郑贻进，原籍福建，侨居南洋新加坡，父亲是工人，家里很贫苦。仓夷同志在新加坡读过初中。一九三七年抗战起后，他和陈嘉庚的儿子等回国，那时他才十六岁。后陈等又回南洋，他则辗转到了山西临汾，入了阎锡山所办的民族革命大学。一九三九年，仓夷同志随阎锡山的民族革命通讯社晋察冀分社来到晋察冀。一九四〇年该分社被我们取消，仓夷同志遂转入晋察冀边区行政委员会所办的救国报社当编辑，在本年冬，加入我党。一九四一年一月，《救国报》停刊，仓夷同志被分配到《晋察冀日报》当记者，不久转为正式党员。在《晋察冀日报》工作时，仓夷同志工作能力与写作能力，更为提高，写了很多有作用、有价值的文章。一九四六年，我党在北平创刊了《解放》三日刊，他被派到该刊工作。《解放》三日刊被取消后，他回到张家口。不久（七月间）安平镇事件发生，我们要派记者去调查，仓夷同志便是被派去的两个记者里边的一个（另一个为萧殷），决定坐飞机（美机）到北平。萧殷同志坐了一个飞机。仓夷同志坐了另一个飞机。仓夷同志坐的这个飞机，是由张家口飞大同飞绥远再飞北平的，结果，这飞机飞到大同后，据说美国人因仓夷同志所拿的证件不合，便把他赶下飞机来，此后即无音讯。他被大同的敌人杀害了。

一九四九年三月间，我军进围大同，三十里铺战斗时，我军俘获了一些敌人。我们从俘虏群中发现了一个人，正是亲手杀害仓夷同志的，从他的口供中才把仓夷同志被杀害的情况，确实弄清楚。这个人是当时楚溪春部下三十八师（师长韩步州）一团一营一连的指导员，名叫张子贤，山西繁峙县南柳墅人。据他供出的材料是这样的：

一九四六年七月间，三十八师一团一营一连在大同城东曹福楼村驻防，有一个八路军的记者，叫从飞机上撵下来了，楚溪春把这记者交给了他们的连长李建堂。楚告诉李要把这记者送出火线（我们当时围攻大同），并对李点头，使眼色。李带着这记者出来，乘空和张子贤商量，决定要弄死这记者。张子贤遂同这记者同坐在曹福楼村东北角一个弧形工事的旁边，两个人辩论八路军好不好，记者说八路军好，并给他讲八路军好的道理。这时，该连连长李建堂带着四个兵，从后面插过来，一个兵卡住记者的脖子，另几个一齐下手，脱光记者的上衣，随后便用刺刀将记者刺死，以土掩埋。

这样，仓夷同志便死在这班匪徒们的手里了。仓夷同志所带的东西：望远镜、照相机、水笔、怀表、皮鞋、衬衣、钱等都被这班匪徒们分了。

仓夷同志为人颖悟，坚定，热情，工作一贯积极，是我党优秀的新闻工作者之一，不幸为匪徒们杀害。匪徒们残暴的罪行，不禁令人发指。为了纪念仓夷同志，周杨同志曾于一九四七年把他的文章，选印一集，名曰《幸福》，新华书店出版。

我们俘获的杀害仓夷同志的匪军三十八师一团一营一连指导员张子贤，被我们送到当时我军围城部队的政治部，后来听说，政治部往北京解送时，张子贤跳火车逃走了，真是不该！

关于仓夷同志及其死的情况，简要即如上述。

此致

布礼

郑季翘

一九五一年九月六日

解放后，郑季翘在大同工作，对仓夷在大同牺牲一事一直挂在心上，亲自过问了审讯的情况。当他听说被杀害的记者有块怀表时，就确认审讯对象杀害的是仓夷了。

一九四一年一月，《救国报》被停刊时，正是作为《救国报》负责人的郑季翘，带着仓夷、柳荫、郑佳这几个年轻的编辑记者，加入到抗敌报社队伍中来。

从《救国报》到《抗敌报》，即后来的《晋察冀日报》，再到《解放》报，郑季翘一直与仓夷共事，他是亲眼看着仓夷在党的培养下成长、成熟，从一个爱国的华侨热血青年，成长为坚强的无产阶级革命战士的。这块怀表，是为了工作方便，郑季翘送给仓夷的，结果却落入国民党匪徒们的手里。

真相终于大白了。

这位华侨青年，以天下为己任，年仅十六岁，不远万里，只身奔赴抗日前线，投身到抗日战争的时代洪流中去。

其后，在为祖国争取和平的事业中，他献出了自己二十五岁的生命。

如此高尚的情操，如此永曜之精神，为后人敬仰，是为传。

仓夷年表

1921 年 3 月 12 日（农历二月初三），仓夷出生在马来亚波来港（亦称玻璃市，现属马来西亚），取名吓礼。后来，他的叔叔按照辈分行第，给他取名郑贻进。

仓夷十岁左右随父母家人回老家福建省福清县渔溪镇石竹村，后又重返新加坡。

1934 年，经过私塾启蒙教育后，仓夷进了离家大约五公里的“光洋小学”读四年级。

1936 年春，仓夷从光洋小学毕业，以优异成绩被新加坡武吉抵玛华侨中学录取。

1937 年春，仓夷与陈嘉庚先生之子陈元翼以及另一位小学老师一道，从新加坡乘邮轮回国，投身抗日救亡。

1937 年 12 月末，仓夷在武汉街头流浪，遇到了赵洵夫妇。在赵洵夫妇的引导下，仓夷走上了抗日道路。

1938 年，仓夷与李庄一起在运城民族革命大学三分校学习。结业后，被分配到当时驻在黄河西岸秋林镇的二战区司令部，担任《西线》杂志的编辑工作。

1939 年 3 月，仓夷随民族革命通讯社晋察冀分社来到晋察冀边区。在这里，仓夷与李成瑞成了同事。其间，发表《华北的敌寇在挣扎》(《西线》1939 第十期)、《晋察冀边区区村政权的建立》(《西线》1940 第一期)。

1940 年，民族革命通讯社晋察冀分社被取消，仓夷到《救国报》工作。

1940 年 3 月 6 日，中共发出毛泽东起草的关于《抗日根据地的政权问题》的党内指示：在政权工作人员中，共产党员、非党的左派进步分子和中间派应各占三分之一，实行三三制。仓夷为《救国报》的非党左派进步分子代表。

1940 年 3 月 10 日至 11 日，中国青年新闻记者学会晋察冀边区分会在阜平成立，邓拓、沙飞、丘岗等九人被选为理事。在成立大会合影留念的二十六人中，顾宁、胡畏、仓夷、罗夫为中国人民的新闻事业而捐躯。

1940 年 3 月，“边区文救会”执委会筹备组织晋察冀边区文协分会，号召文艺界参加宪政运动。在这次筹备会组织的座谈会上，艾芳、叶频、董逸风、丘岗、周而复、□伦、仓夷、邓康、施克、罗夫、史轮、孙犁、邵子南、陈辉、袁勃、田间、炜克、陈布洛、叶正莹、□晴、韦明等到会的文艺工作者发出了争民主号召。

1940 年 5 月 14 日，《赵象铭事件真相》在《抗敌报》发表。

1940 年冬，由郑季翘介绍，仓夷加入了中国共产党。

1941 年 1 月，《救国报》被撤销，郑季翘、仓夷、柳荫、郑佳调入《晋察冀日报》，仓夷转任《晋察冀日报》和新华社晋察冀总分社记者及编辑。

1941 年 3 月 4 日，《晋察冀边区春耕运动的几点经验》在《晋察冀日报》发表。

1941 年 5 月 29 日，《关于标准地与负担面》在《晋察冀日报》发表。

1941 年 7 月 31 日，晋察冀日报社通过了《反“扫荡”工作纲要》：一梯队为武装队，负责侦察、放哨、警戒敌情，抗击敌寇袭击，掩护人员转移；一梯队则负责编印报纸，他们也带着手榴弹，一旦遇上敌人，即投入战斗。报社成为“一手拿笔，一手拿枪”的新闻队伍。仓夷任武装梯队一个班的班长。

1941 年 8 月 22 日，《敌寇在二期治安强化运动中的经济掠夺及其特点》在《晋察冀日报》发表。

1941 年 8 月 24 日，敌寇逼近滚龙沟十公里处，报社人员才急行军转移到滚龙沟外。

1942 年元旦，正值仓夷与张正光担任编辑工作，他们编发了歌曲《歌唱二小》，即后来流行的《歌唱二小放牛郎》。

1942 年 1 月 6 日，《会面》在《晋察冀日报》发表。

1942 年 1 月 15 日，《暴敌横征暴敛　热河境内数十里无人烟》在《晋察冀日报》发表。

1942 年 1 月 25 日，《枪和子弟兵》在《晋察冀日报》发表。

1942 年 1 月 28 日，《护路》在《晋察冀日报》发表。

1942 年 2 月 11 日，《日本法西斯是个说谎大家》在《晋察冀日报》发表。

1942 年 2 月 12 日，《马老太太——回民支队长的母亲》在《晋察冀日报》发表。

1942 年 2 月 24 日，《全冀中人民注目的藁无》《老杨树开了花——敌占区的故事》在《晋察冀日报》发表。

1942年4月28日，《再也无力招展的“太阳旗”》《怎样纪念五月的革命节》在《晋察冀日报》发表。

“五一反扫荡”期间，记者们到游击区采访，到敌后采访。仓夷还参加训练班，学习了爆破技术。

1942年9月3日，《朝鲜义勇军华北支队第二队李益星队长访问记》在《晋察冀日报》发表。

1942年9月4日，《边区新闻界召开大会纪念记者节》在《晋察冀日报》发表。

1942年9月20日，《正定敌寇强定物价激起市民骚动》《冀中今年的水灾》在《晋察冀日报》发表。

1942年9月，仓夷采访了在敌寇“五一大扫荡”中的一支英雄的连队。他反复深入采访，经过二十多天的奋斗，终于写出了《纪念连》。

1942年10月15日至22日，《纪念连》在《晋察冀日报》连载。

1942年12月11日，《从“治安区归来”》在《晋察冀日报》发表。

1943年，仓夷担任《实话报》的第二任主编。

1943年1月20日，《边界上》在《晋察冀日报》发表。

1943年4月，晋察冀边区鲁迅文艺奖金委员会授予《纪念连》以“文学奖”。

1943年5月12日，《生产战线的一角——城南庄区剪影》在《晋察冀日报》发表。

1943年5月14日，《前线记者雷烨同志壮烈殉国》在《晋察冀日报》发表。

1943年5月，《爆炸英雄李勇》在《晋察冀日报》发表。

1943年5月30日，《新式的婚礼城南庄区剪影》在《晋察冀日报》发表。

1943年6月1日，《沙河岸上的民兵》在《晋察冀日报》发表。

1943年6月3日，《访宫本哲治先生》在《晋察冀日报》发表。

1943年6月9日，《北平的大饥荒》在《晋察冀日报》发表。

1943年6月18日，《北岳区军民一齐动员踊跃走上麦收战线》在《晋察冀日报》发表。

1943年6月19日，《李绍银的生产计划是怎样定出来的——城南庄区剪影》在《晋察冀日报》发表。

1943年6月26日，《调查工作报告——城南庄区剪影》在《晋察冀日报》发表。

1943年6月27日，《龙华的三个合作典型村》在《晋察冀日报》发表。

1943年7月9日，《五月，平西在反“扫荡”里》在《晋察冀日报》发表。

1943年7月15日，《边区的矿工生活》在《晋察冀日报》发表。

1943年7月17日，《边区各界举行制止内战挽救危亡大会》在《晋察冀日报》发表。

1943年7月20日，《日本士兵觉悟的几个例子》在《晋察冀日报》发表。

1943年7月30日，《公营煤站一瞥》在《晋察冀日报》发表。

1943年8月14日，《目前北岳区的“拨工”问题》在《晋察冀日报》发表。

1943年9月8日，《永定河畔的一支抗日武装》在《晋察冀日报》发表。

1943年9月24日晚上，报社队伍与日寇运输队在北营村遭遇，郑磊俊、安志学、曹斗斗牺牲。当时报社转移到一个村子外，因无法判断村子里是否有敌人，大家不敢贸然进村，仓夷自告奋勇，机智勇敢地进行了一次火力侦察。这是报社在反“扫荡”中唯一的一次火力侦察。

1943年12月10日，《勇敢的贾希哲》在《晋察冀日报》

发表。

1943年12月22日，《曲阳的群众游击战》在《晋察冀日报》发表。

1943年12月24日，《沙河北畔的反“扫荡”》在《晋察冀日报》发表。

1943年12月26日，《三分区的李勇运动》在《晋察冀日报》发表。

1943年12月27日，《十月战斗在行唐》在《晋察冀日报》发表。

1943年12月28日，《李勇在反“扫荡”里》在《晋察冀日报》发表。

1944年1月4日，《阜平城西滩的抢稻斗争》在《晋察冀日报》发表。

1944年1月9日，《记阜平县平阳大惨》在《晋察冀日报》发表。这是仓夷与沈重等人合写的，揭露了日寇荒井部队的兽行。

1944年1月12日，《城南庄区怎样战胜敌寇“扫荡”》在《晋察冀日报》发表。

1944年1月14日，《敌寇在曲阳贾口村惨杀老乡120余人》在《晋察冀日报》发表。

1944 年 1 月 14 日，《粮秣委员》在《晋察冀日报》发表。

1944 年 1 月 20 日，《慰问》在《晋察冀日报》发表。

1944 年 1 月 22 日，《宋天德》在《晋察冀日报》发表。

1944 年 2 月 2 日，《浑源人民的光荣榜样——白克敬同志满门忠义》在《晋察冀日报》发表。

1944 年 2 月 3 日，《向李勇看齐的刘玉振》在《晋察冀日报》发表。

1944 年 2 月 25 日，《韩凤玲》在《晋察冀日报》发表。

1944 年 2 月，在阜平完成《爆炸英雄李勇》的报道。

1944 年 3 月 1 日，《力大气壮的李成山》在《晋察冀日报》发表。

1944 年 4 月，在晋察冀边区完成了《无住地带》写作。

1944 年 5 月 5 日，《冀中军民泥店反袭击》在《晋察冀日报》发表。

1944 年 7 月 16 日，《纪念“七一”、“七七”、军区成立 7 周年三大吉日》在《晋察冀日报》发表。

1944 年 7 月 29 日，《军区举行盛大欢迎会欢迎盟国飞行员白格里欧》在《晋察冀日报》发表。

1944 年 7 月 29 日，《访白格里欧先生》在《晋察冀日报》发表。

1944 年 8 月 27 日，《八路军拯救了他们》在《晋察冀日报》

发表。

1944年9月27日，《赵洛君的正确思想和行动》在《晋察冀日报》发表。

1944年11月12日，《槐树庄选英雄》在《晋察冀日报》发表。

1944年11月12日，《边区各公营工厂首次举行群英大会》在《晋察冀日报》发表。

1944年12月13日，《边区各公营工厂群英会上英雄模范分别报告》在《晋察冀日报》发表。

1944年12月21日，《老工人徐复森的话》在《晋察冀日报》发表。

1945年2月6日，《牛步峰打破老一套创造新办法》在《晋察冀日报》发表。

1945年2月10日，《群英生活杂记》在《晋察冀日报》发表。

1945年2月12日，《群英大会第二段落70余人作典型报告》在《晋察冀日报》发表。

1945年2月22日，《群英生活杂记》在《晋察冀日报》发表。

1945年2月23日，《群英生活杂记》在《晋察冀日报》

发表。

1945 年 3 月 3 日，《军工英雄刘润田》在《晋察冀日报》发表。

1945 年 3 月 4 日，《青年股长丁一》在《晋察冀日报》发表。

1945 年 6 月 19 日，《印报厂开展学习赵运的经验》在《晋察冀日报》发表。

1945 年 6 月，仓夷在他的《毛泽东选集》扉页上盖上自己的印章，并题上“1945. 6 于晋察冀 · 阜平县雷堡村”。

1945 年 7 月 28 日，《冀察两月攻势胜利平北局面大为开展》在《晋察冀日报》发表。

1945 年 9 月，随着张家口解放，仓夷随《冀察晋日报》报社在张家口驻扎下来，完成《李雨》写作。

1945 年 9 月 12 日，《在白河前线》在《晋察冀日报》发表。

1945 年 9 月 14 日，《李雨》在《晋察冀日报》发表。

1945 年 10 月 6 日，《无住地带》在《晋察冀日报》发表。

1945 年 10 月 27 日，《热河的血泪》在《晋察冀日报》发表。

1945 年 11 月 11 日，《绥东见闻》在《晋察冀日报》发表。

1945 年 11 月 17 日，《绥蒙草原的一支响箭——蒙古人民自卫军第一支队成立》在《晋察冀日报》发表。

1945 年 11 月 23 日，《蒙古老太太银登格》在《晋察冀日报》发表。

1945 年 12 月 5 日，《解放后的绥东》在《晋察冀日报》发表。

1945 年 12 月 6 日，《绥远归来》在《晋察冀日报》发表。

1945 年 12 月 10 日，《乞丐》在《晋察冀日报》发表。

1946 年 1 月 6 日，《新华社与本报举行新年茶会　招待来张文艺工作者》在《晋察冀日报》发表。

1946 年 2 月，北平《解放》报创刊，仓夷被派到该报工作。

1946 年 2 月 27 日，《古都愁怨》在《晋察冀日报》发表。

1946 年 3 月 7 日，仓夷致信邓拓同志，提出往北平发送解放区书报的建议。

1946 年 3 月 15 日，《北平街头》在《晋察冀日报》发表。

1946 年 4 月 3 日清晨，在国民党特务的组织指挥下，大批军、警、宪、特人员，荷枪实弹地包围了“方壶斋 9 号”，以清查户口的名义，要查封《解放》三日刊。他们强行把当时的副社长钱俊瑞、秘书长马乃遮等同志抓走，这就是轰动一时的“四·三”事件。其间，仓夷及时向中共代表团报告。

1946 年 4 月 5 日，《本报临时发行处被搜捕的经过》在北平《解放》报发表。

1946 年 4 月 11 日，《正义的胜利》在《晋察冀日报》发表。

1946 年 4 月 20 日，《审判汉奸战犯观后感》在北平《解放》

报发表。

1946 年 4 月 26 日，《永恒的哀痛——追悼“四八”遇难烈士大会速写》在北平《解放》报发表。

1946 年 4 月，编辑《幸福》，准备在北平出版。

1946 年 5 月 4 日，《学生界的镜子》在北平《解放》报发表。

1946 年 5 月 8 日，晋察冀解放区按时完成国大选举。邓拓被选为冀东代表，仓夷被选为冀西代表，马健民被选为中共晋察冀边区党代表。

1946 年 5 月 27 日，《受难的和平使者——甘重斗上校来平就医记》在北平《解放》报发表。

1946 年 5 月 29 日，北平当局查封《解放》报。

1946 年 6 月初，仓夷随《解放》报撤出北平。

1946 年 6 月 9 日，《平津寂然无声》在《晋察冀日报》发表。

1946 年 7 月，在丁玲主编的《长城》文艺月刊创刊号上，仓夷用“洪右举”笔名，发表了《北平在烈日蒸腾下》。

1946 年 7 月 9 日，《在医院里》在《晋察冀日报》上发表。

1946 年 8 月 7 日晚，仓夷来到伊之处，向组织汇报近来思想情况。

1946 年 8 月 8 日，仓夷被任命为新华社特派记者与萧殷一起参加军调部二十五小组工作，登机受美军阻挠，绕道大同，途中被国民党特务杀害。

艰难的使命（跋）

仓夷烈士是我父亲的大哥，我从小就听着奶奶说仓夷小时候的故事。

一九八五年，我取材于仓夷的《无住地带》等材料，编写了电视剧本《战火流星》，真是不知天高地厚。

一九八六年，仓夷烈士纪念碑在山西大同落成，我参加了落成仪式。在这次活动中，我第一次与仓夷烈士的战友们有了接触，从他们那里听了不少仓夷烈士的故事。

我将打印的《战火流星》送给丁一岚阿姨、伊之阿姨等革命前辈们看。丁一岚阿姨对我说："卫建呀，我们报社牺牲的人很多，你应该多多了解这段历史，好好把他们写出来。""你的剧本只写到仓夷是远远不够的。"丁一岚阿姨给我写了贺卡，鼓励我继续创作，写好英雄们的事迹；伊之阿姨更是直截了当地告诫我："你要注意自己的一言一行，不要玷污了仓夷烈士的英名。”

从丁一岚阿姨那儿，我得到了一本《晋察冀日报史》和一本“晋察冀日报史研究会”老同志的通讯录。从此，我开始了对晋察冀日报史的研究，并利用一切机会，借助这本通讯录，拜访了当年与仓夷一同出生入死的革命前辈。

我尽一切可能收集与仓夷相关的资料。

到沈阳，我拜访了李荒伯伯；到大连，我拜访了周明伯伯；到成都，我拜访了郭戈奇伯伯；在北京，我拜访了丁一岚阿姨、张致祥伯伯、伊之阿姨、王剑清阿姨、陈春森伯伯、张磊伯伯、张帆伯伯、李成瑞伯伯、刘长明伯伯、秦永川伯伯……

秦永川伯伯将珍藏了半个多世纪的《晋察冀日报》和一些珍贵的仓夷照片送给我。

一九九六年，仓夷烈士牺牲五十周年纪念活动在家乡福清举行，参加纪念活动的老同志提出，将仓夷的文章结集出版是很有价值、很有意义的。张致祥伯伯和伊之阿姨夫妇，费了不少心血，动员了家里所有的力量，把《晋察冀日报》上仓夷所有的文章抄写了下来。我参与了《仓夷文集》的整理出版工作，并负责最后的校对。在这个过程中，我有机会把《仓夷文集》通读个遍。当然，还有很多文章因为字迹无法辨识、缺字而被放弃了。这些抄件我依然保存着，因为这是他们心血的凝聚，更饱含了他们对仓夷的深深怀念。

二〇〇七年十二月，《晋察冀日报》创刊七十周年的纪念活动在北京举行。活动中，主办方让我代表报社牺牲的革命烈士亲属发言。发言中我提到，自己正努力收集材料，希望能够创作出有关仓夷与《晋察冀日报》事迹的电视剧来。于是，杨瑞伯伯、智良俊伯伯、戈焰阿姨，专门为我讲述了晋察冀边区时期他们与仓夷在一起战斗、生活的故事。张正光伯伯之子张培兄，多次驾车陪我一起到晋察冀边区实地考察。我们时而奔驰在高速公路上，时而行走在深山峡谷里。他带着我在河北、山西交界地带，用有限的时间，把《晋察冀日报》重要的活动地点跑了个遍：山西五台的金岗库、大甘河、海会庵，河北灵寿水营、平山滚龙沟，河北阜平就更不用说了，马兰村、麻棚村、三官村、平阳村、五丈湾、雷堡村、柏崖、小水峪沟、花沟、汤沟、龙泉关……凡是与《晋察冀日报》有关的地方，我们都实地走一走，看一看，采访当地的老乡。我们翻山越岭，对晋察冀边区的地理环境有了亲身的体验。

网络是个好东西，通过网络，我看到了李庄和赵洵关于仓夷的文章，并通过他们的回忆文章，知道了仓夷经历的一些细节；通过网络信息，我才获知，李成瑞伯伯曾经与仓夷共事，他提供的信息使我们原来缺失的仓夷加入《晋察冀日报》队伍前的经历，有了很好的补充。

本书史实的主要依据来源于《晋察冀日报史》。部分作品已收入《仓夷文集》，另有三篇作品（《华北的敌寇在挣扎》《晋察冀边区区村政权的建立》《北平在烈日蒸腾下》）是近期才发现和得到的，具有一定的史料价值，未收入《仓夷文集》，故在此一并保留。

一些资料的字迹无法辨识，或缺失，本书用□标记。

拍电视剧的梦想怕是一时难以实现了。为了不让自己收集、掌握的这些资料散失，我特将其以图书的形式奉献给广大读者。

背负着理想与未完成的使命，我将继续前行。

郑卫建

2020 年 3 月